»Aus mütterlicher Wohlmeinung«
Kaiserin Maria Theresia und ihre Kinder
Eine Korrespondenz

»Aus mütterlicher Wohlmeinung«
Kaiserin Maria Theresia und ihre Kinder
Eine Korrespondenz

Herausgegeben von Severin Perrig

1999
Verlag Hermann Böhlaus Nachfolger Weimar

Die Deutsche Bibliothek – CIP-Einheitsaufnahme

»Aus mütterlicher Wohlmeinung« : Kaiserin Maria Theresia und ihre Kinder;
eine Korrespondenz / hrsg. von Severin Perrig. – Weimar : Verlag Hermann
Böhlaus Nachfolger, 1999
   ISBN 3-7400-1109-2

Gedruckt auf chlorfrei gebleichtem, säurefreiem und alterungsbeständigem
Papier
ISBN 3-7400-1109-2
Dieses Werk einschließlich aller seiner Teile ist urheberrechtlich geschützt. Jede
Verwertung außerhalb der engen Grenzen des Urheberrechtsgesetzes ist ohne
Zustimmung des Verlages unzulässig und strafbar. Das gilt insbesondere für
Vervielfältigungen, Übersetzungen, Mikroverfilmungen und die Einspeiche-
rung und Verarbeitung in elektronischen Systemen.
© 1999 Verlag Hermann Böhlaus Nachfolger Weimar
Umschlaggestaltung: Ise Billig
Umschlagmotiv: Heinrich Füger, *Maria Theresia und ihre Kinder*, 1776. Wien,
Österreichische Galerie im Belvedere (Foto: AKG, Berlin)
Satz: Typomedia, Scharnhausen
Druck und Bindung: Franz Spiegel Buch GmbH, Ulm
Printed in Germany

Inhalt

Einleitung 1
Korrespondenz 17

Anhang
Anmerkungen 273 • Stammtafel 298 • Zeittafel 300
Ausgewählte Literatur 305 • Bildnachweis 310
Personenregister 311 • Sachregister 319

Einleitung

»Wer die schwächeren Seiten des weiblichen Geistes kennt«, heißt es in Fénelons Schrift *Über die Erziehung der Mädchen* von 1687, »wird es nicht für angezeigt halten, junge Mädchen mit Studien zu beschäftigen, die ihnen den Kopf verdrehen könnten. Sie brauchen ja später weder den Staat zu regieren, noch Krieg zu führen, noch in ein geistliches Amt einzutreten.« Es scheint, als habe der für die höfische Erziehung unter Ludwig XIV. so maßgebliche Pädagoge damit endgültig die mächtigen Frauen der Renaissance, die Regentinnen vom Format einer Katharina von Medici, aus der Geschichte verabschieden wollen. Indem er die Frau nur noch auf ihre häuslichen, herrschaftlichen Pflichten hin auszubilden vorschlägt, schwebt ihm eine weibliche Idealgestalt vor, die im Sinne männlicher Familienpolitik sowohl mit Kindern die Erbfolge sichert, als auch den aristokratischen Haushalt ökonomisch wie kurzweilig lenkt – Erziehungsideen, die noch weit ins 18. Jahrhundert hineinwirken sollten.

Der im konservativen spanischen Hofzeremoniell erzogene Habsburger Karl VI., der 1711 nach dem Tod seines Bruders Joseph I. den deutschen Kaiserthron bestieg, beginnt früh, sein gefährdetes Reich mit einem komplizierten europäischen Vertragswerk, der Pragmatischen Sanktion, für einen Thronfolger zu sichern, obwohl er keinen männlichen Erben hat. Seine älteste Tochter, die am 13. Mai 1717 geborene Maria Theresia, läßt er nicht als potentielle Herrscherin erziehen, sondern traditionell im Sinne des 17. Jahrhunderts. Zu den musischen Fächern und dem Religionsunterricht gesellt sich aus persönlicher Vorliebe noch die Jägerei. An seiner pädagogischen Grundeinstellung ändert sich auch nichts, als er ihr 1736 die Liebesheirat mit dem neun Jahre älteren Lothringer Franz Stephan gewährt und sich immer mehr abzuzeichnen beginnt, daß dieses Paar seine Nachfolge auf dem Thron antreten wird. Maria Theresia wird in die Regierungsgeschäfte ihres Vaters weiterhin nicht eingeführt und spürt, wie reserviert sich der Vater und der Wiener Hof ihr gegenüber verhalten, je länger ihr die Geburt eines Sohnes versagt ist. Die militärische Erfolglosigkeit ihres Mannes in den Auseinandersetzungen mit den Türken läßt diese feindselige Stimmung gar über die Hofkreise hinauswachsen. Was lag da näher, als daß sich das junge Paar dieser Mißgunst durch eine Flucht in die barock-höfische Unterhaltungskultur und durch unauffälliges Privatisieren entzog?

So übernimmt die 23jährige Maria Theresia nach dem plötzlichen Tod Karls VI. am 20. Oktober 1740 unvorbereitet das väterliche Reich als Erzherzogin von Österreich und Königin von Ungarn und Böhmen. Die Vertragspartner der Pragmatischen Sanktion verhalten sich zunächst äußerst zurückhaltend, was die vertraglich garantierte Anerkennung der Erbrechte einer erstgeborenen Tochter betrifft. Der bayrische Kurfürst Karl Albrecht, als Nachkomme einer Tochter Josephs I., macht offen eigene Ansprüche am Erbe geltend. Während die österreichischen Minister, die Maria Theresia zunächst ungeachtet ihres fortgeschrittenen Alters und anderer Mängel in den Ämtern beläßt, an den Erfolg einer Hinhaltepolitik mittels komplizierter, langwieriger Kompensationsverhandlungen glauben, kommt unvorhergesehen Dynamik vom kleinen, jungen Königreich Preußen ins Spiel.

Am 31. Mai 1740 hatte Friedrich II., nur fünf Jahre älter als Maria Theresia, dort den Thron übernommen. Und als müßte er innerlich seine friedvollen, schöngeistigen Neigungen der Schloß-Rheinsberg-Zeit, für die ihn der verstorbene Vater so haßte, mit dem ihm jetzt zur Verfügung stehenden väterlichen Militarismus übertrumpfen, analysiert er die politische Lage als ideal, »die Macht meines Hauses zu vermehren und Ruhm zu erwerben«. Am 16. Dezember 1740 besetzt er ohne eigentliche Kriegserklärung das benachbarte Schlesien, den wirtschaftlich interessantesten Teil der Habsburgermonarchie. Die völlig unzureichende Verteidigung Schlesiens läßt die Annexion so schnell gelingen, daß auch Bayern, Sachsen, Frankreich und Spanien auf ein Beutestück aus dem Riesenreich hoffen und sich in den Krieg auf seiten Preußens in Böhmen, Oberösterreich, den Niederlanden und Italien einmischen. Der greise Premierminister Frankreichs, Kardinal Fleury, spricht süffisant davon, der neuen Königin »eine Feder zu rupfen«.

Nun erst wird Maria Theresias Lage kritisch: Die väterliche Erbregelung hat diplomatisch versagt, und die hinterlassenen finanziellen wie militärischen Mittel sind für einen Krieg auf mehreren europäischen Schauplätzen eher unzureichend. Ihr und Franz Stephan bleibt nichts anderes übrig, als sämtliche verbliebenen staatlichen wie persönlichen Hilfsmittel gleichzeitig aufzubieten, um rettende Lösungen herbeizuführen. So wird diplomatisch mit verschiedenen Gegnern verhandelt, das Hilfsbündnis mit England befestigt und nach neuen Verbündeten gesucht, während gleichzeitig die unter Karl VI. in Ungnade gefallenen Offiziere das Kommando wieder erhalten und neue Finanzquellen bis hin zur persönlichen Schmuckpfändung in Betracht gezogen werden.

Entscheidende Bedeutung erlangt hierbei das von Feinden noch nicht besetzte Königreich Ungarn, in dem aber die Vorbehalte gegen die Habsburgerherrschaft groß sind. Maria Theresias Krönung zur ungarischen Königin in Preßburg 1741 und ihr erstes Auftreten vor dem ungarischen Reichstag werden geradezu legendär. Es gelingt ihr, alte Differenzen zu überdecken und die ungarischen Magnaten für ihren Kampf um die Herrschaft zu begeistern und zu Hilfeleistungen zu verpflichten. Es sind nicht nur politische Zugeständnisse und ihr Charme, sondern auch ihre unerwartete Beharrlichkeit in der politischen Zielsetzung, ihr Erbe vollständig wiederzuerlangen und zu sichern, die zum Erfolg beitragen. Und gerade dafür setzt sie ihre Familie, besonders ihren 1741 geborenen ersten Sohn Joseph, den späteren Kaiser Joseph II., ein. Schon die Rede vor den versammelten Ständen zeigt deutlich, daß sie ihren Herrschaftsanspruch geschickt mit der mütterlichen Sorge um die künftige Erbsicherung ihrer Kinder verbindet.

Wenn es darum geht, Loyalität zu sichern, werden inszenierte Auftritte in der Öffentlichkeit, etwa die Krönung zur Königin von Böhmen in Prag 1743, ebenso wichtig wie die durch die Hofzeitung »Wienerisches Diarium« verbreiteten Familiennachrichten und die Porträts Maria Theresias und ihrer Familie, die auch an Untergebene als besondere Auszeichnung verschenkt werden. Die einsame, weinende Königin mit dem kleinen Sohn auf dem Arm, umgeben von Männern, die ihr »Leben und Blut« weihen, wirkt – literarisiert durch Voltaire – als Legende weit ins 19. Jahrhundert hinein. Noch Sigmund Freud wird in seiner *Traumdeutung* einen »absurden« Traum schildern, in dem ihm sein verstorbener Vater in der Pose Maria Theresias auf dem Preßburger Reichstag erscheint.

Bei all den militärischen Unzulänglichkeiten, Mißgeschikken und Niederlagen ihres Erbfolgekriegs, diesen emotionalen Pluspunkt hat sie ihrem melancholischen Vater wie ihrem Hauptwidersacher und einzelgängerischen Militärgenie Friedrich weit voraus und mit jedem Jahr mehr, in dem ein weiteres Kind hinzukommt. Sechzehn Geburten werden es bis 1757 sein, die sie trotz ihrer erstaunlich guten Konstitution bisweilen, wie sie 1748 einer Freundin schreibt, zu überfordern scheinen. Obwohl Ammen, Gouvernanten und Ärzten die eigentliche Säuglings- und Kleinkinderpflege obliegt, bringt das Wochenbett doch jedesmal eine Unterbrechung der Regierungsgeschäfte mit sich, auch wenn sie bis unmittelbar vor dem Geburtstermin die Amtsgeschäfte führt. Zu anstrengend wurde ihr offensichtlich nur die Krönung 1745 in Frankfurt als Kaiserin-Gemahlin neben Franz Stephan, der zum deutschen Kaiser gewählt worden war, nachdem Karl VII., der vormalige bayrische Kurfürst und Widersacher, verstorben war. Wenigstens gab sie es vor, denn ihre damalige Schwangerschaft hinderte sie nicht, die anstrengende Reise nach Frankfurt auf sich zu nehmen und als Zuschauerin äußerst lebhaft, wie Goethe in *Dichtung und*

Wahrheit vermerkt, den Krönungsfeierlichkeiten beizuwohnen.

Maria Theresia hat sich – zeitweilig von ihrem Mentor Emanuel Graf Silva-Tarouca streng dazu angehalten – mit einer erstaunlichen Selbstdisziplin seit 1740 in die Regierungsgeschäfte eingearbeitet und diese durch die verschiedenen Krisensituationen des Erbfolgekriegs hindurch, etwa die zweimalige Bedrohung Wiens durch feindliche Armeen, souverän geleitet. Spätestens 1748, im Frieden von Aachen, zeigt sich, daß ihre Gegner sie in bezug auf Lernfähigkeit, Durchsetzungsvermögen, Taktieren, Improvisieren und Ausdauer unterschätzt haben. Auch wenn sie Schlesien und Gebiete in Italien für ihr Reich verloren hat, so ist sie doch nicht die von Männern geplünderte Nackte, wie sie zu Beginn des Kriegs obszön karikiert worden war. Im Gegenteil, sie hat ihren Herrschaftsanspruch durchgesetzt, die unmittelbare Bedrohung ihrer Erbländer abgewendet und an Führungserfahrung gewonnen. Dazu gehört nicht zuletzt gemäß ihrem Wahlspruch »Gerechtigkeit und Milde« ein erstaunlich großzügiges Verhalten den vielen im Krieg abtrünnig gewordenen Adligen gegenüber, vor allem in Böhmen, was allerdings – ein Makel in ihrer Regentschaft – das Edikt zur Vertreibung der dort ansässigen Juden 1744 bzw. 1746 nicht verhinderte.

In den acht Jahren Krieg hat sie Fehler und Schwächen des übernommenen Systems deutlich kennengelernt und vorsichtig ministerielle Umbesetzungen vorgenommen, wobei ihr zurückhaltender Mitregent Franz Stephan als Ratgeber und Finanzier keine unbedeutende Rolle spielt. Als 1748 eine Friedenszeit anbricht, wendet sie sich zunehmend der problematischen innenpolitischen Situation zu. Mit Hilfe des Ministers Friedrich Wilhelm Graf Haugwitz gibt sie den Anstoß zu einer »theresianischen Staatsreform« gegen den Widerstand eines Teils des Hochadels. Der alte Ständestaat wird dabei in einen zentralistischen, merkantilistisch absolutistisch orientierten Beamtenstaat verändert, um Verwaltung und Steuereinnahmen zu verbessern. Auf militärischem

Gebiet reorganisiert Feldmarschall Leopold Josef Graf Daun nach preußischem Vorbild die Armee, während ihr Hofarzt Gerhard van Swieten, ein aufgeklärter Katholik aus den Niederlanden, als Vorsteher der Zensurkommission und Reformer der Universität wesentlich zur Schaffung eines geistig aufgeklärten Klimas beiträgt, das später auch die theresianischen Schul- und Rechtsreformen ermöglichen wird. Gleichzeitig versucht der neue Kanzler Wenzel Graf Kaunitz sein diplomatisches Großprojekt zu realisieren, im alten »Erbfeind« Frankreich einen neuen Bündnispartner zu gewinnen, um Preußen zu isolieren und eine Rückeroberung Schlesiens ins Auge fassen zu können.

Obwohl sich dieses »diplomatische Wunder« des 18. Jahrhunderts im Versailler Allianzvertrag von 1756 ereignet, verhindert es nicht, daß Friedrich II. deswegen im selben Jahr einen neuen Präventivkrieg riskiert, indem er in das mit Österreich verbündete Sachsen einmarschiert und damit den Siebenjährigen Krieg anzettelt, der alle beteiligten kontinentaleuropäischen Staaten an den Rand des wirtschaftlichen Ruins bringt. Preußen behält Schlesien und Glatz und begründet damit erneut seine Stellung als Großmacht.

Bei all den politischen und militärischen Schwierigkeiten muß für Maria Theresia ihre Großfamilie – 1763 sind elf Kinder am Leben – geradezu als Refugium sowie willkommene Ablenkung gewirkt haben. Obwohl die Erziehung der Kinder auserwählten Personen anvertraut ist, die Kinder somit nur bestimmte Stunden mit ihren Eltern verbringen, werden die Ergebnisse der pädagogischen Bemühungen der Erzieher vom Kaiserpaar regelmäßig überwacht bzw. mittels Instruktionen eingefordert. Von klein auf wird dabei großes Gewicht auf Frömmigkeit, Ordnungsliebe und gute Lebensart gelegt. Der regelmäßige Fachunterricht vom siebten Lebensjahr an soll altersgemäß erfolgen, wobei sich die Stundeneinteilung häufig an traditionellen Plänen des Wiener Hofes aus dem 17. Jahrhundert orientiert. Nicht nur den Söhnen wird ein überdurchschnittlicher Unterricht zuteil, auch die Unterweisung der Töchter, die vor allem im Hin-

Martin van Meytens, Maria Theresia (1717–1780), Porträt um 1743

blick auf ihren zukünftigen Mann und dessen Hof hin erzogen werden, wird nicht vernachlässigt.

Da von einem gewissen Alter an die Kinder jeweils einen eigenen kleinen Hofstaat bekommen, wimmelt es am Wiener Hof von Erziehern und Erzieherinnen – sogenannten Ajos und Ajas –, Fachlehrern, Beichtvätern und Bediensteten der verschiedensten Chargen. Trotzdem herrscht eine für das 18. Jahrhundert eher ungewöhnlich intime, beinahe bürgerliche Atmosphäre im familiären Umgang vor. Davon künden nicht nur viele kleine Handschreiben der Eltern und Kinder, sondern auch die zahlreichen Überlegungen beider Generationen zum Thema »Familienglück«. Gleichzeitig ist Wien auch einer der »lustigsten Höfe«, wie sich die Tochter Maria Anna später erinnert, der Heranwachsenden mit seinen Fest-, Unterhaltungs- und Repräsentationsanlässen attraktive Abwechslung »bis zum Unsinn« bietet.

Diese höfisch-familiäre Glanzzeit, die nach dem Frieden von Hubertusburg 1763 auf eine lange politische Ruhephase eingestellt ist, wird plötzlich durch den Tod Franz Stephans am 18. August 1765 in Innsbruck erschüttert. Die Bestürzung ist groß und läßt sich kaum mehr mit der schicksalshaften Gottergebenheit ertragen, die sonst so oft bei den tödlichen Pockenerkrankungen der Kinder und Verwandten zu beobachten ist. Maria Theresia widmet sich von nun an zunehmend religiösen Andachtsübungen, isoliert sich bei der Wiederkehr des Todestages jedes Jahr vollständig vom Hofleben, behält zeitlebens die schwarze Witwentracht bei, verändert sich und ihren vitalen Herrschaftsstil und läßt sogar die eigenen Porträts »mehr gleichförmig machen«. Ihr Hauptanliegen wird von nun an die materielle Versorgung ihrer Kinder sein. Während Joseph als Mitregent mit dem Ressort Militaria, als kaiserlicher Nachfolger und Haupterbe sowie sein jüngerer Bruder Leopold als Großherzog der Toskana über eigene, genügend große Einkünfte verfügen, versucht Maria Theresia, die anderen Kinder durch Heirat in Italien und Frankreich zu plazieren oder mit geistlichen Pfründen auszustatten wie Maria Anna und Maximilian.

Gerade die Heiratspolitik folgt dabei – mit Ausnahme ihrer Lieblingstochter Maria Christine, deren Liebesheirat und neuer Haushalt in Ungarn zum großen Teil aus dem Familienvermögen finanziert werden – den Gesichtspunkten kühler außenpolitischer Berechnung mit Hilfe ihres Kanzlers Kaunitz. Entsprechend hart muten die mütterlichen Verhaltensmaßregeln an, zumal sie oft eine richtige Einschätzung der neuen Ehepartner verfehlen. Mit den verheirateten Kindern bleibt sie in regelmäßigem Briefverkehr – sie schreibt bisweilen mehrmals die Woche , um das eine oder andere Problem als »Mutter« und »Freundin« zu entschärfen. In dieser Hinsicht mischt sie sich familienpolitisch selbst in die ehelichen Beziehungen ihrer Kinder ein, wenn es um ausstehende Nachkommenschaft, vor allem männliche, geht. Sind Enkel einmal da, hat sie »eine kindische Freude«.

Die beinahe alles betreffenden brieflichen sittenstrengen Mahnungen und Ratschläge verschaffen ihr, laut ihrer Tochter Maria Carolina in Neapel, den Nimbus eines »Orakels«: bisweilen gefürchtet und dennoch als unerreichbares Vorbild geliebt. Ab und zu allerdings geben die Kinder nur gehorsame Unterwürfigkeit in den Antwortbriefen vor, um dann um so seelenruhiger ihre bisherige Lebensart fortzusetzen. Dies erlebt Maria Theresia stets als eigene Wirkungslosigkeit angesichts des sie zutiefst befremdenden neuen Zeitgeistes des zu Ende gehenden 18. Jahrhunderts. Die genießerische Rokoko-Unbedarftheit einer Marie Antoinette in Frankreich, eines Ferdinand in Mailand oder einer Maria Amalia in Parma bleiben ihr ebenso unverständlich wie das Vernachlässigen des traditionellen Herrschaftsgebarens zugunsten philosophisch-reformerischer Aufklärungsbestrebungen und eines entsprechend populistischen Philantropismus bei den Regenten Leopold oder Joseph.

Der Konflikt mit letzterem durchzieht schließlich ihre ganze weitere Regierungstätigkeit bis zu ihrem Tod. War Joseph noch zu Lebzeiten des Vaters der »untertänigste« Sohn gewesen, der sich nach dem Tod seiner ersten Frau Isabella von Parma 1763 von den Eltern die Krönung zum römischen König in Frankfurt und eine zweite Heirat mit Maria Josepha von Bayern aufdrängen ließ, so beginnt er sich jetzt, ambitioniert und talentiert, im eingespielten Wiener Regierungsapparat nur allzu häufig als das »fünfte Rad am Wagen« zu fühlen. Gleich zu Beginn seiner Mitregentschaft zeigen die von ihm getroffenen einschneidenden Sparmaßnahmen und Vereinfachungen der Hofetikette sowie die Testamentsstreitigkeiten mit dem Bruder Leopold seine Vorstellungen eines neuen, unangepaßten Regierungsstils. Er möchte stets »recht munter darein schneiden«, häufig nach den machiavellistischen Grundsätzen des bewunderten jungen Friedrich II., und Maria Theresia fürchtet, jeder Versuch, das von ihr geschaffene labile innere und äußere Gleichgewicht der Monarchie zu verändern, bringe diese »auf den Punkt zusammenzustürzen«.

Die erste polnische Teilung mit Preußen und Rußland 1772, die Bauernunruhen in Böhmen, die konfessionellen Spannungen in Mähren und der Bayerische Erbfolgekrieg 1778/79 mit Preußen stellen, was differierende Anschauungen wie Haltungen betrifft, Höhepunkte dieses Mutter-Sohn-Konflikts dar. Machtpolitische Annexionsgelüste, unsensibler Reformeifer und militärische Ruhmgier eines Joseph und letztlich auch Kaunitz treffen hierbei auf das Unverständnis einer alternden, zu Schwermut neigenden Herrscherin, die Reich, Religion und Ruf um keinen Krieg, um keine innere Unruhe mehr riskieren möchte. Hierbei stellt Maria Theresia, wie bereits zuvor in vielen anderen Fällen, das Bedürfnis und Anliegen eines ihrer Kinder eindeutig hinter dasjenige ihrer Untertanen, ihrer »Landeskinder«.

All das prägt nicht nur den Briefwechsel mit ihrem ältesten Sohn, sondern auch die Atmosphäre am Wiener Hof, deren Gespanntheit Joseph mit einer rastlosen Reisetätigkeit durch ganz Europa und Maria Theresia mit einem Rückzug in grüblerisch-katholische Frömmigkeit zu entgehen suchen. Wenn Maria Theresia zeitweilig die Nachgiebigere ist, so wird es im nachhinein zunehmend schwieriger, zwischen theresianischer und josephinischer Ära eine exakte Grenze zu ziehen. Schließlich fallen in ihre späte Regierungszeit noch wichtige Reformen, wie erste Maßnahmen zur Milderung der bäuerlichen Erbuntertänigkeit, eine allgemeine Schulordnung und die vom österreichischen Aufklärer Joseph von Sonnenfels geforderte Abschaffung der Folter.

Als Maria Theresia am 29. November 1780 im Alter von 63 Jahren stirbt, sind allerdings die unzähligen Differenzen und Konflikte vergessen. Die Kinder, insbesondere die für Maria Theresia so »schwierigen«, reagieren zutiefst erschüttert, und die Apologeten verklären sie »ins Reich der Engel«, wie etwa Christoph Martin Wieland im 1781 anonym veröffentlichten Gedicht *Auf den Tod der Kayserin-Königin*. Als »Landes- und Friedensmutter«, spätestens seit der unblutigen Beendigung des Bayerischen Erbfolgekriegs 1779, von Johann Wilhelm Ludwig Gleim in den *Preußischen Kriegsliedern* und Matthias Claudius im 4. Teil des *Wandsbecker Boten* 1782 derart verherrlicht, bleibt sie den Zeitgenossen in Erinnerung. Wenn seit dem josephinischen Reformkurs ihres ältesten Sohns und vor allem durch die großen historischen Veränderungen der Französischen Revolution und des napoleonischen Empires die theresianische Epoche als Ancien régime in Vergessenheit zu geraten drohte, so nährten diese doch gleichzeitig in ihrer radikalen Ausschließlichkeit immer auch die Sehnsucht nach rückblickender Verklärung, wie sie dann insbesondere in der Restaurationsperiode zu Beginn des 19. Jahrhunderts offen zum Vorschein kommt. Von nun an erscheinen Memoiren, historische Darstellungen und erste Publikationen von Familienbriefen, darunter nicht wenige Fälschungen aus kommerziellem Nutzen.

In diesem Zusammenhang kommt dem österreichischen Historiker Alfred v. Arneth besondere Bedeutung zu, da er nicht nur ein zehnbändiges Monumentalwerk zur theresianischen Epoche verfaßt und Caspar von Zumbuschs berühmtes Maria-Theresia-Denkmal in Wien programmatisch mitgestaltet, sondern auch als Leiter des Wiener Haus-, Hof- und Staatsarchivs den größten Teil der mehrheitlich französisch abgefaßten Briefe Maria Theresias an ihre Kinder erstmals ediert hat. Da die Kaiserin in der Regel die Privatbriefe ihrer Kinder vernichtete und diesen empfahl, dasselbe mit ihren Briefen zu tun, sind mit Ausnahme von Marie Antoinettes und Josephs Briefen, von denen sie Abschriften für das Archiv anfertigen ließ, kaum Gegenbriefe erhalten. Während die Briefe an Ferdinand und seine Frau Maria Beatrice in Mailand vollständig überliefert sind, weist der Briefwechsel mit anderen Familienangehörigen große Lücken auf oder fehlt völlig, wie etwa im Fall von Maria Elisabeth. Die zeitgenössischen Veröffentlichungen ließen jedoch oft Briefstellen aus wegen ihrer für die damalige Zeit ungewohnt intimen Offenheit.

Hatten die Brüder Goncourt in Frankreich zu einer eingehenden Auseinandersetzung mit der Zeit des Rokoko in der Literatur und Kunst angeregt, so verewigt Hugo von Hofmannsthal, inspiriert von dieser literarischen Mode, 1910 den Herrschaftsbeginn Maria Theresias im Libretto des *Rosenkavalier*, in dessen anmutig-sinnlicher Melancholie sich die langsam verfallende und ihrem Untergang zustrebende k. u. k.-Monarchie widerspiegelt.

Zu Beginn des Ersten Weltkriegs erscheint zwar eine große Anzahl von Publikationen zu Maria Theresia, vor allem deutsche Übersetzungen ihrer Familienbriefe, aber die deutsch-österreichische Bündniskonstellation läßt die erbitterten Auseinandersetzungen mit Preußen nicht unbedingt als ideale Propaganda erscheinen – ganz im Gegensatz zum Deutschen Reich, wo seit Kriegsbeginn Friedrich II. als historische Rechtfertigung des Angriffskriegs gilt und Maria Theresia somit mehr oder weniger offen dem feindlichen, alliierten Lager zugerechnet wird. 1916 beklagt denn auch ein Herausgeber die von Prinz Eugen vorgesehene, dann aber »verpaßte« Vermählung Maria Theresias mit Friedrich dem Großen. Je länger allerdings der Krieg dauert, desto problematischer wird das Verhältnis zwischen Deutsch-Österreichern und Reichsdeutschen aufgrund der immer stärker zutage tretenden Differenzen und Mißverständnisse. Als sich

1917 Maria Theresias 200. Geburtstag jährt, lassen die aus diesem Anlaß erscheinenden österreichischen Publikationen, etwa Hofmannsthals Essay über die Herrscherin, kritische Töne vernehmen: Der Beiname »die Große« stehe ihr genauso zu wie ihrem Gegner Friedrich. Zugleich verlagert sich der Blickpunkt über das unmittelbare Kriegsgeschehen hinaus auf einen völlig neuen Aufbau Österreichs, für den Maria Theresias mutige reformerische Haltung beschworen wird.

Zwischen dem Ersten und Zweiten Weltkrieg findet eine Versachlichung in der Auseinandersetzung mit der Biographie Maria Theresias statt, wobei auch neues Quellenmaterial, so die Briefe an Maximilian, erschlossen wird. Gleichzeitig werden die Mängel bisheriger Briefeditionen kritisiert. So weist etwa Stefan Zweig im Fall von Marie Antoinette auf die Problematik von Briefverstümmelungen hin und regt damit den französischen Historiker Georges Girard zu einer neuen, vollständigeren Edition des Briefwechsels an. Die deutschen Übersetzungen der Familienbriefe im Zweiten Weltkrieg sind außerordentlich zurückhaltend, was platte »Prophetien« betrifft. Sie wollen Maria Theresias Briefe vielmehr »für sich selbst sprechen lassen«, so daß nur noch die die Auswahl gruppierenden Stichworte wie »Deutschtum«, »Juden« oder »Deutsche Südostkolonisation« den Grad nationalsozialistischer Ideologisierung anzeigen. Für die Nachkriegszeit läßt sich, ähnlich wie bei der Fülle von Biographien, die zum 200. Todestag Maria Theresias 1980 erschienen sind, ein Nebeneinander von historisch sorgfältigen Briefeditionen – etwa die Friedrich Walters – und populären Leseausgaben feststellen, wobei die Betonung der theresianischen »Mütterlichkeit« zeitweilig gar ins kitschig-triviale Bild einer eher bürgerlich anmutenden »Hausmutter Österreichs« abgleitet.

Die vorliegende Briefedition versteht sich als eine Art Dokumenten-Biographie, die das Verhältnis Maria Theresias zu ihren Kindern zwischen 1740 und 1780 chronologisch beleuchtet, indem sie politische Ereignisse und Familiengeschichte miteinander in Beziehung setzt. Die Auswahl legt dabei bewußt auch einen Schwerpunkt auf mentalitätsgeschichtliche Aspekte. Spätestens seit den historischen Studien von Philippe Ariès zur Kindheit und von Elisabeth Badinter zur Mutterrolle hat sich die Familiensoziologie zunehmend mit der Wechselwirkung von Individuum und Gesellschaft in bezug auf die Entstehung und Entwicklung familiärer Rollenmuster auseinandergesetzt. In der Hinsicht ist Maria Theresia im Spannungsfeld von Spätbarock und Frühaufklärung von bemerkenswertem Interesse, doch sind die Quellenpublikationen seit den von Alfred v. Arneth 1881 herausgegebenen Familienbriefen zumeist vergriffen oder allzu stark unter dem Primat der politischen Ereignisse ediert worden. Gleichzeitig sollen in der vorliegenden Ausgabe auch die Kinder selbst zu Wort kommen, soweit solche Dokumente noch auffindbar sind, um das Dialogische der Beziehungen wie Konflikte anzudeuten.

Bei aller Familiarität sind Maria Theresias Briefe doch mehrheitlich politisch gefärbt – keine Selbstverständlichkeit bei Frauenbriefen des frühen 18. Jahrhunderts: Ratschläge und Ermahnungen sind bei ihr häufig verwoben mit politischem Kalkül. Dies läßt ihre Briefe und Instruktionen nicht zuletzt auch im Hinblick auf die Entwicklung der adligen Herrschaftspädagogik des 18. Jahrhunderts interessant erscheinen. Zeitweilig ist dabei der »kunstlose«, schlichte Stil der Briefe bemängelt worden als Ausdruck ihres unsensiblen konservativen Geschmacks, wie etwa auch in der Musik zu beobachten, oder ihrer mangelnden literarischen Bildung. Mögen auch diese Beobachtungen richtig sein, so wäre es falsch, Maria Theresias Briefe allein an den großen stilistischen Vorbildern, etwa Madame de Sévigné, zu messen. Bemerkenswert ist vielmehr, wie genau sie sich an den formalen Empfehlungen der damals gültigen Schreibanleitungen, den sogenannten Briefstellern, orientiert. Schließlich zwingt in diesem »tintenklecksenden Säkulum« der immer mehr anschwellende Schriftverkehr im Verfassen von Schriftstücken zu einem schnellen Sprech-Schreibstil mit sprachlichen Ungenauigkeiten wie Abkürzungen, Vereinfachungen und Kontraktionen. Vielfach diktiert Maria Theresia ihre Briefe und fügt nur kurze eigenhändige Zusätze an. Hinzu kommen noch Erschwernisse beim Schreiben selbst wie Kinderlärm, Zugluft, einengende Festtagskleider, Rheuma und andere Gebrechen, die ihr nur ein »Gekritzel« gestatten.

Maria Theresias Briefstil läßt sich eine durchaus eigene Gewandtheit und Treffsicherheit im Ausdruck nicht absprechen. Daß sie sich ihrer souveränen Routiniertheit im Schreiben bewußt war, zeigt ihre ständig obwaltende Sorgfalt bei der Begutachtung der Briefe und Handschrift ihrer Kinder sowie ihr Stilgefühl bei der kritischen Beurteilung offizieller Briefe. So schreibt etwa ihr literarisch ambitionierter Gegner Friedrich II. zu ihrem nicht geringen Amüsement, wie »ein Despot vom Theater«. Sind ihre vornehmlich französisch verfaßten Briefe immer wieder mit kraftvollen, originellen, wienerischen und italienischen Ausdrücken durchsetzt, so haben Übersetzer bisweilen aus Unachtsamkeit, Modernisierungsbestrebungen oder falschem Stilpurismus denselben keine Beachtung geschenkt. Soweit es möglich war, wurde in der vorliegenden Ausgabe stets anhand des Erstdrucks, der in den Quellenangaben vermerkt ist, das Briefdokument bearbeitet oder neu übersetzt. Kursiv gedruckt stehen dabei alle im Text vorhandenen originalsprachlichen Wörter, also etwa deutsche Ausdrücke in französischen Briefen. Allerdings ist zu bemerken, daß vielfach bereits die Erstpublikationen Orthographie und Interpunktion dieses eigenen »Auslandsfranzösisch« des 18. Jahrhunderts stillschweigend korrigiert haben. Im Hinblick auf die Dominanz der berühmten französischen Briefschreiberinnen der Aufklärung wie Marie Anne du Deffand, Louise d'Epinay, Emilie Marquise du Châtelet oder Julie de Lespinasse mag dieses Vorgehen nachvollziehbar erscheinen, aber angesichts Maria Theresias eigenen Absichten wie Ansprüchen an den familiären Briefverkehr eher vermessen. Ihr triumphierendes Gefühl lag beim Schreiben wohl weniger im Anspruch an literarisch-philosophischer Publizität, als in der Tatsache, auch hier, trotz einer von den Eltern nicht speziell geförderten Erziehung, eine natürliche Souveränität gewonnen zu haben, um in intensivstem Kontakt mit ihren über ganz Europa verstreuten Kindern zu bleiben. Nicht zuletzt ist es auch eine solche Leistung, die ihr einen wichtigen Platz in der Briefliteratur des 18. Jahrhunderts, diesem Jahrhundert der großen Frauen, sichert – ein Ergebnis, das sich der Ausbildung oder der Autodidaktik zu verdanken scheint.

»Man fragt, ob Mädchen Lehrer oder Lehrerinnen haben sollen«, schreibt 1762 Rousseau, der pädagogische Vordenker der Aufklärer, in seinem *Emile oder Über die Erziehung*. Und er gibt gleich selbst die Antwort: »Ich weiß es nicht: mir wäre es am liebsten, sie brauchten weder die einen noch die anderen, sie lernten aus freien Stücken, was sie so gern lernen möchten ...« Eine Antwort, die auf den ersten Blick so ungewohnt modern anmutet, wie sie auf den zweiten wieder das althergebrachte, männliche Mißtrauen gegenüber einer allzu gründlichen Bildung der Frauen verrät.

im März 1999 *Severin Perrig*

KORRESPONDENZ

»Die Kaiserin ist eine der schönsten Prinzessinnen Europas: all ihren Nachtwachen und Wochenbetten zum Trotz hat sie sich sehr gut erhalten. Früher liebte sie Jagd, Spiel und Theater. Das einzige, woran sie jetzt Geschmack findet, ist die Regierung ihres Staates und die Erziehung ihrer Kinder.«

Carl Joseph Maximilian Freiherr von Fürst und Kupferberg
Gesandter Friedrichs II. von Preußen

*1 Maria Theresia an den Erzieher Josephs, Feldmarschall
Karl Joseph Graf Batthyány (in der Originalschreibweise)*

1751

Nachdem ich meinen ältesten Erzherzog dem Grafen Batthyány zu erziehen übergebe und anvertraue, und dadurch sowohl meine von demselben geschöpfte gute Meinung als gänzliches Vertrauen genugsam an den Tag lege, finde ich nötig, ihm einige Erkenntnis von meines Sohnes Eigenschaften zu erklären, welche man die Jahre seiner Kindheit hindurch an ihm beobachtet, um ihm Batthyány in seiner uns hiemit gewidmeten eifrigen und verläßlichen, getreuen und wohlmeinenden Intention ein und andere Wege zu bahnen und erleichtern zu können.

Da mein Sohn als ein uns so lieb und importantes Pfand mit großer Zärtlichkeit und Liebe von der Wiege an gepflegt worden, ist sicher, daß seinem Willen und Verlangen in vielen Stücken zu viel nachgegeben worden, und insbesondere seine Bediente ihn sowohl durch unterschiedliche Schmeicheleien als auch einige unzeitige Vorstellungen seiner Hoheit verleitet, sich gern gehorsamen und ehren zu sehen, hingegen die Widersetzung unangenehm und fast unerträglich zu finden, sich nichts zu versagen, gegen andere aber leicht, ohne Gefälligkeit und rüde zu handeln.

Obwohl nun zwar diese Neigungen teils durch die dahin angewendete Sorge und Lehren seines fleißigen Abbé in etwas korrigiert worden, mein Sohn auch viele Anzeichen eines guten Herzens von sich gibt, so ist doch sicher, daß seine große Lebhaftigkeit, die man ehmals nicht von ihm vermutet, von welcher man aber in vielem zu seinem Besten wird profitieren können, dermalen merklich zunimmt, woraus dann erstlich heftige Verlangen entstehen, seinen Willen in allen kleinen Gelüsten zu erfüllen, davon so sehr occupiert zu sein, daß er die Ermahnungen kaum hört, selbe wie die meiste Jugend oft tausendmal vergißt, und auch oft zu der nötigen Applikation schwer zu disponieren ist, am wenigsten aber durch die langwierige oder sozusagen trockene Schärfe und Art, welcher sich die meisten Meister in den Schulen bedienen...

Es ist der Tag allzeit mit dem Gebet anzufangen, und das Erste und Notwendigste für meinen Sohn, von der Allmacht Gottes in einem demütigen Herzen überzeugt zu sein, ihn zu lieben und zu fürchten, und aus den wahren christlichen Übungen und Schuldigkeiten alle übrigen Tugenden zu schöpfen...

Der Ajo soll nicht bei ihm schlafen, auch nicht regelmäßig dem Gebet, dem Anziehen oder den Lektionen beiwohnen, sondern seine Befehle den Untergebenen erteilen...

Wenn der Erzherzog erwacht, soll man alle Tage den Ajo avertieren, welcher, wenn er gegenwärtig, dem Erzherzog das Hemd übergibt, und den übrigen Tag hindurch muß man ihm von alledem, wovon er es verlangen wird, Bericht geben, es wäre Fremde anzusagen, vorfallende Zweifel, und endlich généralement was immer Außerordentliches in der Kammer vorfallen möchte.

Wenn der Erzherzog bei seinen Frauen Schwestern speist, soll der Ajo ihm den Sessel rücken und das Handtuch geben, die Fräulein aber ihm zu trinken bringen; bei dem Erzherzog selbst aber schenken ihm seine Kammerherren ein.

Abends und an den Tagen der Retraite soll sich der Ajo nach dem Sesselrücken von ihm entfernen, wenn es nötig ihm den Kammerherrn an die Seite stellen, er aber von weitem seine Manieren, seine Stellungen und dergleichen beobachten, um davon judizieren und ihn danach korrigieren zu können. In dergleichen retirierten Mahlzeiten, es sei mittags oder abends, ist auch dem Ajo erlaubt, sich öfters zu dispensieren, um seinen Geschäften oder seiner Gesundheit obwarten zu können. Doch soll er allzeit vor dem Schlafengehen, es sei etwas früher oder später, den Erzherzog sehen, um von seiner Gesundheit und übrigen Umständen informiert zu sein; so es aber nicht sein könnte, muß er sich doch genauen Rapport geben lassen.

Dem Ajo steht frei, dem Erzherzog die Ergötzungen zu

Jean-Étienne Liotard, Joseph (1741–1790)

vermehren oder zu vermindern, außer es wäre etwas Besonderes, in welchem Falle selber uns hierüber befragen müßte, gleichwie in allen anderen außerordentlichen Zufällen, die in etwas zweifelhaft und important sein können.

2 »*Einteilung der Stunden seiner Hoheit Durchlaucht Monseigneur Erzherzog Joseph*«

1751

1.

Monseigneur steht um Viertel vor 7 auf und betet sogleich.
Er zieht sich an bis ca. halb 8.
Er nimmt sein Frühstück um Viertel vor 8 Uhr.
Er kommt zurück um 8 Uhr.

2.

Er lernt Latein bis halb zehn Uhr.
Er erfreut sich an einer Viertelstunde Pause.
Er macht Geschichtsstudien bis halb elf mit Pater Weickhard, worin eine Viertelstunde deutsche Lektüre inbegriffen ist.
Er erfreut sich dann einer kurzen Pause.
Er macht Schreibübungen mit seinem Lehrer Steiner bis halb zwölf.
Er erfreut sich einer Pause bis zum Mittag.
Er ißt und unterhält sich bis 2 Uhr.

3.

Er hat Geographieunterricht bis 3 Uhr.
Er verbringt die Zeit mit Pater Höller bis 4 Uhr montags und mittwochs und ebenso mit Brequin dienstags, donnerstags und samstags.
Er lernt Latein und Geschichte von 4 Uhr bis 5 Uhr oder, wenn er sich einer Pause vor diesem Unterricht erfreut, bis 5.30 Uhr.

4.

Er betet seinen Rosenkranz um 6 Uhr.
Um 6.30 unterrichtet ihn Reutter in Musik am Montag und Mittwoch; dienstags, donnerstags und samstags ist diese Stunde für den Tanz bestimmt.
Er beendet den Schultag mit Freizeitvergnügungen bis 8 Uhr.
Er speist bis halb 9 Uhr zu Abend.
Er spielt Billard bis Viertel nach 9.
Er zieht sich zurück für das Abendgebet.
Er zieht sich aus und geht um Viertel vor 10 ins Bett.
Die Reitbahn wird montags, mittwochs und samstags während der Schreibstunde besucht; Seine Hoheit kann sich allein in einer freien Viertelstunde dieser Lektion annehmen.
Sonntags und während der Feiertage hat Pater Höller schon seine Stunden vormittags, und Herr Brequin kommt an diesen Tagen von 2 bis 3.30 Uhr.
Was die notwendige Lektüre zur Erleichterung der Studien, des Erwerbs nützlicher Kenntnisse und der Unterhaltung des Geistes betrifft, so kann diese auf die unausgefüllte Zeit während eines Tages gelegt werden, besonders auf die Fest- und Sonntage.

3 An Maria Christine

Podiebrad, 4. September 1754

Meine liebe Tochter Marie,

ich bin recht zufrieden mit Ihren Briefen, aber Ihre Schreibweise ist noch zu flatterhaft. Sie müssen gleichmäßiger sein und beim Schreiben nicht so hasten, man sieht ja, wie der Anfang ganz anders ist als das Ende. Bei all Ihren Briefen habe ich die Sorgfalt und die Mühe gespürt, die die Fürstin sich mit Ihnen gegeben hat, und ich zweifle nicht, daß Sie sich erkenntlich zeigen und es ihr durch ein besonders gutes Betragen lohnen. Wir haben hier ganz abscheulich kaltes Wetter, und der Kaiser hat den Kamin anzünden lassen. Das Haus ist sehr lustig und wohnlich eingerichtet. Toussaint sagt, er habe mit drei Söhnen und zwei Töchtern gerechnet, und ich glaube, es würde dafür Platz haben. Die Lage des Hauses für die Jagd ist wunderbar, aber der Weg von Wien ist ein bißchen weit für die Fürstin Trautson. Doch werde ich Sie einmal mit hierhernehmen. Der Kaiser war heute früh auf der Jagd und hatte nach einem halben Tag eine Strecke von hundertfünfzig Hirschen, Böcken und Frischlingen. Die Niederjagd ist nur eine Viertelstunde vom Haus entfernt, und wenn dieses scheußliche Wetter nicht wäre, hätten wir sicher schon Tausende von Rebhühnern und Fasanen gesehen. Aber niemand würde mir zuliebe geschossen haben, es sollte eine reine Treibjagd sein.

Während die Gäste beim Spiel sitzen, nutze ich das schlechte Wetter, mit Ihnen zu plaudern, denn von Prag aus war das ganz unmöglich. Ich hatte nur die Morgenstunden für mich, mittags empfing ich die Damen, um ein Uhr ging man zu Tisch, was immer bis fünf Uhr dauerte. Danach gab es Musik oder ein lustiges Theater, vor neun und zehn Uhr abends konnte ich mich nicht zurückziehen. Aufstehen schon um fünf Uhr morgens jeden Tag, um sechs Uhr schon die ersten Audienzen, auf die Dauer hätte ich diese Anstrengungen nicht aushalten können. Doch die Freude und Begeisterung, uns zu sehen, war bei allem Volk wirklich unglaublich groß und herzlich. Ich habe Prag eine meiner Töchter versprechen müssen, die nicht mehr ganz ein Kind sei, wie sie baten – da habe ich an Sie gedacht. Marianne, die älteste, kann ich nicht hergeben, Elisabeth ist noch in vielem zu kindisch, also habe ich ihnen versprochen, Sie zu schikken, und denke, Sie werden mir keine Absage geben. Ich umarme Sie innigst und halte Sie sehr lieb. Adieu.

Ihre getreue Mutter

Maria Theresia

Grüßen Sie die Saurau und die Goëss von mir.

4 »Instruktion« für Gräfin Maria Walburga Lerchenfeld, die Aja der Erzherzoginnen Johanna (geb. 4. 2. 1750) und Josepha (geb. 19. 3. 1751) in der Originalschreibweise

November 1756

Es folgen hier die Stunden, wie ich glaube, daß die Ordnung mit den zwei Töchtern solle gehalten werden. Ich habe nichts anderes beizusetzen, als daß auf die Gesundheit eine genaue Obsicht getragen werde, und mindestens van Swieten, dem allein die Kinder anvertraut sind, daran zu erinnern. Es möchte die Gesundheit selbst, einen Fall oder andere kleine Anstöße geben, so wäre nicht allein ich gleich davon zu informieren, sondern auch van Swieten auf das genaueste und das geschwindeste. Was er erlaubt, daß die Kinder essen dürfen, ist ihnen zu gestatten, in diesem Punkt sind sie nicht heiklich traktiert worden.

Ich verlange, daß sie von allem essen sollen und keine Ausstellungen oder Aussuchung im Essen machen von einem besseren Bissen oder Speise. Fische essen sie alle Freitage, Samstage und alle anderen Fasttage. Obwohl die Johanna besonders einen Ekel für selbe bezeigt, so wäre es ihr nicht angehen zu lassen und sie zu animieren, daß sie sich nicht zu lang dabei aufhalte, indem alle meine Kinder die nämliche Aversion dagegen gezeigt und alle es müssen überwinden, daß die sieben älteren die Fastentage schon zwei Jahre mit uns halten, mithin in diesem Punkt gar nicht zu weichen. Zucker sehe ich nicht gern, daß sie viel bekommen, mithin so wenig als es sein kann, ihnen zu geben, an den gebotenen Fasttagen aber sollen sie nichts außer der Mahlzeit essen, ausgenommen ein kleines Stückchen Brot, um sie von Jugend auf an dieses Gebot zu gewöhnen. Ich erlaube auch, aber allein an Fischtagen, daß die Kinder abwechselnd einmal einen Milchkaffee, einmal einen Milchtee bei mir zum Frühstück holen lassen, sonst aber bleibt es bei der Suppe. Die Kammerleute werden sie selbst noch besser unterweisen können, als ich Ihnen selbst beschreiben kann; wenn Sie aber einige Fehler bei ihnen fänden, ist es mir gleich zu hinterbringen. Bei den Meistern sollen allzeit die Kammerleute gegenwärtig sein, und es ist ernstlich zu verbieten, daß Diskurse, die nicht zur Lektion gehören, gehalten werden. Dies ist sowohl den Meistern als den Kammerleuten zu befehlen; auch sollen diese die Kinder dazu anhalten, daß sie nicht unnütze Diskurse halten; wenigstens gar nicht zu antworten, lieber die Lektion aufhören.

Die Sauberkeit ist genau zu beobachten, sowohl im Waschen als Kämmen, welches alle Tage geschehen soll. Wegen der Unterhaltungen überlasse ich Ihnen alles. Ausgehen, Spielen, mit Karten, mit großen oder kleinen Damen, Schauspiel, alles ist mir recht, was Sie für gut finden werden, zu den Geschwistern gehen, bei sich Leute sehen, alles ist erlaubt und wird von Ihnen dependieren. Wegen der Religion habe ich nichts zu erinnern, weil Sie ihnen da das beste Exempel geben können, auch der Beichtvater allein mit ihrem Unterricht chargiert ist, mit dem alle geistlichen und weltlichen Bücher eher zu überlegen sind, ehe als man sie ihnen gestattet. Im Zimmer und in der Kirche sollen sie ihr Gebet mit Respekt verrichten. Obwohl sie nicht zu viel zu verschenken haben, so sähe ich doch gern, daß sie bisweilen Almosen und dem einen oder dem anderen etwas geben, nicht aber auf die Sollizitation ihrer Leute, allein mit ihrem Vorwissen.

Mit keinem Türhüter oder Kammerheizer sind Diskurse zu gestatten oder haben sie ihnen Befehle zu geben; sie sind geboren zu gehorchen und sollen sich mithin beizeiten daran gewöhnen. Ich fürchte, die Johanna hat einen starken Kopf, obwohl sie sonst Fähigkeiten genug hat; wenn dem also ist, so muß man ihn ihr beizeiten brechen; das werden Sie selbst noch besser mit der Zeit erfahren. Die Josepha scheint noch ein gutes Kind zu sein, aber nicht so kapabel. Keine Furcht vor nichts ist selben zu gestatten, weder vor Gewittern, Feuer, Geistern, Hexen oder anderen Kindereien, auch den Leuten keine solchen Diskurse zu erlauben oder furchtsame Sachen zu erzählen. Vor keiner Krankheit ist ihnen Scheu zu machen, sondern ganz natürlich von allem mit ihnen zu reden, auch von den Blattern und dem Tod; es ist allzeit gut, ihnen denselben beizeiten bekannt zu machen. Keine Aversionen sind ihnen gegen nichts und noch weniger gegen jemand zu gestatten, keine Familiarität mit den Leuten, höflich mit allen, besonders mit Fremden. In all ihren Spielen ist nicht zu erlauben, daß sie etwas Gemeines oder Hartes vorstellen. Sie werden am besten wissen, all dies einzuleiten, und ich habe all mein Vertrauen zu Ihnen. Jederzeit, wann immer Sie wollen, können Sie zu mir kommen, ich werde Ihnen in allem gern an die Hand gehen. Keine Stunde ist Ihnen vorgezeichnet, da zu sein, doch sähe ich gern, daß Sie, ohne zu sagen, wann Sie kommen, abwechselten und nach und nach bei allen sich einfänden, denn auf die Rapporte der Kammerleute ist sich nicht allzeit zu verlassen. Ernstlich verboten ist, daß jemand den Kindern etwas bringe, weder von Eßwaren noch anderen Sachen, ohne Ihre Erlaubnis. Wenn Sie etwas abzuändern fänden, erwarte ich Ihren Vortrag.

Maria Theresia

Norma und Regulierung der Stunden für Ihre königlichen Hoheiten die Erzherzoginnen Johanna und Josepha.

[Von fremder Hand.]	*[Bemerkungen und Zusätze von der Hand der Kaiserin.]*
Um halb 8 Uhr aufstehen. Um halb 9 Uhr den Schreibmeister, eine Stunde für beide Herrschaften zum Lesen, Buchstabieren und Schreiben.	Auch die Feiertage, außer Sonntag.
Um 10 Uhr heilige Messe, um 11 Uhr französische Lektion, um 12 Uhr speisen.	In der Messe allzeit die Aja, allzeit die Kammerfrau Bachofen.

Um 2 Uhr dreimal die Woche den Pater Richter bis 3 Uhr, die anderen Tage, auch Sonn- und Feiertage die geographischen Karten, etwas traduzieren, Fabeln, das eine und andere Fragbuch, Handarbeit und dergleichen bis 4 Uhr.	Montag, Mittwoch und Freitag, auch feiertags. Sonntag, Dienstag, Donnerstag, Samstag von 2 bis 5 Uhr, allzeit die Bachofen all dies besorgen soll.
Um 4 Uhr dreimal die Woche den Tanzmeister.	Montag, Mittwoch und Freitag, auch feiertags.
Um 5 Uhr täglich den Rosenkranz in der Kirche.	
Abends Spiel, Visiten, bisweilen Theater und Ausgehen.	Allzeit die Aja selbst führen. Die Piani schläft allzeit in der Kammer, bleibt bis zur Messe um 10 Uhr, kommt wieder um 1 Uhr, Montag, Mittwoch und Freitag bis 5 Uhr. Kommt alle Abende um 8 Uhr wiederum. Die Bachofen kommt alle Morgen um halb 11 Uhr, bleibt bis 12 Uhr, sonntags, dienstags, donnerstags, samstags kommt sie von 1 Uhr bis 5 Uhr, hat nachher nichts mehr zu tun, außer die Aja ließe sie holen.

Das Frühstück in der Fastenzeit zu nehmen mit einiger Moderation. Hier folgt, was für Befehle in die Küche ergangen, nach welchen sich zu halten ist. Abends allzeit Fastensuppe, Eier und eine Mehlspeise, aber nichts Süßes, keine Obstspeise oder Gebackenes. Nichts untertags als ein Viertel einer Semmel, wenn es nötig ist, zur Jause zu geben, keinen Zucker, Süßes, Schokolade oder Kaffee.

Die drei Bittage werden die zwei Töchter diese Stunden halten: zwei heilige Messen von 9 bis 10 Uhr, nachmittags jede eine halbe Stunde von 2 bis 3 Uhr, und um halb 8 Uhr zum Beschluß beide.

Ich wünsche, daß die Aja sich wohl befinden möge.

5 Maria Theresia an ihren Vertrauten Graf Silva-Tarouca, als Maria Anna im Frühjahr 1757 an einer Lungenentzündung erkrankt

Ich schreibe Ihnen, das Herz niedergedrückt und mit einer seltsamen Mutlosigkeit. Es bedarf meiner ganzen Freundschaft für Sie, die größer als jemals ist, um Ihnen schreiben zu können. Meine arme Tochter liegt fast ohne Hoffnung darnieder. Sie leidet unheimlich, sagt dabei die rührendsten und erbaulichsten Dinge und ist voll Zärtlichkeit für mich, voll Resignation, es koste sie nichts zu sterben. Im Gegenteil, nur das beunruhigt sie, daß sie mich verlassen soll. Stellen Sie sich meine Lage vor. Dieses Kind, ich muß es Ihnen gestehen, liebe ich am meisten, und nun nimmt es mir Gott. Alle gehören ja ihm, und ich selber möchte sie lieber unschuldig in ihrer Jugend sterben wissen, als sie den drohenden Gefahren dieser Welt ausgesetzt.

6 Bitte der achtjährigen Josepha an Maria Theresia für sich und ihre Schwester Johanna in der Originalschreibweise

Ich bitte mir gnädigst zu erlauben, daß ich morgen mit meiner Frau Schwester bei euer Mayestätt speisen darf, ich küsse die händ. Eure Mayestätt gehorsamste Tochter

Josepha

7 Antwort Maria Theresias an Josepha

Die Schrift ist wohl sehr schlecht vor 8 Jahr.

8 Darauf trägt Josepha noch einmal ihre Bitte vor

Eure Majestätt,

Ich unterfange mich durch diese meine wenige zeilen anzufragen, wie sich eure majestätt befinden, nehme mir auch anbey die freuheit eure mayestätt gehorsamst zu bitten, mir gnädigst zu erlauben, daß ich einmahlen bey euer Mayestätt speisen darf, in dem getreusten hoffnung lebe anbey mich zu hohen gnaden empfehle.

Euer mayestätt gehorsamste Tochter

Josepha

9 Maria Theresia an Johanna

Meine liebe Tochter,

da ich Seine Majestät nicht selbst begleiten kann, vertraue ich diesen Zeilen meinen Glückwunsch für Ihren Tag an. Ich hoffe, daß Sie die große Gnade erkennen, die Ihnen Seine Majestät zuteil werden läßt, indem er bei dieser großen Hitze kommt, um Sie zu sehen.

Bemühen Sie sich durch Ihr Benehmen, Ihre Sanftmut, Ihre Folgsamkeit, Ihren Fleiß und Ihre Devotion besonders, immer mehr und mehr unsere Gnadenerweise zu verdienen und sich unserer Freundschaft würdig zu erweisen.

Meine Komplimente an die Aja.

Jean-Étienne Liotard, *Maria Anna (1738–1789)*

10 Maria Theresia an Josepha

Meine liebe Tochter,

ich war mit Ihrem Betragen sehr zufrieden und hoffe, daß Sie glücklich und bei guter Gesundheit in Schönbrunn angekommen sind, und daß Sie Ihre Schwester [Johanna] ebenso vorgefunden haben, von der ich heute ungeduldig Nachricht erwarte, denn ich befürchte, daß das jetzt herrschende kalte Wetter ihren Husten verschlimmert haben könnte. Übergeben Sie ihr von mir diese kleine Schachtel und die Tafeln; der Insektenkasten ist für Sie, die Schildpattdose für Ihre liebe Aja, und die Uhr für die Piani. Umarmen Sie Ihre Schwester und die Aja für mich, und sagen Sie ihr, daß ich an dem Blanc-Manger Schuld hatte. Ich verspreche ihr, mich ein ander Mal vernünftiger zu benehmen. Sie soll sich schonen und sich bei Ihrer Schwester nicht zu sehr plagen. Adieu.

11 »Instruktion« Maria Theresias für Franz Graf Thurn, den Ajo Leopolds

1761

Da ich es für den Fortschritt in der Erziehung meines Sohnes Leopold, die mir außerordentlich am Herzen liegt, für nötig halte, der Gesundheit wegen seinen Ajo, den Grafen von Künigl, zu entlasten, haben mich der Eifer und die Anhänglichkeit, die Sie mir bisher in meinem Dienst gezeigt haben, sowie die Talente, die ich in Ihnen für ein so wichtiges Amt wie das, zu dem ich Sie bestimme, zu finden glaube, zum Entschluß gebracht, Sie als zweiten unter dem Ajo zu ernennen, um über der Erziehung meines Sohnes zu wachen, und damit Sie sich dem ganz und ohne Unterbrechung hingeben können, habe ich vor, Sie von jeder anderen Beschäftigung

Jean-Étienne Liotard, Johanna (1750–1762)

zu entbinden, und erwarte Ihrerseits, daß Sie sich gänzlich dem Dienst und dem Wohl des Prinzen, den ich Ihnen anvertraue, widmen werden, indem Sie ihn hauptsächlich über das Militär und den Dienst unterrichten, damit er seiner Familie und seinem Vaterland nützlich sein kann und damit er mir weiterhin in meiner besonderen Aufmerksamkeit, die ich stets sowohl aus Dankbarkeit wie aus Neigung für diesen Stand hatte, folgen kann. Sie sind für Ihre Person auf den Ajo angewiesen; derselbe versieht alle öffentlichen Funktionen, und Sie vertreten ihn in seiner Abwesenheit. Da Sie nach ihm der Zweite sind an der Spitze der Erzieher, sind Ihnen die Kammerherren, die Instruktoren, die verschiedenen Lehrer und alles, was den Hof des Erzherzogs betrifft, auf diesem Fuß beigegeben.

Damit Sie besser imstand sind, mein Vertrauen zu rechtfertigen und meine Absichten auszuführen, habe ich es für richtig gehalten, sie ihnen in folgenden Punkten festzusetzen.

Ihre Hauptobliegenheit ist, auf das Herz, den Geist, die Sitten und das Betragen meines Sohnes einzuwirken; dabei handelt es sich:

Erstens: ihm die Pflichten gegen Gott einzuflößen und ihn darin zu bestärken;

Zweitens: um die Gefühle, die er Seiner Majestät dem Kaiser, mir, seinen Geschwistern und seiner Familie schuldig ist;

Drittens: um die Aufmerksamkeit, die die Erhaltung der Gesundheit erfordert, ohne ihn zu verweichlichen;

Viertens: seine Denkweise auszubilden und ihm ein sicheres Auftreten zu geben.

Was den ersten Punkt anbelangt, der die Religion und das Gewissen betrifft, so ist er seinem Beichtvater anvertraut; es bleibt Ihnen nur übrig, im Laufe des Tages, wenn sich dazu Gelegenheit bietet, die Grundsätze der Religion und des Vertrauens auf Gott zu unterstützen, die ihm während der Instruktionsstunden gelehrt werden. Und wenn Sie während des Tageslaufs einen wesentlichen Fehler bemerken, sollen

Jean-Étienne Liotard, Karl Joseph (1745–1761)

Sie sich nicht damit begnügen, ihn selbst davon abzubringen, sondern auch mich und den Beichtvater davon benachrichtigen. Diesem Artikel muß ich nur noch das Verbot hinzufügen, sich irgend eines Buchs zur Belehrung oder Unterhaltung des Knaben zu bedienen, das nicht durch den Beichtvater genehmigt worden ist, und daß niemand solche zu eigenem Gebrauch in die Zimmer oder Vorzimmer mitbringen darf. In diesem Punkt empfehle ich Ihnen strenge Genauigkeit.

Was seine Gefühle gegen uns betrifft, so besitzt er die nötige Grundlage. Es bleibt nur übrig, sie zu pflegen und ihm beizubringen, was er seinem ältesten Bruder und den anderen Geschwistern schuldig ist; uns gegenüber brauchte er etwas mehr Freimütigkeit und Offenheit des Herzens, besonders soll er niemals List anwenden oder krumme Wege einschlagen, um etwas von uns zu erlangen.

Was die Gesundheit betrifft, so ist sie gänzlich van Swieten anvertraut, und Sie haben sich nur darauf zu beschränken, seine Verordnungen pünktlich auszuführen und andere nichts tun oder raten zu lassen, genau über alles zu wachen, was sich untertags ereignen könnte, und van Swieten bei seinen täglichen Besuchen darüber Bericht zu erstatten.

Sollte er krank werden oder ihm irgendein anderer Unglücksfall zustoßen, dann setzen Sie unverzüglich, zu welcher Stunde es auch sei, van Swieten und mich davon in Kenntnis. Sie müssen sich als Grundsatz aufstellen, daß alles, was vielleicht in Privathäusern als gleichgültig angenommen werden könnte, es keineswegs im Hinblick auf meine Kinder ist. So darf also nichts verheimlicht, und es muß alles gemeldet werden, damit sich niemand verantwortlich macht.

Es versteht sich von selbst, daß niemand sich unterstehen darf, dem Erzherzog ohne Rat van Swietens das geringste Heilmittel, sei es auch noch so harmlos, zu geben, ebenso, daß Sie Sorge tragen, daß er sich bei seinen Zerstreuungen nicht übermäßig erhitzt. Er ist verweichlicht und träge, dagegen arbeiten Sie mit Pünktlichkeit. Sie haben gut darauf zu achten, daß er sich weder sitzend, stehend oder im Gehen eine schlechte Haltung angewöhnt; die jungen Leute nehmen oft in seinem Alter eine krumme Haltung an, die ihnen immer bleibt. Er ist voll von solchen Fehlern.

Was seinen Geist und das Herz betrifft, so müssen Sie sich vor allem anderen bemühen, sein Naturell und seine Neigungen von Grund auf zu studieren und seine Talente auszunutzen, sogar gerade aus seinen Schwächen und Fehlern Vorteil zu ziehen, und Ihre besondere Aufmerksamkeit darauf verwenden, sie auszurotten und zu ersticken, und zwar sowohl durch Gewohnheit als auch durch Grundsätze.

Man darf ihm mit niemand irgendwelche Vertraulichkeit erlauben, muß ihm aber Höflichkeit anempfehlen. Man darf weder Erzählungen über das, was sich in der Stadt oder bei uns ereignet, noch Klatschereien noch Albernheiten, sei es in Gesten oder in Worten, dulden. Wenn man einen mutwilligen Ton einreißen läßt, hört jede Höflichkeit auf, und man gerät in Verlegenheit, wenn man etwas Verbindliches sagen soll. Auf diesen Punkt muß streng geachtet werden.

Er ist Vorurteilen sehr zugänglich und gibt sie nur schwer auf, weil er eine zu gute Meinung von sich selbst hat und es nicht liebt, Ratschläge zu erbitten und sie zu befolgen. Leopold hat von Natur ein gutes, großmütiges und mitfühlendes Herz. Er ist wißbegierig und möchte selbst die abstraktesten Dinge ergründen. Ziemlich gewandt in seinen Exerzitien, hat er dabei aber einen schlimmen Fehler, der ihm unendlich zum Nachteil gereicht. Er versucht nämlich, durch List und krumme Wege seine Absichten zu erreichen, und das darf ihm nicht nachgesehen werden. Ich möchte, daß er in Miene und Auftreten freier, offener und selbstbewußter würde, daß seine Aussprache und der Ton seiner Stimme weniger rauh und sein Wesen sowie seine Ausdrucksweise zuvorkommender würden. Er gibt sich gern mit kleinen Leuten ab und liebt vulgäre Ausdrücke. Er möchte gern höflich sein, weiß aber noch nicht, wie er sich dabei benehmen soll. Man muß ihn zur Konversation mit Leuten aus der guten Gesellschaft animieren und ihn unmerklich dazu bringen, verbindliche Dinge zu sagen.

Vor allem anderen handelt es sich jetzt darum, seinen Charakter so auszubilden, wie seine Geburt es erheischt; er ist jetzt schon in dem Alter, daß man anfangen kann, vernünftig mit ihm darüber zu sprechen, und zwar nicht in der Art von Unterrichtsstunden, sondern in freundschaftlichen Gesprächen, und Sie werden hauptsächlich versuchen, ihn zu Debatten mit Ihnen aufzumuntern und ihn daran zu gewöhnen, selbst über seine Zukunft nachzudenken. Das wird Ihnen Gelegenheit verschaffen, ihm begreiflich zu machen, wie wichtig es für ihn ist, am Waffenhandwerk Geschmack zu gewinnen und sich gründlich in dieser Wissenschaft auszubilden, da das der einzige Weg ist, auf dem ein Prinz von seiner Herkunft sich der Monarchie nützlich zu machen, in der Welt glänzen und sich bei mir ganz besonders beliebt machen kann. Diese Sache liegt mir außerordentlich am Herzen und hat mich bestimmt, vorzugsweise einen Militär zu dem Amt zu wählen, das ich Ihnen anvertraut habe. Sie werden einen Plan ausarbeiten, wie Sie zu handeln beabsichtigen, um ihm Neigung und Verständnis für diese Dinge beizubringen.

Zum Schluß verlange und erwarte ich vollstes Einverständnis zwischen Ihnen und dem Ajo, als dem Oberhaupt der Erziehung, und gerade weil er Befehl bekommen hat, die Autorität, die ich Ihnen anvertraue, aufrechtzuerhalten, werden Sie nicht nachlassen, dem Knaben die Gefühle der Zärtlichkeit, des Gehorsams und der Dankbarkeit zu inspirieren, die er dem Ajo schuldet.

12 Joseph an Maria Theresia über die Reise mit seiner Frau Isabella nach Lilienfeld in Niederösterreich

30. Mai 1761

Ihre Majestät,

für die Liebenswürdigkeit, mit der I. M. sich über mich ausgedrückt haben, kann ich mich, liebe Mutter, gar nicht genug bedanken. Sie wissen, daß ich auf der Welt nichts wünsche wie die Gnade I. M., die Freundschaft meiner Frau und mein Seelenheil; und da ich von den beiden ersten überzeugt bin, können Sie sich eine Vorstellung meines Glücks machen. Ja, ich erbiete mich, wenn es Ihnen Freude machen kann, ein Gelübde wie die Nonnen abzulegen, daß ich seßhaft bleiben will, das heißt, ich will mich verpflichten, nie mehr von Ihnen fortzugehen. So wird I. M. mein Kloster sein, und der Ort, wo Sie weilen, meine Klausur. Obwohl es mir leid tut, opfere ich Ihnen doch ohne großes Bedauern ein für allemal jeden Plan, aufs Land zu gehen oder Gegenden zu bereisen, wo ich etwas lernen könnte, wie in den Bergwerken oder in Ihren Erbländern; denn bin ich nicht geschaffen, Sie, wenn möglich, für alle die Mühen zu entschädigen, die Sie sich bisher für mich gegeben haben? Also das tun, was Ihnen Freude macht, das heißt, Gott dienen, dem öffentlichen Wohl, und das ist der einzige Ruhm, den ich begehre. Also nichts mehr davon, selbst die Jagd von Holitz leg ich Ihnen zu Füßen, wenn Sie wollen.

Aber ich halte mich bei diesen Dingen zu sehr auf. Um also den Bericht meiner Reise fortzusetzen, habe ich die Ehre, I. M. mitzuteilen, daß meine Frau gestern abend ein wenig an Kopfweh gelitten hat; wir haben zusammen zur Nacht gegessen und sind um $9\frac{1}{2}$ Uhr schlafen gegangen. Heute morgen, nach dem Frühstück und der Messe, sind wir $8\frac{1}{4}$ Uhr von Lilienfeld aufgebrochen und um $10\frac{1}{2}$ in Annaberg angekommen, wo wir nach einem Dankgebet einen kleinen Imbiß einnahmen, den die Mönche zubereitet hatten und mit dem es ziemlich übel aussah, aber die Suppe, die niemand außer mir kosten wollte, war ganz leidlich. Um 11 Uhr reisten wir von Annaberg ab und trafen um 1½ Uhr in Maria Zell ein. Wir gingen zuerst in die Kirche, wo der Prälat uns eine Predigt hielt, während der er sagte, daß I. M. vor 25 Jahren auch im Monat Mai hier gewesen seien. Nach einem kurzen Gebet gingen wir in unsere Zimmer, wo ich mich zurecht machte und das Hemd wechselte, denn obgleich wir ziemlich langsam gereist sind und für diesen Weg fünf Stunden gebraucht haben, war mir doch etwas warm geworden; die Sonne brannte heftig, und bei unserer Ankunft haben wir ein Gewitter mit Regen gehabt. Die Pferde sind gut zu Fuß, aber auch sehr friedfertig. I. M. mögen die Eile ermessen, mit der wir gereist sind, da der Marschall Batthyány die ganze Zeit mit mir zu Pferde war und ich mich immer neben dem Wagen meiner Frau gehalten habe.

Nachdem wir uns ein bißchen zurechtgemacht hatten, nahmen wir die Begrüßungen der Herren und *Landstände* entgegen, dann ließ meine Frau die Damen eintreten, drei an der Zahl, wie I. M. der beiliegenden Liste entnehmen kann, und wir gingen mit allen auf der Liste zur Tafel. Es tat mir sehr leid, daß ich nicht neben meiner Frau sitzen konnte; dennoch entfernte ich mich von ihr und setzte mich an die Seite von Madame von Breuner und den Prälaten. Thurn, der Priester, ist nicht mehr in Maria Zell wie auch der Bruder von Madame d'Ogilvy, der krank ist. Bisher ist alles aufs beste gegangen, ohne Unfall, ohne Verwirrung; hoffentlich wird es mit unserer Rückkunft ebenso werden. Nach dem Essen habe ich zuerst geschrieben, danach werden wir uns den Schatz ansehen. Für sechs Uhr habe ich eine Litanei mit Ihrem bevorzugten Salve Regina angesetzt. Wenn diese um sieben Uhr fertig ist, werden wir schlafen gehen und am nächsten Morgen nach sieben Uhr Andacht haben. Um zehn Uhr gibt es eine große Messe; wir werden schon vorher drei Messen gehört haben.

Morgen nach dem Mittagessen werden wir so schnell wie möglich heimkehren, um eine Mutter wiederzusehen, die uns mit Beweisen ihrer Freundschaft überhäuft, und eine Herrscherin, die uns so gewogen ist.

In Erwartung dieses Augenblicks habe ich die Ehre in aller Ergebenheit zu sein

Ihrer Majestät\
sehr untertäniger und gehorsamer Sohn\
Joseph

P. S. Ich habe alles eingerichtet, daß alle nach Maria Zell kommen können.

13 *An den siebenjährigen Ferdinand*

24. Januar 1762

Mein lieber Sohn,

ich habe selbst dieses Kästchen bringen wollen; weil mir aber so viele Geschäfte vorgefallen, so muß ich mich dieser Satisfaktion berauben, und meiner ersten Schuldigkeit als König muß die Sorge der Mutter und ihr Vergnügen weichen. Ich habe geglaubt, ihm keine größere Freude zu machen, als seinem freigiebigen, erkenntlichen Herzen eine Gelegenheit zu geben, selbes seinen Leuten bezeigen zu können. Ich hoffe, der Appetit, der Schlaf und die Kräfte werden täglich zunehmen, und ich werde morgen selbst kommen.

Maria Theresia

14 Am 15. Mai 1762 verfaßte der Ajo Franz Graf Thurn für Maria Theresia die Denkschrift »Getreues Bild Seiner Königl. Hoheit des Erzherzogs Leopold, aus der Zeit, in der ich mit der Leitung seines Betragens betraut war«

FEHLER

Erstens: Monseigneur machte ein finsteres, verdrießliches Gesicht, das auf eine stets traurige und ärgerliche Gemütsstimmung hindeutete, und sein Aussehen war wenig empfehlenswert für einen hohen Prinzen, dessen Aufgabe sein sollte, die Herzen aller schon durch die Vorzüge seiner äußeren Erscheinung für sich zu gewinnen.

Zweitens: Er war sehr unhöflich gegen jedermann im allgemeinen, grüßte gewohnheitsmäßig niemanden, und richtete das Wort nur an solche, die er täglich sah, wobei sich dann das ganze Gespräch gewöhnlich nur um Jagd, Pferde, aber nie um etwas Vernünftiges drehte.

Drittens: Er liebte zu sehr untergeordnete Personen, Plattheiten, Erzählungen von der Straße und Unterhaltungen mit Dienstboten.

KORREKTUREN

Ad primum: Er hat sich teilweise gebessert, außer bei Audienzen, wo die Verlegenheit, öffentlich aufzutreten, ihn noch manchmal in diesen Fehler zurückfallen läßt.

Ad 2^{dum}: Er hat versucht, sich besonders im Punkt der Höflichkeit bedeutend zu bessern, und sie muß ihm nur noch zur Gewohnheit werden. Die Gesprächsstoffe sind jetzt wechselnd und von Zeit zu Zeit sehr vernünftig.

Ad 3^{tum}: Dieser Punkt ist durch die Vorsicht, die man gebraucht, ihn niemals allein zu lassen, sehr eingeschränkt, auch hat man ihm jede Gelegenheit dazu entzogen; aber die Neigung besteht noch teilweise.

Viertens: Bei den Audienzen erschien er linkisch, wußte nicht, was er sagen sollte, und man las seine Verwirrung, Angst und falsche Scham deutlich in seinem Gesicht.

Fünftens: Sein Geist war auf leichtfertige, kleinliche Dinge und auf verschiedene Arbeiten gerichtet, die für einen Prinzen von seiner Geburt wenig angemessen sind. Da er ganz davon eingenommen war, hielt ihn das von jeder vernünftigen Konversation und aus der Gesellschaft gebildeter Menschen fern.

Sechstens: Sein Fleiß war sehr mäßig und er verdankt die Fortschritte, die er gemacht hat, einzig seiner hervorragenden Begabung, seinem Gedächtnis und den Bemühungen seiner Lehrer.

Siebtens: Er neigte keineswegs zur Reinlichkeit und erfüllte ihre Gebote nur, wenn man ihn dazu brachte. Sehr gleichgültig war es ihm, ob er vernünftig oder grotesk gekleidet war, alles das aus einem falschen Prinzip, aus Furcht, in den Ruf eines

Ad 4^{tum}: Er benimmt sich unendlich viel besser bei den Audienzen, setzt sogar mitunter seinen Stolz hinein, anmutige Dinge zu sagen, obwohl es ihm noch nicht natürlich ist, und man sie ihm von Zeit zu Zeit eingeben muß.

Ad 5^{tum}: Diese Leichtfertigkeit hat er ganz abgelegt und beginnt eine vernünftige Konversation zu bevorzugen.

Ad 6^{tum}: Der Fleiß könnte wirklich sehr viel größer sein, und er kommt seinen Obliegenheiten nur nach, weil man ihn dazu veranlaßt, sehr wenig aber aus Neigung oder aus dem Bestreben, sich hervorzutun.

Ad 7^{mum}: Die Reinlichkeit fällt ihm noch immer schwer und erfordert beständig Ermahnungen, scheint aber doch besser eingeführt zu sein wie früher; übrigens besteht die Gleichgültigkeit hinsichtlich seiner Kleidung immer noch.

Stutzers zu kommen, was schließlich in ein anderes, schlimmeres Extrem ausartete, so daß er vollständig in den grotesken Gegensatz verfiel.

Achtens: Er liebte es, die Wahrheit zu umgehen, die Dinge aufzubauschen und sich durch Lügen zu entschuldigen, wenn er sich mit irgend jemand im Widerspruch sah; dann fing er, verwirrt, wie ein Kind zu weinen an, und das gewöhnlich aus Wut. Er war zänkisch von Natur, stritt aus Neigung dazu, und suchte seine Pläne stets durch List und auf Umwegen durchzusetzen; er wußte nicht, was Aufrichtigkeit, Vertrauen, Liebe und Anhänglichkeit sind. Auch spielte er nicht genau und großmütig genug.

Neuntens: Er gab sich so sehr mit Kindereien ab, daß man ihn kaum auf die Hälfte seines Alters geschätzt hätte; auch liebte er nur die, welche ihn in diesen Spielereien bestärkten.

Zehntens: Er studierte die Menschen nicht, konnte infolgedessen nicht das wahre Verdienst unterscheiden, noch die Leute auswählen,

Ad 8^{vum}: Seit sechs Monaten hat er keinen Anlaß zu Klagen über diesen ganzen Artikel gegeben, und hat sich in all diesen Punkten ganz gebessert. Er handelt selbst vertrauensvoll und scheint für Anhänglichkeit und Achtung gegen die zugänglich zu sein, die ohne ihm zu schmeicheln, sein Bestes suchen.

Ad 9^{num}: Er hat diese kindischen Neigungen beträchtlich aufgegeben, und scheint diese Spiele kaum mehr zu lieben.

Ad 10^{mum}: Er fängt an, aufmerksam seinen Verkehr auszuwählen, und sogar dem Verdienst den Vorzug zu geben.

die seiner Aufmerksamkeit wert wären.

Elftens: Das Herz schien absolut verhärtet, und unempfindlich; er nahm nur auf beständig wiederholte Bitten an irgend jemand Anteil, und das mit deutlich gezeigter Gleichgültigkeit dafür, ob er Erfolg hatte, oder ob seine Empfehlung umsonst war: keine Herzlichkeit für seine Frau Schwestern und seine Brüder, noch weniger Höflichkeit für sie. Er liebte Klatschereien und gab gern dem Gespräch eine solche Wendung, daß dadurch die besten Freunde miteinander entzweit werden konnten, auch behielt er hartnäckig seine Vorurteile über eine Menge Personen bei, die er nicht einmal kannte, Vorurteile, die er aus dem Umgang mit gewissen Leuten von augenscheinlich erwiesener Bosheit bewahrt hatte.

Zwölftens: Er sprach mit Vorliebe das Deutsch der Leute seiner Nation, aber jener Leute ohne Sitten und ohne Erziehung.

Ad 11^{mum}: Er ist jetzt viel mehr dazu geneigt, für alle die, welche seine Gnade anrufen, Teilnahme zu zeigen; er fördert sogar ihre Sache mit Eifer und scheint wirklich Anteil zu nehmen, wenn es ihm nicht gelingt. Die Herzlichkeit und Aufrichtigkeit im Verkehr mit der königlichen Familie ist noch nicht auf dem wünschenswerten Fuß, obgleich die Höflichkeit in mancher Art zugenommen hat. Die Klatschsucht hat gänzlich aufgehört, ebenso wie die Vorurteile, und diese Lust, die Leute in der Absicht miteinander zu entzweien, sich im Geist desjenigen, den er anzuziehen und zu gewinnen suchte, empfehlenswert zu machen.

Ad 12^{mum}: Trotz fortgesetzter Ermahnungen, daß ein Prinz daran denken muß, daß er zu den verschiedensten Nationen sprechen muß, und er sich dann unsagbar lächerlich machen wird, ist er doch in diesem Punkt nicht sehr bildungsfähig. Ich schreibe das

Dreizehntens: Sein Verhalten war meistens so verletzend, daß man eine falsche Vorstellung von seinem Wesen gewinnen mußte, die er gewiß nicht verdiente. Er verstand es weder mit Grazie zu gehen, noch zu stehen oder zu sitzen. Er hatte eine Menge andrer übler Angewohnheiten, zum Beispiel, den Leib vorzustrecken, beim gehen und niedersetzen die Knie einwärts zu halten, unaufhörlich zu spucken, an den Händen herumzubeißen, sich beständig anzulehnen, recht unsauber zu essen, mit Leuten zu sprechen und dabei das Gesicht nach der andern Seite zu drehen etc.

Vierzehntens: Ihm war weder das Mittel der Gefühle noch des Ehrenpunktes bekannt, und darum war er jeden Ehrgeizes beraubt, Gutes zu tun, auch fehlte es ihm an der nötigen Überlegung, daß alles Gute wieder auf ihn selbst zurückstrahlt. Da er stets mit Strenge behandelt

einem falschen Grundsatz zu, den er angenommen hat, nämlich zu glauben, daß ein österreichischer Prinz auch das österreichische Deutsch sprechen soll.

Ad 13^{ium}: Obgleich man nicht versäumt hat, sehr beharrlich diesen Fehlern entgegenzuarbeiten, hat er sich bis heute darin noch nicht besonders gebessert. Es scheint, daß sie so tief eingewurzelt sind, daß man diese üblen Angewohnheiten nicht so bald völlig ausrotten kann. Nur die Zeit und Vernunft können vielleicht diese Wirkung hervorbringen.

Ad 14^{tum}: Er beginnt langsam Ehrgefühl zu bekommen, scheint aber noch zu leichtfertig damit umzugehen, weil man sich früher nie dieses Mittels bei ihm bediente.

worden war, und man ihm immer drohte, ihn aller Vergnügen zu berauben, oder sich über ihn bei Ihren Majestäten in den täglichen Berichten zu beklagen, war es immer nur die Furcht, die ihn handeln ließ, keineswegs aber das Streben nach Vollkommenheit.

Fünfzehntens: Sein Geist war den ganzen Tag damit beschäftigt, sich beständig mit Vergnügungs- und Zerstreuungsplänen zu plagen, und wenn sie fehlschlugen, war er den ganzen Tag in seiner Laune gestört.

Sechzehntens: Die Grundlage zur Frömmigkeit war zwar gelegt, er war aber sehr ungeduldig mit seinen Bedienten, oft auch grob gegen sie und ließ sich hinreißen gegen die, welche ihm seine Fehler aufdeckten und sich seinen Plänen nicht willfährig zeigten.

Ad 15^{tum}: Diese schlechte Gewohnheit, sich mehr mit der Anordnung seiner Vergnügungen als mit seinen Pflichten zu befassen, hat sich gebessert, ist aber noch nicht gänzlich ausgerottet.

Ad 16^{tum}: Mit seiner Frömmigkeit hat man Grund, recht zufrieden zu sein, und die Grundlage der Religion scheint solide zu sein, aber wenn die Andachtsübungen lange dauern, ist er häufig Zerstreutheiten unterworfen. Er ist sanfter gegen die Dienerschaft und nimmt Ermahnungen an, ohne zornig zu werden oder seine schlechte Laune so oft zu zeigen. Er hat die Eigenschaft, nie jemand etwas nachzutragen, auch wenn man ihm Wahrheiten sagt, die ihm mißfallen könnten.

Siebzehntens: Er kannte in seinen Vergnügungen und seinen Zerstreuungen keine Grenzen, konnte nie genug bekommen und hörte nie auf, ohne dazu gezwungen zu sein. Er war von weichlichem, indolentem, trägem, unentschlossenem Temperament und fähig, ganze Tage im Nichtstun hinzubringen, wenn man ihn hätte gewähren lassen. Auch schien er nicht das geringste Übel ohne die größte Anstrengung ertragen zu können und ohne unaufhörlich zu klagen.

Achtzehntens: Er trug aus einem falschen Grundsatz eine Gleichgültigkeit für allerhand Vergnügungen zur Schau, die doch seinem Alter angemessen sind, und gewöhnlich die Jugend erfreuen. Wenn er dann dabei war, sah man bald den Irrtum ein und merkte, daß er anders erscheinen wollte, als er wirklich war.

Neunzehntens: Die Freigiebigkeit gehörte nicht zu seinen wahren Grundsätzen, denn sie erstreckte sich kaum über seine Dienerschaft hinaus, und obwohl er im Grund dazu neigte, begann sie nachzulassen, weil man ihm bei der Revision seiner

Ad 17^{num}: Man versucht, ihn mäßiger zu machen, indem man ihm vor Augen stellt, daß alles Vergnügen nur zur Erholung, nachdem man seine Pflichten erfüllt hat, dienen soll; er benimmt sich jetzt dabei auch mit sehr viel feinerem Anstand. Das Übrige wird sich wahrscheinlich mit der Zeit ändern, wenn er erst in die Notwendigkeit versetzt sein wird, im Leben alle möglichen Unannehmlichkeiten auszuhalten.

Ad 18^{vum}: Diese falsche Vorspiegelung hat er aufgegeben, besonders seitdem er gemerkt hat, daß man sich durch seine Verstellung nicht mehr irre führen ließ.

Ad 19^{num}: Er hat mit Vergnügen die Ansichten angenommen, die man ihm über diesen Punkt eingeflößt hat. Er übt die Großmut richtig aus, denkt oft daran, ohne von andern dazu ermutigt zu werden.

Abrechnungen häufig Verweise gegeben hatte. Zwanzigstens: Sein Charakter war keineswegs bestimmt und es wäre sehr schwer gewesen zu entscheiden, wozu seine Begabung ihn vorzugsweise drängte, und zu welchem Stand er eine ausgesprochene Neigung verspürte.

Ad 20^{mum}: Die Jugend und die »große Leidenschaft« für alle Arten von Vergnügungen, aber besonders für »die Jagd und Spazierritte«, dies waren bisher unbezwingliche Hindernisse, ihn ernsthaft an seine Zukunft denken zu lassen, aber häufige Auseinandersetzungen über diesen sehr interessanten Punkt, werden nach und nach seine wahre Begabung enthüllen. Ich glaube immer noch, daß er vorzugsweise zum militärischen Stand berufen ist, weil er sehr genau die absolute Notwendigkeit hierfür kennt, und ich habe bis jetzt allen Grund, mit den Fortschritten, die er in der Belehrung über die Kriegskunst gemacht hat, zufrieden zu sein.

15 *An den achtjährigen Ferdinand*

1762

Mein lieber Ferdinand,

ich habe unmöglich früher Zeit gehabt zu schreiben, weil ich die Krankenwärterin gemacht, während jetzt gottlob! alles wieder gesund ist, und ich hoffe, ihn und Maximilian einige

Stunden nach diesem Schreiben zu sehen. Mit den Briefen war ich ziemlich zufrieden; künftig aber erwarte ich, daß nur mehr eine und nicht mehr zwei Zeilen werden gebraucht werden, und auch nicht allzeit Komplimente vorkommen, sondern mehr was das Herz selbst sagen wird, sowie daß im künftigen Jahr Maximilian selbst, so wie heuer Antonia, mir schreiben wird.

Maria Theresia

16 Maria Theresia an Maria Walburga Gräfin Lerchenfeld, die Aja Johannas

Holitsch, August 1762

Ich schicke Ihnen Johanna bei guter Gesundheit zurück, und ich hoffe, daß Sie sie als dieselbe wiederfinden. Ich muß Ihnen Komplimente über das Betragen meiner Tochter machen; sie hat den Beifall aller gehabt, ihr Verhalten insgesamt ist ausgezeichnet. Der Kaiser ist sehr erfreut, und sie war meine vollständige Genugtuung hier… So wie ich ein bißchen tiefer sehe als die anderen, habe ich meine Beobachtungen gemacht, die ich Ihnen mündlich mitteilen werde, um Ihnen nicht das Vergnügen zu beeinträchtigen, welches Sie haben mögen, daß die Tochter bei ihrem ersten Weggang sich so gut aufgeführt hat und Ihnen alle Ehre gemacht hat. Ich umarme Sie.

17 *Maria Theresia an die zwanzigjährige Maria Christine*

Dezember 1762

Das hübsche Bild und Ihr reizender Brief waren sehr aufmerksam und ließen mich einige Augenblicke meine entmutigende Lage vergessen; ich weiß dies dankbar zu schätzen. Ihre Schwägerin bedankt sich durch mich, und sie scheint mir mit ihrer Kassette zufrieden zu sein; ich konnte ihren Dank nicht entgegennehmen, ohne dadurch das Geheimnis preiszugeben.

Ihre Schwester hat dreiviertel Stunde gebeichtet mit einer Genauigkeit und allen Zeichen der Zerknirschung und der Ergebung, der Beichtvater hat geweint vor Rührung; seither ist sie sehr schwach. Ich kann Gott nicht genug danken, daß er mir diesen Trost gegeben hat; ich gebe dies Kind gänzlich in seine Hand und erwarte sein Ableben, das nicht glücklicher sein könnte. Versuchen Sie, Haltung zu bewahren und mir den Trost zu geben, dessen ich so sehr bedarf.

18 *Stundenplan von 1763 für Josepha (in der Originalschreibweise)*

puncta die vor disen sommer seind befohlen worden und künfftig zu halten

Um 7 Uhr aufstehen, das Morgen Gebett betten die geistliche lesung machen, sich ankleiden und frústücken.

Von 8 bis 9 Uhr täglich der Schreibmeister

       Montag Mittwoch und Freytag
von 9 bis 10 Uhr Pater Richter, die Christliche lehr, lateinisch lesen auch ein teutsches Buch oder Schriften lesen.

Von 10 bis 11 Uhr Montag und Freytag Saumill

Um 11 Uhr in die Meß

Um 12 Uhr zu Mittag speysen

Von halber 2 bis 2 Uhr, die Historie lesen
Von 2 bis 3 Uhr die teutsche lehr
Von 3 bis 4 Uhr den tantz Meister
Von 4 bis 5 Uhr den Wällschen Meister
Um 5 Uhr den Rosenkranz
       Dienstag Donnerstag und Samstag
Von 9 bis 10 Uhr, französische lehr
Von 10 bis 11 Uhr, Dienstag und Donnerstag Saumill
       Samstag zwei Brief schreiben
Um 11 Uhr in die Meß
Um 12 Uhr, zu Mittag speysen
Von halber 2 bis 2 Uhr die Histori lesen
Von 2 bis 3 Uhr den Reit Meister
Von 3 bis 4 Uhr Mancrini
Von 4 bis 5 Uhr Wagenseill
Um 5 Uhr den Rosenkranz.

19 *Maria Theresia an Maria Walburga Gräfin Lerchenfeld über die Erziehung Josephas*

Schönbrunn, 13. Oktober 1763

Gräfin Lerchenfeld,

Sie wünschten eine Instruktion von mir, hier ist sie im großen und ganzen und den Verhältnissen angepaßt. Ich habe einige Punkte hinzugefügt und will sehr offen zu Ihnen sein. Ich habe Ihren Talenten immer Gerechtigkeit widerfahren lassen, und mein Zutrauen zu Ihnen war ohne Vorbehalte. Mit dem gleichen Vertrauen übergebe ich Ihnen meine Tochter, zählen Sie jederzeit auf mich. Es handelt sich nicht allein um die Erziehung einer meiner Töchter, sondern um eine, die berufen sein könnte, binnen vier Jahren einen Thron einzunehmen und daher nicht nur ein ganzes Königreich, sondern auch noch ihren Gatten, und was noch das wenigste wäre, sich selbst glücklich oder unglücklich zu

Jean-Étienne Liotard, Josepha (1751–1767)

machen. Es handelt sich um ihr Glück und vor allem um ihr Seelenheil. Sie wird einen jugendlichen Gatten haben, der seit seiner frühesten Kindheit niemand Höheren als sich und gar keine Schranken kennt, der bis zu dieser Stunde sich mit gar nichts beschäftigt, der nur von Schmeichlern und noch dazu von Italienern umgeben ist, was die Gefahr noch vermehrt. Ich arbeite unter der Hand an dem Hof von Spanien, daß man mir erlaube, eine oder zwei Personen mit meiner Tochter zu schicken; aber ich zweifle daran; und wo finde ich solche, die zu Ratgebern geeignet sind? Sie würden die Zielscheibe aller übrigen sein und bei den jungen Leuten vielleicht nicht Gehör finden. Ich kann Ihnen nicht verhehlen, daß ich die Vorteile dieser Verbindung wohl einsehe, aber mein Mutterherz ist durch sie doch aufs höchste beunruhigt. Ich betrachte die arme Josepha als ein Opfer der Politik. Wenn sie übrigens nur ihre Pflichten gegen Gott und ihren Gatten erfüllt und für ihr Seelenheil sorgt, dann würde ich zufrieden sein, selbst wenn sie unglücklich würde...

Alles, was ich Ihnen hier sage, ist nur für Sie allein und soll Ihnen als Richtschnur dienen, um Sie leichter in den Stand zu setzen, meiner Tochter die nötigen Tugenden und Gesinnungen einzuprägen, damit sie an jenem Hof, an den sie kommt, ihr Glück oder doch wenigstens nicht ihren Untergang findet...

Versuchen Sie vor allem, in ihr den Geist zur Frömmigkeit zu nähren, welchen sie bisher rein äußerlich immer zeigte. Sie soll erkennen, daß es in dieser Welt keine andere Zuflucht und wahre Tröstung außer dem Gebet gibt; sie soll sich niemals scheuen, dies auch öffentlich zu bekennen; sie soll sanft und gefällig sein! Ihre Gesichtszüge sind nicht einnehmend und ihr Betragen ist es ebensowenig; sie hat etwas Rauhes an sich; in dem Land dort legt man viel Wert auf Sanftmut. Sie wissen, wie sehr, und zwar vom ersten Moment an, die verstorbene Königin in Neapel verabscheut wurde, weil sie sich nicht leutselig genug gezeigt hat.

Ich wünsche, daß meine Tochter nicht eigensinnig sei; sie besitzt den Hang dazu. Sie ist äußerst verschlossen, und das hat in jenem Land gewiß sein Gutes, aber man darf es nicht zu weit treiben, damit es nicht auf den Charakter Einfluß gewinnt und in Falschheit ausartet. Denn dann wäre zu befürchten, daß sie rechtschaffenen Menschen mißtraut und unbedeutenden Leuten ihr Vertrauen zuwendet. Man muß ihr Sanftmut und fröhliche Laune predigen, sie muß sich in alles finden und sich durch Arbeiten aller Art, durch Lektüre, Malerei, Musik und dergleichen unterhalten. Sie wird in Neapel außer bei besonderen Anlässen nur sehr wenige Leute sehen; sie muß sich daher daran gewöhnen, sich selbst zu genügen, und lernen, sich allein zu zerstreuen.

Ich muß Sie noch auf einen Punkt hinweisen, der mir überaus mißfällt: sie hat für nichts Ausdauer. Sie möchte nur immer von einem Zimmer ins andere laufen und nichts fertigmachen. Das wäre eine schreckliche Zukunftsaussicht, denn Müßiggang ist Gift für alle Menschen, am meisten aber für Jungverheiratete.

Sie ist sehr neugierig; das ist ein anderer Punkt, der mich zittern läßt. Sie ist schrecklich boshaft und rauh mit ihren Kammerleuten. Sie schätzt die Kinsky, weil sie mit ihr schwatzt; sie weiß sehr viele Geheimnisse aus Privathäusern. Ich empfehle Ihnen, nicht zu dulden, daß man vor ihr davon spricht, weder bei Einzelheiten finanzieller Verhältnisse noch was die Überbringerin der Nachrichten macht. Sie steht zu hoch für diese Kleinlichkeit, die doch nur zu lauter Lügen führt.

Ich bin einverstanden, daß die Tochter Leute bei Ihnen oder in ihrem eigenen Kabinett sieht. Wenn sie zu Ihrem Zimmer hinaufgeht, soll ein Kammerdiener oder ein Türsteher vor ihr hergehen, der dort vor der Tür zurückbleiben soll, falls sie Befehle zu erteilen wünscht, damit kein Diener kommen muß.

Ich übergebe Ihnen diese teure Tochter Seiner Majestät des Kaisers auf seinen ausdrücklichen Wunsch hin. Vergessen Sie nie, daß er mich dazu bestimmt hat und daß ich keine Veranlassung habe, diese Wahl zu bedauern und rückgängig zu machen. Wie zuvor können Sie unter allen Umständen auf meine Protektion zählen.

Maria Theresia

20 *Maria Theresia an Maria Walburga Gräfin Lerchenfeld über die Erziehung Josephas*

November 1763

Ich verweise Sie vollkommen auf jene Instruktion, die Sie anfangs bei Übernahme der Töchter bekommen haben; nur allein folgende Punkte finde ich noch beizufügen.

Die Ordnung im Aufstehen, Schlafengehen, die Stunden für die unterschiedlichen Meister bleiben wie vorhin und sind hier beigeschlossen, wie sie diesen Sommer gehalten worden.

Alle Sonntage geht sie öffentlich mit in die Kirche und speist auch mit uns.

Das Frühstück ist täglich abzuwechseln nach ihrem Belieben; man soll sie auch dabei Brot essen lassen, soviel sie will, ausgenommen an gebotenen Fasttagen, wo sie allzeit Schokolade nehmen soll mit vier Stückchen Brot, niemals aber ein Kipfel. Abends an diesen Tagen nur eine Suppe und noch eine Speise, aber nichts Süßes oder Gebackenes.

Gewöhnlich ist ihr zu Mittag und abends genug zu essen zu geben, was und wieviel sie will, ohne sie darüber zu schikanieren; auch kann sie ausgekleidet soupieren. Selbst die Speisen anzuordnen, ist ihr nicht erlaubt, jedoch von alledem, was vorhanden ist, kann sie essen.

Den Rosenkranz soll sie laut in ihrer Kammer beten, außer an Sonn- und Feiertagen, oder wenn das Gebet in unserer Kapelle ist.

Ausgehen soll sie, sooft als es sein kann, um sich zu kräftigen, in der welschen und spanischen Sprache sich wohl üben, wie auch in der Musik. Weil sie nach Neapel destiniert ist, soll man ihr ihren Beruf möglichst erleichtern. Der dortige Hof geht sehr auf die Etikette und will gnädige und freundliche Souverains haben. Aber eben dies kann die Tochter gar nicht, welches doch sehr notwendig wäre.

Mit der Andacht bin ich eine Zeit her sehr übel zufrieden gewesen. Sie hat auch allerlei Propos über die Leute und etwas Rauhes und Widerwärtiges in ihrem Betragen, mit welchem ich unzufrieden bin.

Ich sähe nicht gern, daß noch junge Fräulein zu ihr kämen, indem sie ohnedies sehr kindisch ist.

Mit dem Obersthofmeister Salm wird es wie bei den Schwestern gehalten werden. Wegen aller übrigen Leute oder Verordnungen bleibt es beim Alten, wie sie es am besten finden wird.

Die Tochter verdient ihre Tendresse wegen des Attachements, mit welchem sie ihr allzeit zugetan war, was auch die Hauptursache ist, warum ich ihr selbe wieder übergebe.

21 Joseph an Leopold am Todestag Isabellas

27. November 1763

Liebster Bruder,

wenn es möglich ist, in einer so grausamen Lage Trost zu empfinden, so ist allein Ihr Freundschaftsbeweis fähig, ihn mir zu geben. Ich bin außerstande, mehr darüber zu sagen. Ich habe alles verloren. Ich wünsche Ihnen von ganzem Herzen eine ebensogute Frau wie meine Verewigte, aber daß Gott Sie vor einem solchen Unglück bewahren möge. Leben Sie wohl, ich umarme Sie, mein liebster Bruder.

Ihr sehr ergebener Diener und Bruder

Joseph

22 Leopold an Maria Theresia

16. Dezember 1763

Ich bitte Ihre Majestät mir zu verzeihen, wenn ich Ihnen mit diesem Brief lästig falle, aber die traurige Situation, in der sich der alte Churfeld befindet, in einer Situation wo er sich ausgeplündert und prostituiert durch seine Gläubiger findet, veranlaßt mich Ihnen zu schreiben, um Sie untertänigst in seinem Namen zu bitten, ihm persönlich ein Moratorium für sechs Monate zu gewähren... Es ist diese angeborene Güte und Milde von I. M., mit der Sie allen Unglücklichen helfen, die mich die Gnade für den alten Mann erhoffen läßt, denn was mich betrifft, so versichere ich Ihnen, daß ich ihn allein wegen der Prostitution empfehle, welcher er ausgesetzt ist. Wie wäre ich glücklich, wenn er aufgrund meiner Empfehlung gerettet werden könnte! Meine Dankbarkeit kommt den Gefühlen des tiefsten Respektes gleich, mit denen ich nicht aufhöre zu sein...

23 Maria Theresia an Leopold

Dezember 1763

Ich bin sehr zufrieden, wenn Sie glauben, Unglückliche beschützen zu müssen, aber in dem Fall würde man, um einen Menschen zu protegieren, mehr unglücklich machen. Seit mehr als zwei Jahren zögert dieser Mann, seine Schulden zu begleichen; ich kann also nicht mehr den Gerichtshof zurückhalten, um so mehr, da dieser Mann schon alt und hinfällig ist.

24 Maria Theresia an die Aja Gräfin Lerchenfeld über Josepha

Meine liebe Lerchenfeld,

ich bin mehr als je überzeugt, daß die Bewegungen meiner Tochter noch nicht auf eine Krankheit deuten, sondern auf eine sehr schlechte Angewohnheit, die man mit aller Raschheit und Genauigkeit abgewöhnen sollte. Ich habe sie zu zärtlich behandelt, indem ich in aller Freundlichkeit mit ihr sprach und sie gleichzeitig aufmunterte und lobte, aber ich wüßte nicht eine reelle Verbesserung, ja nicht einmal eine leichte, da die Quelle des Übels ihre Unbeherrschtheit und Eigenliebe ist. Die kleinste Widerrede irritiert sie so sehr, daß sie bereit ist, vor Zorn zu weinen; das ist es, was man mit Umsicht und Entschlossenheit bekämpfen muß. Erholung und Ruhe sind nötig für sie, und ich hoffe, daß wir mit der Hilfe Gottes doch noch ans Ziel gelangen werden.

25 Maria Theresia an den 10jährigen Ferdinand

1764

Ich will Ihnen wieder ganz wohlgeneigt sein, aber unter der Bedingung, daß Sie sich durchaus bessern, indem Sie aufmerksam sofort jedermann und allen Weisungen gehorchen und nicht blindlings Ihren Sinnen und Ihrem Geschmack folgen. Sie sind schon zu groß, um ein solches Kind zu sein, aber noch viel sträflicher ist es, daß Sie es wagen, Ihren Vorgesetzten oder denen, die älter sind als Sie, zuwider zu sprechen.

26 An Ferdinand

1764

Ich bin recht wohl zufrieden mit der deutschen Korrespondenz; auch die französische Schrift ist ziemlich wohl verfaßt. Ich hoffe, daß auch die Aufführung nach dem Versprechen ohne Zerstreuung und mit geschwindem Gehorsam sein wird. Das Wetter ist hier unvergleichlich; man kann von sieben Uhr früh bis sieben Uhr abends beständig davon profitieren. Die Jägerpartei ist wirklich aus und die schwere, alte Partei zu Hause, um in Ruhe und Vergnügen die Zeit zu verbringen und meinen lieben Sohn zu versichern, daß ich allzeit seine alte treue Mutter verbleibe.

Maria Theresia

Dem Bruder einen Gruß von mir, der Aja auch.

27 Joseph an Maria Theresia sieben Tage nach seiner Krönung zum römischen König

9. April 1764

Heute ist endlich der glückliche Tag, wo ich die Ehre habe, I. M. zum letztenmal von Frankfurt zu schreiben. Ich kann nicht leugnen, daß ich darüber sehr froh bin, denn abgesehen von den lästigen Zeremonien ist mir die vier Wochen lange Trennung von einer Mutter, die ich verehre, von einer Herrscherin, die ich hochachte, fast unerträglich. Ich kann den Augenblick nicht erwarten, mich zu Ihren Füßen zu werfen, und ich fühle, daß ich in der Freude, Sie wiederzusehen, selbst meinen schmerzlichen Verlust vergessen werde. Das ist viel gesagt, liebe Mutter, denn ich kann Sie versichern, daß ich beständig daran denke.

Jean-Étienne Liotard, Ferdinand (1754–1806)

28 Maria Theresia an Maria Christine

November 1764

Sie haben eine Schwägerin und ich eine Schwiegertochter; leider ist es die Prinzessin Josepha. Gegen meine Überzeugung, gegen mein Gefühl habe ich selbst dazu mithelfen müssen, meinen armen Sohn zu einem Entschluß zu bringen, denn weder mit mir allein noch vor dem Kaiser und Kaunitz wollte er sich aussprechen. Warum muß ich das Wort sagen, daß er es einzig nur für mich tat? Urteilen Sie, in welchen Zustand er mich dadurch versetzt hat! Das Bitterste ist, daß man sich das Ansehen geben muß, sich fröhlich und zufrieden zu fühlen. Allerdings sollte ich das sein, wenn ich nur das Benehmen meines Sohnes erwäge. Da aber mein Herz sich nicht in Übereinstimmung befindet mit meiner Vernunft, so kostet es mich Mühe mich zu fassen.

29 Leopold an seinen Ajo Franz Graf Thurn

Laxenburg, 20. Mai 1765

Monsieur,

das Wetter ist endlich wieder schön; Sie werden glauben, daß wir uns daher wunderbar unterhalten, aber keineswegs, ich weiß nicht, ich habe immer die Gabe, mich hier zu langweilen, da man hier den ganzen Tag mit Nichtstun verbringt. Wir gehen ein oder zweimal zur Beizjagd aus, und wir haben dann hübsche Komödien; gestern u. a. hatten wir ein tragisches Ballett *Iphigenie*, das mir sehr gefiel, da die von Gluck komponierte Musik sehr schön ist. Gestern hatte ich auch Anlaß, mich zu kränken, da Ihre Majestät die Kaiserin Ihren Bruder kommen ließ, um ihm zu sagen, daß sie mit meinem Benehmen unzufrieden sei. Es genügt, Ihnen das zu sagen, damit Sie, der Sie mich kennen, sich vorstellen können, wie sehr mich diese Rede getroffen und gekränkt hat. Ich werde Ihnen jetzt über die wichtigsten Punkte berichten und das, was ich auf all diese Punkte antworten kann.

Erstens hat der Graf Künigl Ihrer Majestät von allen meinen Leiden erzählt; sie beklagt sich über den Mangel an Aufrichtigkeit, ihr nicht meine Unpäßlichkeiten gestanden zu haben und ihr auf ihre Fragen nicht zu sagen, worüber man sich unterhalten hat, wo man gewesen ist, usw.

2. Sie versteht gar nicht, was die Betrübnisse sein können, über die ich mich ständig beklage, da ich doch gar keinen Grund dazu habe.

3. Daß ich Launen habe, sie meinen Dienern gegenüber zeige und mit ihnen zu vertraulich umgehe.

4. Daß sie die Einzelheiten der Geschichte mit dem König wissen will, wo ich ihn am Arm gepackt habe und die ich Ihnen erzählt habe.

5. Daß sie so viele Klatschereien in der Familie findet, daß sie glaubt, ich hätte damit zu tun.

6. Daß ich mich in der Stadt häufig mit dem König in den Wandelgängen herumgetrieben habe.

7. Daß sie fürchtet, der König könnte mir die Ehe verekeln.

8. Das Äußere.

9. Daß sie weiß, ich hätte mich gerühmt, schließlich in meinen häuslichen Anordnungen alles nach meinem Willen eingerichtet zu haben.

10. Schließlich hat sie ihm von Mademoiselle Erdödy gesprochen; über diesen letzten Punkt hat sie Ihr Bruder sehr beschwichtigt, beruhigt zu sein und mir überhaupt nichts davon zu sagen.

Hier nun die Antworten, die ich mir zurechtgelegt habe, ohne sie jedoch Ihrer Majestät zu sagen:

Ad. 1., daß ich manchmal etwas Herzklopfen und Kopfschmerzen habe und daß ich in Zukunft in bezug auf die Gesundheit und alles andere aufrichtiger sein werde.

Ad 2., daß ich gar keine Betrübnisse habe und daß sie nur von meinem ungleichmäßigen Gemüt kommen.

3. Daß ich versuchen werde, meine Laune zu verbessern und daß sie nur Sie zu fragen braucht über das Kapitel der Dienstboten, ob ich sie schlecht behandle.

4. Was die Geschichte mit dem König betrifft, so werde ich sie ihr ausführlich erzählen.

5. Daß ich mich fast niemals in die Klatschereien in der Familie gemischt habe und daß ich auch jetzt niemals darüber unterrichtet bin.

6. Das ist nur zweimal vorgekommen, um Acchia zu besuchen.

7. Daß der König niemals zu mir dagegen gesprochen hat und selbst wenn er zu mir davon so spräche, mich nichts erschüttern könnte.

8. Daß das Äußere wirklich gebessert werden könnte und daß ich mich bemühen würde.

9. Daß, was diesen Punkt betrifft, ich mich rühme; so rühme ich mich keineswegs meiner Geschicklichkeit (denn ich habe niemals krumme oder andere Wege gesucht, um zu meinem Ziel zu gelangen), sondern nur der Güte Ihrer Majestäten, die mir gnädig alles genehmigt haben.

10. Daß ich nicht leugnen kann, daß ich an ihr hänge, aber daß sie überzeugt sein kann, daß da nichts Schlechtes daran ist und daß diese Neigung mich befreit und gehindert hat an vielen anderen Leidenschaften, ich werde ihr ewig verpflichtet sein, aber daß im übrigen I. M. sowohl meiner Person wie ihrer sicher sein kann.

Sie können sich vorstellen, wie sehr mich alle diese Punkte getroffen haben. Heute vormittag nach der Beizjagd ließ mich I. M. die Kaiserin kommen und befragte mich über die Punkte 1, 2, 3, 4 und 5. Ich antwortete ihr etwa so, wie ich die Antworten vorbereitet hatte, aber gedrängter ohne Verlegenheit, sie sprach zu mir vom König und seiner Frau; ich versuchte, sie auf die allerbeste Art davon zu überzeugen, daß der König gewiß nie schlecht zu mir über die Ehe usw. spreche. Sie empfahl mir, da der König in Innsbruck, wie er sagt, oft mit meiner Frau zusammensein will, mich gut zu benehmen und keine Eifersucht zu zeigen und Ihre Frau immer an der Unterhaltung teilnehmen zu lassen. Sie empfahl mir das Einvernehmen mit Botta und sagte, daß sie eine Anweisung in Punkten machen würde, um mein Verhalten zu regeln; sie fand, daß die Kleider meiner Leute zu prunkvoll für dieses Land seien und dort den Luxus einführen würden, worauf ich antwortete, daß man dafür leicht eine Abhilfe finden werde, sobald ich im Lande sei; daß sie über meine Abreise sehr erfreut sei, um mich aus diesem Labyrinth zu entfernen und daß meine kleinen Brüder nicht lange in der Familie gelassen werden würden; daß ich mich hüten solle vor den Reden des Königs und vor allem vor den Zweideutigkeiten, die er oft vor meinen Schwestern sage. Schließlich sagte sie mir, daß der König mich immer mit Mademoiselle Erdödy aufziehe. Ich bewahrte mein kaltes Blut und sagte ihr, daß sie in diesem Punkt beruhigt sein könne, worauf sie antwortete, sie sei überzeugt von meiner Tugendhaftigkeit, doch fürchte sie, daß der König unter dem Vorwand, mich aufzuziehen, sich dieses Vorwands bediene, um die gleiche Geschichte aufzuführen wie mit der Tarroca, was Gerede verursacht habe. Ich beruhigte sie in diesem Punkt in bezug auf mich, das Mädchen und den König. Sie zeigte mir nochmals ihre Freude über Ihre Heirat und die Obersthofmeisterin und entließ mich, indem sie mir Aufrichtigkeit empfahl. Im übrigen war sie sehr gnädig mit mir, wobei sie mehr wie eine gute Freundin denn wie eine Mutter zu mir sprach, und ich werde auch gewiß alles mir Mögliche tun, um sie in jeder Hinsicht zufriedenzustellen. Ich bin gegenwärtig wie ein Quaker ohne Leidenschaft, ruhig, gleichmütig, alles ist mir (das heißt in den Vergnügungen und Unterhaltungen) gleichgültig, ich unterhalte mich nie ohne Unbehagen und Langeweile und es fehlt mir nur Ihre Gesellschaft, um mich ein wenig fröhlicher zu machen.

Sie merken wohl, daß dieser Brief sehr wichtig ist und daß ich ihn Ihnen nur schreibe als einem echten Freund, zu dem ich volles Vertrauen habe und dem ich das Innere meines Herzens enthülle. Ich habe von I. M. noch andere Dinge erfahren, die ich dem Papier nicht anzuvertrauen wage, die ich Ihnen aber bei meiner Rückkehr mündlich sagen werde. Der König ist heute nach Margarethen gegangen, sein Regiment besuchen, ich werde in Mödling mit Charlotte dinieren; sorgen Sie bitte dafür, daß meine Leute alle Sachen nach Schönbrunn bringen, denn wir kommen Samstag zurück.

Von Natur aus war ich immer sehr verschlossen, seit einiger Zeit war ich offener gewesen, aber da ich sehe, daß mehrere Personen das mißbrauchen, werde ich wieder verschlossener werden, außer mit meinen guten Freunden wie Sie und Ihr Bruder, den ich immer mehr schätze, je mehr ich mit ihm zusammen bin. Adieu, übermitteln Sie meine Empfehlungen Madame und dem Grafen von Künigl. Haupt wird Ihnen diesen Brief bringen, er kehrt heute abend zurück, Sie könnten ihm Ihre Antwort mitgeben, um sicherer zu sein.

30 An Maria Beatrice, die zukünftige Frau Ferdinands *(in der Originalschreibweise)*

9. Juni 1765

Allerliebste Frau Tochter,

ich will nicht die Letzte sein, die Euer Liebden in dieser Sprache schreibet. Obwohl mir viel gemächlicher ist die französische Correspondenz, so erfreue ich mich doch, deutsche Zeilen von meiner lieben Tocher zu empfangen, und dadurch zu ersehen, wie selbe sich anwendet, eine ganze Nation zu beglückseligen, daß sie deren Sprache sich kundig macht, obwohl sie in Italien zu verharren hat. Graf Sternberg, der nach Genua geht, wird das Glück haben, Euer Liebden zu sehen und Sie mündlich meiner Zärtlichkeit zu versichern, mit welcher allzeit verharre Euer Liebden ergebenste Mutter

Maria Theresia

Der Melzi einen Gruß von mir.

31 Maria Theresia an Maria Christine, die sich in den Prinzen Albert von Sachsen verliebt hat

Meine liebe Tochter,

ich rate Ihnen sehr, machen Sie die Dinge nicht schwieriger, als sie schon sind. Warum geben Sie aller Welt ein Schauspiel, das jedermann durchschaut? Seien Sie überzeugt, daß man Sie in Laxenburg und noch mehr in Preßburg, wo Sie so ruhig zu sein glaubten, nur allzu leicht erriet. Sie haben jetzt Ruhe nötig und dürfen sich nicht aufregen. Das kostet manche Überwindung, wenn Sie die gegenwärtige Zeit überstehen wollen. Ihr nächster Verwandter und Neffe kommt; mehr brauchen Sie gar nicht zu wissen, und je netter und liebenswürdiger Sie zu ihm sind, ohne sich ihm an den Hals zu werfen, um so leichter lenken Sie die Leute ab und nützen sich damit am meisten. Sie haben Ihr Glück in meine Hand gelegt und mir Ihr Herz geöffnet, seien Sie gewiß, daß es gut bei mir aufgehoben ist, und daß ich niemals gegen Ihren Willen handeln werde. Doch lassen Sie sich nicht im voraus für oder wider die Sache einnehmen, es geschieht ohnehin nur das, was die Vorsehung mit uns bestimmt hat, wir sind nur Werkzeuge in ihrer Hand. Beten Sie zu Gott, daß er Ihnen Ihren Schutz schenkt. Sie brauchen ihn mehr als andere, weil Ihre Heftigkeit sich zu leicht Ihrem ganzen Wesen und Ihrer Gesundheit mitteilt. Spielen Sie in Gelassenheit und Mut die Rolle, die Ihre Pflicht Ihnen vorschreibt, Sie können das gut, wenn Ihr Wille sie recht unterstützt. Haben Sie keine Vertraulichkeiten oder Geheimniskrämereien weder mit Ihrer Schwester noch mit sonst irgend jemand. Sprechen Sie überhaupt so wenig wie möglich über die Prinzen. Ja, schlagen Sie sie sich mal ganz aus dem Sinn, damit Sie sich nicht immer wieder damit beschäftigt sehen. Geben Sie sich ganz natürlich und gelassen, Sie können es eben um so leichter, weil im Augenblick doch alles aus ist, und ich verspreche Ihnen, Sie aufmerksam zu machen, wann es wieder soweit ist. Mit dem Anderen brauchen Sie kein sonderliches Mitleid zu haben, er hat nicht mehr und nicht weniger Hoffnung als seit 5 Jahren, daher wird sich für ihn nicht viel ändern. Kurzum, solange Sie sich hier aufhalten werden, vergessen Sie die Prinzen, das ist das beste Mittel für Ihr künftiges Glück. Das ist auch das einzige Ziel, das ich verfolge, wozu ich Ihnen meinen ganzen Beistand verspreche.

Sprechen Sie nicht mit Joseph über ihn. Wenn er Sie aushorchen will, sagen Sie ihm einfach, er solle Sie, wenn er Sie lieb hat, in Ruhe lassen. Ihre Lage sei ohnedies grausam genug für Sie, und Sie müssten sich sehr vor ihm in acht nehmen, seitdem er Ihnen wiederholt zu vestehen gab, Sie würden sich in den Herzog auf der Stelle verlieben, sobald Sie ihn nur gesehen hätten.

32 *An Josepha*

Innsbruck, Ende August 1765

Ach, meine liebe Tochter,

ich kann Sie nicht trösten, unser Unglück ist übergroß. Sie verlieren einen unvergleichlichen Vater und ich einen Gatten, einen Freund, den einzigen Gegenstand meiner Liebe. Seit zweiundvierzig Jahren hatten unsere Herzen und Gefühle nur ein Ziel, denn wir sind zusammen erzogen worden. Mein ganzes Mißgeschick seit fünfundzwanzig Jahren erschien mir erträglich, weil ich an ihm eine Stütze hatte. Ich bin so tief niedergeschlagen, daß nur die Religion, sowie Sie, meine teuren Kinder, mir das Leben noch erträglich machen können, das ich meinem Seelenheil widmen werde. Beten Sie für unseren guten und würdigen Gebieter; Ihnen aber gebe ich meinen Segen und bin stets Ihre gute Mutter

Maria Theresia

33 An Kanzler Kaunitz bezüglich der Mitregentschaft Josephs

Innsbruck, 29. August 1765

Ich hatte nicht die Kraft, Sie heute morgen zu sprechen, mein Herz ist noch zu niedergedrückt, als daß meine Worte auszudrücken vermöchten, wie ungemein verpflichtet ich Ihnen bin für alle die Dienste und Ratschläge, die Sie mir bei Lebzeiten unseres unvergleichlichen Herrn und Meisters gegeben haben; ich habe mich immer wohl dabei befunden und habe sie tief eingeprägt in mein Herz. Mit dem gleichen Vertrauen will ich dem Rat nachkommen, den Sie mir für meine betrübte Zukunft geben werden. Ihm zufolge lasse ich mich nach Wien schleppen, einzig und allein, um für neun Waisen Sorge zu tragen, die um so mehr zu beklagen sind, als ihre Geburt und die Art, in der sie bisher gelebt haben, ihr Schicksal immer trauriger und beweinenswerter gestalten wird. Ihr guter Vater vergötterte sie und wußte ihnen niemals etwas zu versagen. Ich aber kann in der gleichen Weise nicht fortfahren. Gott weiß, wie lang mein elendes Leben noch dauern wird. Ich bin äußerst bekümmert um ihr Schicksal, und diesen Winter soll es sich entscheiden. Ich zähle auf Sie und werde nichts ohne Ihren Rat tun. Jeder Tag macht mich zittern für Ihr Geschick, und ich werde Ihnen ebenso gern die Versorgung meiner Familie wie unser Staatssystem verdanken.

Was Sie mir über die Mitregentschaft gesagt haben, tröstet mich unendlich, und ich zähle darauf, daß Sie für diesen Zweck tätig sein werden. Verlassen Sie meinen Sohn nicht; ich sehe, daß er geschmeichelt und zufrieden ist, wenn er mit Ihnen spricht, aber er ist auch gewöhnt und liebt es, daß man ihn aufsucht. Vernachlässigen Sie eher mich; ich würde Ihnen dankbar dafür sein, denn niemals könnte der geringste Zweifel an Ihrer Anhänglichkeit an mich in mir aufsteigen. Erhalten Sie sich und vertrauen Sie mir immer, Ihre wohlgewogene

Maria Theresia

Die Einsetzung von Leopold ist ihr Werk; einen Tag vor seiner Abreise fühle ich die ganze Bitterkeit; aber ich bin Ihnen deswegen nicht weniger dankbar.

34 Maria Theresias »Instruktion« an Leopold über die religiösen Pflichten eines Herrschers

Innsbruck, Ende August 1765

Ich glaube, gegen meine erste Pflicht zu verstoßen, wenn ich Sie nicht ermahne, dem stets in unserem Herrscherhaus praktizierten System zu folgen; ich hoffe, daß Sie solches nicht eigentlich nötig haben, und daß Sie die Prinzipien, die man Ihnen seit achtzehn Jahren mitgegeben hat, die Sie selbst praktiziert sahen und selber ausübten, in Ihrem Herzen eingeprägt gut hüten. Ich bin somit überzeugt, daß meine Vorsicht unnötig ist und ich es nur tue, um mich zu beruhigen, keine einzige Gelegenheit vernachlässigt zu haben, um meiner Pflicht und meiner Zärtlichkeit zu genügen.

Sie werden also strikt darauf achten, wenigstens einmal im Monat die heiligen Sakramente zu empfangen und häufiger noch, anläßlich höherer kirchlicher Feiertage. Ich empfehle Ihnen besonders die der Hl. Jungfrau und an den Tagen zuvor mit Ihrem ganzen Hof zu fasten.

Ich empfehle Ihnen in dieser Zeit, wenn Sie, Madame oder andere krankheitshalber Fleisch essen müssen, dies nie in Gesellschaft zu tun.

Für den Fall, daß Sie aus Gesundheitsgründen Fleisch essen müssen, vergessen Sie nie, wie ein Kranker zu essen, ohne Köstlichkeiten und ohne angenehme Dinge darunterzumischen; Sie werden den Armen an jedem solchen Tag drei Dukaten geben. Sie werden Ihrem Beichtvater jeden Monat 150 Florins für Almosen übergeben und Madame 100 Florins, der ich indessen nichts vorschreiben möchte.

Es gehört sich, daß Sie Ihre Andachten an den wichtigen

Feiertagen machen, wie Weihnachten, Ostern, Pfingsten und Fronleichnam; aber vor allem vergessen Sie diese nie am 18. August, dem schicksalhaften Todestag Ihres teuren Vaters und Meisters. Verbringen Sie diesen Tag und den Vortag in völliger Zurückgezogenheit, so daß im Land weder ein Fest noch eine Belustigung stattfinden möge. Sie werden die Vigilien und die Messe in aller Öffentlichkeit zelebrieren lassen, wie es bei uns üblich ist. Sie werden darüber hinaus nicht das Fest des hl. Franz und den 8. Dezember vergessen und werden an diesen Tagen Ihre Andachten für Ihren Wohltäter und Vater halten. Wenn Madame diese Gebetsstunden mit Ihnen hielte, wäre mir um so wohler, aber ich schreibe Ihnen in dieser Hinsicht nichts vor.

Vergessen Sie nicht, von Zeit zu Zeit zu beichten, selbst ohne die heilige Kommunion zu empfangen, da doch häufig das weltliche Leben nicht anständig genug ist, um sie allzu häufig zu empfangen. Beichten Sie wenigstens alle vierzehn Tage, wenn nicht alle acht Tage, und namentlich an den Sonntagen. Ihr großer und teurer Vater hatte diese Angewohnheit, und von ihm habe ich es gelernt. Er beichtete an allen Sonn- und Donnerstagen; der liebe Gott wird Erbarmen mit ihm haben, hat er doch noch am letzten Sonntag gebeichtet, an dem er uns entrissen wurde – einziger Trost, aber ganz real in diesem schrecklichen Unglück, in das uns sein Tod gebracht hat. Ich empfehle Ihnen ausdrücklich diesen Punkt. Ich könnte nicht daran zweifeln, daß Sie es nie unterlassen werden, jeden Tag die Messe zu hören und am Abend den Rosenkranz zu beten, und daß Sie Ihren Morgengebeten stets eine geistliche Lesung hinzufügen; vergessen Sie nicht Ostern eine Jahresbeichte abzulegen. Ich wünsche mir auch, daß vor den Weihnachtsfeiertagen oder an den letzten Tagen des Jahres in der Toskana Exerzitien nach dem Vorbild von Wien stattfinden, worin ich gute Wirkungen gesehen habe; ich wäre folglich entzückt, wenn Sie mit Ihrem Hof diese wenigen Stunden, die sich auf sechs verkürzen, Gott widmen und diese Tage in Zurückgezogenheit verbringen würden, ohne indes die Geschäfte zu unterbrechen, sondern allein die öffentlichen Funktionen bei Hof auszusetzen. In der Fastenzeit werden Sie dieselben Andachten anordnen, die man bei uns beachtet, besonders in der Karwoche, und die Kommunion in der Öffentlichkeit. Sie werden sich die Namen derer geben lassen, die bei dieser Pflicht gefehlt haben, ohne darüber irgendeine Entschuldigung anzuhören. Sie werden Ihre Vorsteher der Hofämter, der Kuriengremien und der Armee beauftragen, von ihren Untergebenen zu Ostern die üblichen Beichtbescheinigungen einzufordern.

Sie werden die Oktave von Fronleichnam feiern. Jeden Sonntag wird es an Ihrem Hof eine deutsche Predigt geben, wenn auch nicht öffentlich, aber es wäre gut, wenn Sie daran teilnähmen. Am Nachmittag aller Festtage wird man noch den Katechismus auf deutsch beten für die Älteren und für die Kinder; deswegen habe ich Ihnen zwei deutsche Jesuiten im Gefolge mitgegeben.

Sie werden ebenso die Sonntage, die Tage der Hl. Jungfrau Maria und die der Apostel feiern, und den Gottesdienst öffentlich feiern lassen, an dem Ihr ganzer Hof teilnehmen wird. Für die Feiertage, die freigestellt sind, wird es nur einen Gottesdienst am Morgen geben, wie man es bei uns hält; aber an den anderen Feiertagen werden Sie mit Ihrem ganzen Hof immer an den Vesper-Gottesdiensten teilnehmen. Sie werden dazu genau die Leute verpflichten, die nicht anderswo beschäftigt sind.

Solange Sie nicht Ihre eigene Kirche haben, werden Sie während der Feiertage am Morgen immer in die eine oder andere Kirche gehen und ebenso an den Nachmittagen für die Vesper-Gottesdienste. In diesem Land gibt es nicht den Brauch so viele Segnungen vorzunehmen, aber statt dessen pflegt man sehr beharrlich die Anbetung des Allerheiligsten in der Kirche, wo Gebete von vierzig Stunden stattfinden. Wenn Sie nicht immer daran teilnehmen können, wäre es gut, wenn Madame dorthin ginge.

Man ist in diesem Land gewohnt, den Herrscher immer öffentlich ausgehen zu sehen. Man muß sich damit abfinden, solange Sie keine eigene Kirche haben. Allmählich werden Sie die Bevölkerung an eine andere Art der Repräsentation gewöhnen und sie das Glück spüren lassen, den Souverän bei sich zu haben; dafür werden ein paar Jahre nötig sein.

Ein Punkt liegt mir noch sehr am Herzen: Sie sollten keine Bücher lesen, sie mögen literarisch oder amüsant sein, ohne Ihren Beichtvater zu konsultieren. Diese Unterwerfung ist das mindeste, was man tun kann, um das eigene Gewissen zu beruhigen in einer Zeit, wo so viele gefährliche Bücher die Länder überschwemmen.

Maria Theresia

35 Maria Theresias medizinische »Instruktion« für Leopold, vor dem Tod Franz Stephans entworfen

August 1765

Ich halte es für nötig, die Regel, die wir an unserem Hof bezüglich der Ärzte einhalten und bei der wir uns wohl befinden, schriftlich niederzulegen. Für eine weit entfernte junge Hofhaltung ist es um so nötiger, vorsichtig zu sein und Grundregeln aufzustellen, als man sich ohne solche großen Unannehmlichkeiten, Zweifeln, Kabalen und Unsicherheiten aussetzen würde, die in diesem Fall nicht angebracht sind und das größte Unglück nach sich ziehen könnten. Wir haben nach beiden Seiten den Beweis geliefert. Seine Majestät hat die Inkonsequenzen bei meinen verstorbenen Eltern nur zu gut eingesehen, und er ist es auch, der diese Dinge in ihrer jetzigen Weise geregelt hat; es ist unser ausdrücklicher Wille, daß in der Toskana dieselben Regeln gelten. Unsere Zärtlichkeit und Fürsorge hat uns diese vorgeschrieben, und ich möchte, daß nicht nur meine lieben Kinder sie beachten werden, sondern daß auch alle, die ihnen nahestehen, sie genau befolgen und nicht anders handeln werden.

Um meiner Sache ganz sicher zu sein, muß ich mich ausführlicher auslassen. Seit der Ankunft van Swietens gibt es weder Ärgernis noch Spaltung noch Verschwörungen am Hof; er steht allen Ärzten, Chirurgen, Apothekern, Hebammen und Ammen vor und allen Dingen, die auch nur im geringsten auf die Gesundheit der Prinzen Bezug haben. Alles hängt einzig von ihm ab, ohne daß sich irgend jemand direkt oder indirekt hineinzumischen wagt; auch hat er allein die Verantwortung dafür. Nur auf diese Art kann ein geschickter und ehrlicher Mensch dieses Amt übernehmen. Niemand darf von Medizin sprechen oder diesbezüglich Ratschläge erteilen. Man kann es dem ersten Arzt allein in die Hand geben, aber nicht mit anderen darüber sprechen. Die geringsten Kleinigkeiten, Pflaster oder andere Heilmittel dürfen niemals vorgeschlagen, noch weniger aber angewandt werden, ohne die Zustimmung des ersten, dann aber mit der größten Genauigkeit.

Jeder möchte mit Vorliebe den Arzt spielen, ihn kritisieren und Verwirrung hervorrufen. Es ist schon eine schreckliche Bürde, für die Gesundheit eines Herrschers und die seiner Familie Sorge tragen zu müssen. Wenn man diesem Mann nicht die Möglichkeit gibt, seinen Beruf mit Ruhe, sogar mit Freude auszuüben, ist es nicht denkbar, daß er in dieser Unklarheit, in der er arbeiten muß, seine Pflicht erfüllen kann.

Nach unserer und van Swietens Wahl erhalten Sie die besten und geschicktesten Leute, Lagusius und Krapf. Beide verlassen uns zuliebe ihr Vaterland; bei uns haben sie ihren Beruf ruhig, angenehm und sogar mit Vorteil ausüben können. Ich bereite Sie darauf vor, daß sie Sie verlassen könnten, wenn sie bei Ihnen diese Ruhe und dieses Vertrauen nicht finden sollten. Ich habe ihnen den Unterhalt für ihr Leben zugesagt; an Ihnen liegt es, sie zu erhalten, sie in den Stand zu setzen, Ihnen nützlich zu sein und Ihnen die Sorgen fernzuhalten.

Die folgenden Prinzipien darf man nie aus den Augen lassen: Krankheiten werden uns von Gott gesandt, entweder um unsere Tage zu beschließen oder häufig um uns zu ihm zurückzuführen, wenn wir uns im Glück vergessen. Wenn man von Anfang an den besten Arzt nimmt, den man haben kann, muß man sich ihm in diesem Punkt völlig anvertrauen, besonders wenn er ein guter Christ (stets die wichtigste Eigenschaft) und ein Ehrenmann ist. Wenn der liebe Gott den Arzt erleuchten und Ihnen helfen will, wird er es gewiß durch seine Hände tun, besonders wenn man seinen Meinungen blindlings folgt (woran ich nicht zweifeln möchte) und es ihm ermöglicht, frei vorzugehen. Wenn man aber sechs oder acht Ärzte kommen lassen wollte, wobei, während man sie sucht, unnützerweise allzuviel kostbare Zeit verloren ginge, sich Zweifeln überließe, dazu in einem Moment, in dem der zweifelhafte Zustand eines geliebten Kranken die meisten Anwesenden den Verstand verlieren läßt, wäre das die größte Unklugheit. Und das beizeiten zu vermeiden, könnte ich Sie mit dem Plan, bei dem ich mich immer so wohl befunden habe, nicht vertraut genug machen, denn zehn oder zwölf Ärzte werden Sie nicht besser heilen als einer, und wenn der liebe Gott diesem beistehen will, braucht man keinen anderen, es sei denn, die Ärzte verlangen selbst danach. Allein ich würde es ihnen nicht gewähren, wenn sie es leichtsinnig täten, und sie würden dadurch bei mir an Ansehen verlieren. Ich würde sie für zu zaghaft oder zu politisch halten; die Ärzte werden es auch nicht tun, wenn Sie den Grundsatz bewahren, den Sie Ihr Leben lang bei uns herrschend fanden. Gegen den Tod ist kein Kraut gewachsen, und wenn unsere Stunde gekommen ist, wird niemand uns retten. Aber diesem Gedanken darf man sich nicht hingeben, man ist seinem Gewissen gegenüber verpflichtet, für sich selbst zu sorgen und rechtzeitig, ehe man krank ist, Maßregeln zu ergreifen, damit man ruhig sein kann, wenn man aus Gottes Hand das Gute und das Böse empfängt.

Gewähren Sie Ihrem Arzt volles Vertrauen und gänzliche Autorität, wie es van Swieten an unserem Hof genießt, sonst würden Sie besser tun, Ihre Ärzte zurückzuschicken, damit sie ihre Zeit und ihre Talente nicht unnütz vergeuden. Keine Konsultation, außer Ihr Arzt verlangt sie, aber vollen Gehorsam und ruhige Ergebung in den Willen der Ärzte. Verbergen Sie ihnen nicht die geringste Kleinigkeit; im Anfang kann man mit einer Lappalie einer Sache zuvorkommen, der man später nur noch mit großer Mühe abhelfen kann. Ihr gegenwärtiger Zustand muß Sie davon überzeugen. Wenn Sie in Laxenburg die Schwächezustände, die Sie fühlten, eingestanden hätten, wären Sie nie in diesen Zustand verfallen, der die Hochzeit in Tränen verwandelt hat und dessen Spuren Sie lange tragen werden. Sie werden viel Zeit und Schonung brauchen, um sich wiederherzustellen und Ihre Eltern, die Sie mit doppelt schwerem Herzen ziehen lassen, zu beruhigen.

Ihr Körper ist geschwächt; verlassen Sie sich nicht zu sehr auf ihn und bedenken Sie, daß Sie weniger bei Kräften sind als ein anderer. Aber wenn Sie die guten Ratschläge befolgen, mäßig leben, nichts verbergen, wenn Sie bei Krankheiten versuchen, ruhigen Geistes zu sein (Hauptsache), indem Sie das Übel aus der Hand Gottes nehmen, der allein die Ärzte erleuchten und Ihnen helfen kann, hoffe ich, Sie noch als starken und robusten Fürsten zu sehen. Trotzdem darf ich Ihnen nicht verschweigen, daß Sie sich, da Sie weder die Blattern noch die Masern gehabt haben, mehr als jeder andere schonen müssen, da bei Ihnen alles folgenschwerer sein kann.

Noch ein Detail muß ich erwähnen, das mir fast das Herz bricht. Vergessen Sie nicht, sich bei der geringsten Gefahr oder zu Beginn einer großen Krankheit mit den heiligen Sakramenten versehen zu lassen, und das sogar öffentlich; Sie sind sich selbst und Ihrem Volk dieses Beispiel schuldig, und man stirbt dadurch nicht früher. Versäumen Sie auch die letzte Ölung nicht; nur Schwächlinge haben Angst davor. Wer seine Religion kennt und als guter Christ lebt, sehnt sich nach diesen heiligen Handlungen und setzt sein Vertrauen hinein, da sie ja mehr zur Wiedererlangung der Gesundheit als zur Vorbereitung auf den Tod eingesetzt sind.

Gleichzeitig mit Ihnen gebe ich Thurn dieselbe Instruktion, ebenso den Ärzten, damit sie sich daran halten, bei dieser Gelegenheit nichts vergessen oder aus menschlichem Respekt zögern, ihre Pflicht zu tun.

In dieselbe Instruktion ist auch Ihre Gemahlin sowie die Familie inbegriffen. Bei dieser Gelegenheit allein können und sollen Sie als Ehemann und Chef Ihres Hauses ohne Nachgiebigkeit handeln. Ihre Gemahlin hat Ihnen vor dem Altar geschworen, gehorsam und unterwürfig zu sein; nur bei diesem einzigen Anlaß sollen Sie als Herr handeln, bei allen anderen aber ein zärtlicher Gatte und wahrer Freund sein, damit sie niemals Ihre Autorität fühlt. Sobald es der Arzt angebracht findet, daß Ihr Euch gegenseitig in Euren Krankheiten helft, bin ich keineswegs dagegen; es ist sogar eine Eurer ersten Pflichten. Aber für den Fall, daß der Arzt das Gegenteil meinen sollte, werdet Ihr Euch trennen, und Gott, der es Ihnen lohnen wird, und Ihren Eltern, die Sie beschwören, ihren Ratschlägen zu gehorchen, das schwere Opfer bringen. Thurn und der Arzt vertreten in diesem Fall unsere Stelle und haben als Autorität zu handeln. Ich zittere, indem ich Ihnen dieses alles schreibe und hoffe zu Gott, daß ich eine solche Katastrophe nicht erleben muß. Aber es ist besser, Sie und Ihre Umgebung an diese Ideen zu gewöhnen und Sie damit vertraut zu machen, solange die Sache noch in weiter Ferne zu liegen scheint, als davon überrascht zu werden. Wir gehen zu weit auseinander, als daß ich beruhigt sein könnte, wenn ich es an der geringsten Vorsicht, sowohl für Ihre Seele als für Ihren Körper, hätte fehlen lassen. Nachdem alles geschehen ist, lege ich alles in Gottes Hand und unterwerfe mich seinen Schickungen.

Ich gebe Ihnen bekannt, daß Lagusius alle vierzehn Tage an van Swieten schreiben muß und in Krankheitsfällen täglich, ohne etwas zu verbergen oder zu verheimlichen. Ich hätte ihn Ihnen nicht mitgegeben, wenn er fähig wäre, gegen seine Pflichten zu verstoßen. Er hält zu uns, und da er uns ergeben ist, darf er uns nichts verschweigen. Dasselbe gilt für Krapf, falls der andere krank sein sollte.

Halten Sie sich die Kurpfuscher und Quacksalber vom Hals; mit der Zeit machen diese Leute Eindruck, während die geschickten Ärzte und ehrlichen Leute sich zurückziehen und überdrüssig werden. Wenn man leidet oder die leiden sehen muß, die man liebt, wird man schwach, und die Menschheit hat immer am Wunderbaren Geschmack gehabt. Es gehört, besonders in Ihrem Alter, viel Mut dazu, den Bestrebungen, die sich gegen einen von der Öffentlichkeit verfolgten Menschen richten, zu widerstehen. In Wien haben Sie Beispiele dafür gesehen, wie sehr man kämpfen mußte, um dieser Täuschungen Herr zu werden. Unsere und van Swietens ganze Festigkeit war nötig. Es ist ein oberster Grundsatz, daß alles Gute, was geschieht oder sich einführt, unter Widersprüchen und Schwierigkeiten zu leiden hat, aber das Schlechte und die Marktschreierei siegt sofort und hat mitunter viele Verfechter.

Lagusius ist in seiner Eigenschaft als erster Arzt des Körpers mit der Leitung alles dessen beauftragt, was sich auf Ihre und Ihrer ganzen Familie Gesundheit bezieht, desgleichen mit allem, was in ärztlicher Hinsicht den Hof betrifft. Krapf wird der zweite sein und nichts ohne Einwilligung des ersten tun dürfen. Im Fall ernsterer Krankheit wird der Arzt außer seinen täglichen Berichten an van Swieten noch direkt an mich ein Bulletin schicken, das man nach dem hiesigen Beispiel am Hof verbreiten wird, um das Volk zu beruhigen und falsche Berichte zu vermeiden.

So wie alle Chirurgen, Apotheker, Hebammen und Ammen bei Hof nur mit Zustimmung des ersten Arztes zugelassen werden, werden sie auch in gleicher Weise verabschiedet, wenn sie nicht brauchbar sind. Das ist ein Hauptpunkt, um diese Leute in den Grenzen zu halten und für Unterordnung zu bürgen.

Niemand darf bei Strafe der Entlassung das geringste Mittel verordnen, ohne daß es vorher von dem ersten Arzt gesehen und angeordnet worden ist.

Sowohl der Großkämmerer als auch die Obersthofmeisterin und die Erzieherinnen sollen den ersten Arzt unterstützen und ihn von allem unterrichten. Sie sollen auch ihren Untergebenen unter Strafe der Entlassung einschärfen, daß sie nichts verheimlichen oder raten dürfen, sondern alles, was im geringsten die Gesundheit angeht, Ihnen oder dem Arzt zu hinterbringen haben, selbst wenn ihr Herr oder ihre Herrin es ihnen verbieten sollte. Kleinigkeiten, denen zuerst leicht abzuhelfen gewesen wäre, haben oft das größte Unglück nach sich gezogen; dafür sind die Beispiele in unserer Familie nur zu schlagend und traurig.

So wie der Arzt in seinem Beruf auf das Beste bewandert sein muß, darf er nie die Mittel, die er verordnet, erklären. Man kann damit bei Hof nicht vorsichtig genug sein, wo es so viele Leute gibt, die gerne Ratschläge erteilen und Kritik üben, was den Kranken beunruhigen kann, für den es nicht gut ist, wenn er seinen Zustand zu klar übersehen will, weil dann die Leidenschaften unseren Geist zu sehr beherrschen.

Das französische Wort *Patient* drückt den Zustand des Kranken, der sich darauf beschränken soll, den Rat des Arztes zu befolgen und sich dabei zu beruhigen, sehr gut aus. Nachdem man im Zustand der Gesundheit alle menschenmöglichen Vorsichtsmaßnahmen getroffen hat, muß man sich nun dem, was Gott schickt, mit Geduld unterwerfen.

Selbst außerhalb von Krankheitsfällen soll man sich nicht mit Grübeln über medizinische Fragen befassen; das führt immer zu weit, verschafft zahllose Beunruhigungen.

Der Einwand, daß ein fremder Arzt das Klima nicht kennen könne, ist recht lächerlich; ein geschickter Mensch wird bald erkennen, woran er ist, und der menschliche Körper ist überall gleich.

Die Ärzte und besonders auch die Apotheker sind verpflichtet, über die Rezepte, die die Familie betreffen, das strengste Stillschweigen zu bewahren; sie werden abgesondert aufbewahrt und dürfen bei Strafe der Entlassung niemandem gezeigt werden.

36 Joseph an Leopold

12. September 1765

Ich beginne heute meinen Brief für den morgigen Kurier, teurer Bruder, da ich nicht weiß, ob ich morgen Zeit haben werde. Ich bin mit Geschäften und Audienzen überhäuft. Um halb sieben Uhr stehe ich auf, gehe zur Messe und um acht Uhr setze ich mich an den Schreibtisch und expediere mit meinem neuen Sekretär Röder die Reichssachen. Ich bin mit ihm sehr zufrieden, und er ist ein Mann wie ich ihn brauche, denn er sagt mir geradeheraus die Wahrheit und nennt jedes Ding bei seinem Namen. Gegen zehn Uhr kommen die Kassiere Simon und Ditelbach; Posch hat unbeschränkten Zutritt und kann sich melden lassen, wann er will. Hierauf kommen die Minister oder andere Herren. Gegen halb eins trage ich meinen Morgenrapport zur Kaiserin; um ein Uhr, in dem Augenblick, in dem man zu Tisch gehen will, erscheint nach seiner löblichen Gewohnheit Fürst Kaunitz. Wir pflegen ein kurzes Gespräch, manchmal von anderthalb Stunden, dann gehen wir zum Speisen. Das Essen findet bei meiner Frau statt; die Ordnung erfordert, daß zwei Erzherzoginnen und drei Hofdamen oder Obersthofmeisterinnen zugegen sind.

Den Löffel aus dem Mund, gehe ich jeden Nachmittag, um in den Papieren I. M. selig zu suchen und zu kramen; alle Schriften trage ich mit mir fort. Ich habe diese traurige Runde schon hier und in Schönbrunn gemacht; gestern war ich in seinem Haus in der Stadt, wo ich die Siegel an den Zimmern, nicht aber an den Kassen wegnehmen ließ. Die letzteren müssen versiegelt bleiben, bis die Angelegenheit vollständig entschieden ist. Unglaublich ist die Menge der Dinge, die ich finde. Darunter gibt es auch einiges, das Sie betrifft, teurer Bruder, was ich in der Hast so gesehen habe, wie z. B. eine Instruktion von eigener Hand für den Oberstkämmerer Thurn, aber da ich noch nicht Ordnung geschaffen habe, kann ich Ihnen diese Dinge noch nicht schicken.

Die außenpolitischen Geschäfte befinden sich im alten Zustand, nur in den inneren Angelegenheiten arbeitet man an der Sache der Mitherrschaft, die in diesen Tagen veröffentlicht wird; da alles entschieden ist und morgen deswegen eine Konferenz stattfindet. Was die Anordnungen für den Hof betrifft, so wird das diesen Morgen zwischen I. M. der Kaiserin, dem Prinzen Kaunitz und mir entschieden...

Ihr Diener und liebevoller Bruder

Joseph

37 Maria Theresia an Joseph

26. November 1765

Sie dürfen mir Lässigkeit vorwerfen, allein, versetzen Sie sich an meine Stelle. Ich sehe, wie Zwietracht zwischen zwei Söhnen sich entzündet, und das einer Sache wegen, die nicht wert ist, eine Freundschaft oder gar ein so heiliges, zartes Band zu gefährden. Es handelt sich mehr oder weniger um den Ruin eines Schwächeren. Seit sechs Wochen schon konnten Sie mich darob in Unruhe sehen, ich hatte nur zu recht. Ihr Billet, im ersten Augenblick geschrieben, hätte mich mit Recht überrascht, wenn ich nicht wüßte, daß Vernunft und Zärtlichkeit die Oberhand gewinnen werden, wenn Sie ein bißchen mehr nachdenken. Einen jungen Monarchen, der durch den Weihrauch, den man ihm verschwenderisch spendet und der durch sein eigenes Naturell ein wenig aufgeblasen ist, verletzt das geringste Hindernis, das er auf seinem Weg findet oder das sich ihm entgegenstellt. Ich muß offen mit Ihnen sprechen; ich finde nichts Verletzendes in dem Brief Ihres Bruders, auch nichts, was Ihre Entrüstung verdiente; aber in Ihrem Schreiben finde ich viel üble Laune. Ihre Briefe werde ich Ihnen heute abend zurücksenden; ich will sie noch ein- oder zweimal lesen;

wenn ich Kaunitz treffen kann, werde ich mit ihm darüber reden; ich will mich nicht ganz auf mein eigenes Urteil verlassen. Ich gebe mich der Hoffnung hin, daß Ihre Zurückgezogenheit Ihnen mehr Geduld einflößen wird; wir hätten wirklich diese Vermehrung des Kummers heutigen Tages nicht gebraucht.

38 An Franz Graf Thurn über Leopolds Haltung im Streit mit Joseph um das väterliche Testament

29. November 1765

Ich vermag nicht, Ihnen ganz auszusprechen, wie empfindlich mich die Sendung des Kuriers getroffen hat. Ich kann doch nicht annehmen, daß Ihnen der Anlaß wie auch die Briefe, die geschrieben worden sind, unbekannt geblieben sind, Briefe, die wahrhaftig nicht am Platz waren. Es herrscht in diesen ein Hochmut, der ohne Vernunft ist und den ich alle die zehn Monate, die ich meinen Sohn von diesem Wahnwitz befallen sah, seinem Gesundheitszustand zugeschrieben hatte. Aber ich zittere vor Furcht, daß es sein Charakter ist, der sich da langsam enthüllt, worauf Ihre ganze Aufmerksamkeit zu richten ich Ihnen nicht genug empfehlen kann, weil er alles Unglück ihm und uns zuziehen könnte.

Sie alle haben vergessen, daß Sie bis zur Stunde Ihre Stellung nur der Großmut des Kaisers verdanken. Testament oder nicht, niemals durften Sie ein anderes Los erhoffen als das aller jüngeren Söhne des Hauses: eine Apanage von 40 000 fl, wofür sie dem Ältesten ihr Leben lang dienen müssen. Ich will nicht sagen, daß Sie nicht auch irgendwie Grund zu Klagen hätten, auf diese Art geht es aber nicht. Sie hätten vor allem Ihre Lage darstellen müssen und sich ganz der Großmut dessen unterwerfen, aus dessen Händen Sie Ihr Geschick empfangen haben, das unvollkommen bleiben müßte, wenn er mehr forderte. Sie aber fangen an zu klagen,

Franz Stephan (1708–1765), Gemahl Maria Theresias und römisch-deutscher Kaiser (1745–1765), kolorierter Kupferstich von Kohlbacher nach Natale Schiavoni

zu schikanieren und wollen überall Ungerechtigkeiten sehen; das reizt, und ich fürchte sehr, diese Angelegenheit wird auf lange Zeit Bitterkeit und Kälte hervorgebracht haben, wobei überdies, nachdem es jetzt eine Streitsache geworden ist, ich zweifle, ob ich Ihnen noch so nützlich sein kann, wie ich ohne diesen Brief sein zu können gehofft hatte. Ich bin sogar um Leopolds Gesundheit besorgt, denn all dies kann nicht ohne große Erregungszustände vor sich gegangen sein.

Ich werde Ihnen durch den Kurier ausführlichere Mitteilungen zukommen lassen; mein Wunsch, Ihnen bessere Nachrichten senden zu können, ist größer als meine Hoffnung darauf. Ich möchte gern glauben dadurch, daß ich Zeit gewinne, wenigstens etwas zu gewinnen, aber niemals soviel, als der Vorschlag Leopolds bezüglich der Mitgift ist. Ich erwarte mit Ungeduld Ihre Antwort und bin stets die Ihre

Maria Theresia

39 Maria Theresia an Franz Graf Thurn, erbost über die spärlichen Informationen von Leopold aus der Toskana

12. Januar 1766

Graf Thurn,

Ihr habt meine Vorschriften nicht befolgt oder über dieselben nicht nachgedacht, sonst hätte alles vermieden werden können. Ich will nun gerne das Geschehene vergessen, wenn nur in Zukunft alles besser vonstatten geht. Das muß aber der Fall sein, wenn Ihr überhaupt die Rolle spielen wollt, zu der der verstorbene wie der regierende Kaiser Euch bestimmt haben. Euer Wohl und Eure Bedeutung hängen von dem Chef des Hauses und der Übereinstimmung ab, die zwischen ihm und Euch bestehen wird. Der Großherzog, auf sich allein angewiesen, wird bald ein Medici werden, aber kein so reicher, wie jene es waren. Deren Luxus und Hofstaat einerseits, die Herkunft meines Sohnes und seiner Gemahlin andererseits bilden unüberwindbare Hindernisse für sie, sich eines solchen privaten Glücks zu erfreuen. Sie sind an eine andere Lebensweise gewöhnt, und es wird ihnen nur die Last ihrer fürstlichen Geburt bleiben, ohne daß sie Ansehen und Glücksgüter genießen. Das Übel ist keineswegs so gering, man muß ihm vorbeugen und es mit der Wurzel austilgen.

Ich kenne besser als irgend jemand sonst meine Kinder. Ihr selbst gebt mir das zu. Ich hatte gehofft, allen denkbaren Übelständen durch meine Instruktionen vorbeugen zu können, aber ich habe mich getäuscht. Ich will es der Jugend meines Sohnes zuschreiben und seinem Selbstgefühl, ein Souverän sein zu wollen – darum glaubt er sich auf gleicher Stufe mit den Königen und von niemand abhängig als von Gott. Hie und da vorkommende Schmeicheleien mögen einen jungen Mann wohl manchmal blenden, aber man muß ihn rechtzeitig warnen, denn er besitzt eine Mutter und eine Familie, von denen er abhängt. Ich kann Euch mein Erstaunen nicht verhehlen, seit den vier Monaten Eures Aufenthalts in der Toskana nicht das geringste von den dortigen Angelegenheiten gehört zu haben – es ist gerade so, als ob dieses Land in Amerika läge. Nicht als ob wir uns dort einzumischen oder gar zu regieren gedächten, aber ich habe doch angenommen, daß mein Sohn uns etwa alle Monate einmal berichten würde, wie er das Land gefunden hat und was er zu unternehmen gedenkt – wir wissen mehr von Korsika als von Euch. Die Verbindungen mit dem Römischen Stuhl, mit Neapel und allen übrigen Höfen, tausend Dinge hätten wir gern erfahren. Natürliche Neigung sollte dazu treiben, einfache Vernunft und das allereigenste Interesse – daß es gerade dies nicht ist, schmerzt mich so besonders. Kann man nach einer kaum viermonatigen Abwesenheit schon so denken? Nicht an Botta, sondern an meinem Sohn liegt es, sein Herz sollte ihn dazu treiben, und Ihr, in den ich mein Vertrauen gesetzt habe, solltet ihn dazu anhalten.

Maria Theresia

40 An Anton Graf Thurn

10. März 1766

Graf Thurn,

ich schicke Ihnen diese Papiere Ihres würdigen Bruders zurück, den ich immer vermissen werde... Sie werden immer Sorge um meinen teuren Sohn haben, ebensosehr für seine Gesundheit wie für seine Sitten, und mich über diese beiden Punkte genauestens informieren. Deswegen schicke ich Ihnen die Instruktionen und meine Briefe an Ihren Bruder, da Sie seinen Platz ebenso bei meinem Sohn wie bei mir einnehmen werden...

Bis zum jetzigen Moment hat mein Sohn nicht ein Wort über den Ersatz für Ihren Bruder verloren. Darf ich da zufrieden sein? Sie kennen meinen Sohn, das war immer sein großer Fehler. Sie werden mir sagen, daß dies Schüchternheit sei. Ich gebe das nicht zu; es ist Mangel an Anhänglichkeit und Vertrauen oder Stolz und verschleierte Selbstüberhebung; ein zweiter Punkt, der für die Zukunft gefährlich werden könnte und dem man entgegenarbeiten muß.

Wir können nicht eifrig genug bemüht sein, die redlichen Menschen an uns zu ziehen, die uns ihre Ratschläge geben. Was wird aus ihm werden, wenn er sie von sich entfernt, wenn er sich an Leute wendet, die ihm keinen Rat zu erteilen vermögen, oder wenn er diejenigen verletzt, die ein Recht haben auf sein Vertrauen? Die Schmeichler werden sich seiner bemächtigen und binnen kurzem wird er entweder ein Despot oder ein leichtsinniger und wollüstiger Fürst sein. Sie glauben bestimmt, daß ich die Sache übertreibe, aber ich kann sie nicht anders ansehen. Ich kenne meinen Sohn: er ist heftig. Wenn er sich kräftigt, werden Sie das alles rascher herankommen sehen als Sie glauben. Er besitzt eine große Selbstüberschätzung, allerdings auch Talente, aber wozu dienen sie, wenn er dieselben nicht mit Vernunft und Mäßigung anwendet? Infolge jenes heimlichen Stolzes liebt er den Rat hervorragender Menschen, seinesgleichen oder Höherer nicht, aber er wird kleine Leute anhören, die ihn mit Mißtrauen gegen andere erfüllen. Dadurch entfremdet er sich alle Männer von Ehre, die ihm nützlich sein könnten, während man sie aufsuchen, sie an sich ziehen und sie sich erhalten muß; das kann man jedoch nur, indem man ihnen Vertrauen entgegenbringt...

Ich wüßte Ihnen nicht den Brief zu verbergen, den ich durch Rosenberg an Ihren Bruder schrieb, der mir viel Kummer verursacht hat. Lesen Sie ihn, versetzen sie sich an meinen Platz in diesem Moment, und Sie werden ihn nicht zu heftig finden, aber man hat hier sofort die Ansicht aufkommen lassen, daß ein Brief von mir Ihren Bruder getötet habe...

Die Monarchie hat nur allzu sehr gelitten unter meiner unglücklichen Regierung; die Völker sind nur allzu schwer bedrückt. Man muß ernstlich daran denken, die Schulden zu bezahlen und eine Armee zu erhalten. Das ist unerläßlich und gestaltet meine Lage von Tag zu Tag trauriger. Jeder Augenblick nähert mich meinem Ende, dem ich mit Freuden entgegensehe. Ich lebe nur noch für meine Kinder, wenn ich ihnen nützlich sein kann, will ich gern meine traurigen Tage noch hinschleppen. Aber urteilen Sie selbst, wie schmerzlich ich davon berührt sein muß, wenn ich, statt ihnen nützlich sein zu können, das Gegenteil sehe...

Halten Sie mich stets für Ihre sehr gewogene

Maria Theresia

41 *An Anton Graf Thurn über den 18jährigen Leopold und seine depressiven Stimmungen*

24. März 1766

Ich bin sehr zufrieden mit Ihren Briefen, aber ich bin beunruhigt von der Stimmung meines Sohns. Sie wissen, seit anderthalb Jahren hat er es von Zeit zu Zeit in diesen Abständen, vor allem im Frühling. Man darf ihn nicht in diesen Gedanken belassen, sondern man muß ihn zerstreuen, sei es selbst durch Kindereien, denn wir sind *noch etwas kindisch*; ich bitte Sie bei diesem Punkt große Sorgfalt walten zu lassen. Man sagt hier, *daß er wie ein Heimweh hat* und daß ich ihm irgendwelche Hoffnungen lassen sollte, hierher zu kommen. Ich kann micht nicht dazu entschließen, zu versprechen oder eine Sache erhoffen zu lassen, die ich nicht passend finde. Ich werde nichts mehr davon sagen, aber ich könnte das nie billigen; es ist also allein zu Ihrer Orientierung, daß ich Ihnen dies anzeige...

Halten Sie mich stets für Ihre sehr gewogene

Maria Theresia

42 *Maria Theresia an Maria Christine nach der Hochzeit mit dem Prinzen Albert von Sachsen am 8. April 1766*

18. April 1766

Ich sehe Sie immer vor meinen Augen, mein Schnupfen ist besser, ich befinde mich wohl aber nicht ruhig; mein Herz hat einen Schlag erlitten, den es immer nachempfinden wird, besonders an einem Tag wie heute, an welchem ich vor acht Monaten meinen geliebtesten Gemahl, einen Sohn, der meine Liebe verdiente, und eine Tochter verloren habe, die nach dem Verlust des Vaters mein einziger Trost, meine

Freundin war. Ich war kindisch genug diesen Nachmittag, als ich um drei Uhr Ihre Schwestern durch mein Zimmer gehen hörte; ich glaubte einen Moment, daß meine liebe Mimi erscheinen wird, aber sie war beschäftigt zu Hause die Honneurs zu machen und sich der Gegenwart ihres zärtlichen Gemahls zu erfreuen. Das ist die Frucht meiner Sorgen seit zwei Jahren, und ich kann Gott nicht genug danken, daß er es zu einem so guten Ende geführt hat. Von seiner Gnade hoffe ich die Fortdauer dieses Glücks.

43 An Maria Christine, Gattin des Statthalters von Ungarn

1766

Meine liebe Tochter!

Sie wollen, daß ich Ihnen über Ihre künftige Lage einen Rat gebe. Es gibt viele Bücher, welche diesen Gegenstand behandeln; ich will nicht wiederholen, was sie sagen. Sie wissen, daß wir Frauen unsern Männern unterworfen, daß wir ihnen Gehorsam schuldig sind, daß unser einziges Streben sein soll, dem Gemahl zu dienen, ihm nützlich zu sein, ihn zum Vater und besten Freund zu machen. Wenn auch unglücklicherweise Beispiele das Gegenteil zeigen, so kann ich Sie doch nicht von Ihrer Pflicht entbinden. Sie nehmen Ihren Mann aus Neigung. Das war der einzige Grund, warum ich Sie etabliert habe. Sie kennen Ihren Mann, Sie haben alle Ursache zur Hoffnung, so glücklich zu werden, wie man es nur auf dieser Welt sein kann.

Trachten Sie den göttlichen Segen durch ein christliches Leben zu verdienen. Geben Sie den anderen ein Beispiel durch Ihre Wohltaten, Ihre Andacht, ein geordnetes Benehmen, eine bescheidene Zurückhaltung. Es ist an Ihnen, den Ton anzugeben, und ich bin überzeugt, daß Sie ihn angeben werden, Sie sind ganz geeignet dazu.

Sie besitzen Anmut und Ergebenheit, aber hüten Sie sich,

diese Tugenden und Eigenschaften zu übertreiben. Ich sollte Sie besonders aufmerksam machen, daß Sie in der zärtlichen Liebe für Ihren Mann nicht in ein Übermaß geraten, das ihm zur Last fallen könnte; nichts ist so delikat als diese Klippe; die zärtlichsten und tugendhaftesten Frauen und jene, die aus Neigung heiraten, scheitern daran. Sie müssen auch die unschuldigsten Liebkosungen sparen; Sie müssen trachten, daß man sie sucht und verlangt. In unserem Jahrhundert will man vor allem keine Zurückhaltung; durch die schlechten Beispiele ist es dahin gekommen, daß man ohne Anstoß so erscheinen kann. Je mehr Sie Ihrem Mann Freiheit lassen, indem Sie am wenigsten Zurückhaltung und zarte Aufmerksamkeit verlangen, desto liebenswürdiger werden Sie sein; er wird Sie suchen und sich Ihnen hingeben.

Ihr vorzüglichstes Studium soll sein, daß er bei Ihnen immer gleiche Laune, dieselbe Gefälligkeit, dieselbe Zuvorkommenheit finde. Trachten Sie ihn zu unterhalten, zu beschäftigen, daß er sich nirgends besser befinde. Um Ihnen sein Vertrauen zu erwerben, müssen Sie sorgen, es durch Ihr Benehmen, Ihre Diskretion zu verdienen. Daß niemals ein Verdacht in Ihrem Herzen Eingang finde: je mehr Sie Ihrem Gemahle Freiheit lassen, je mehr Sie darin Ihre Gefühle und Ihr Vertrauen offenbaren, desto anhänglicher wird er Ihnen sein. Alles Glück der Ehe besteht in Vertrauen und beständiger Gefälligkeit. Die törichte Liebe vergeht bald; aber man muß sich achten, sich gegenseitig nützlich sein. Der eine muß der wahre Freund des anderen sein, um die Unfälle dieses Lebens ertragen und seine Wohlfahrt begründen zu können. Das ist der wesentlichste Punkt, in welchem Stande man immer sei. In dieser Rücksicht fürchte ich nur ein Zuviel, das auf Euer gemeinschaftliches Glück Einfluß nehmen könnte. Ich habe Sie eifersüchtig bei Ihren Freundinnen gesehen; hüten Sie sich davor bei Ihrem Mann; das würde ihn entfernen. Nicht einmal scherzen sollen Sie über diesen Punkt; vom Scherzen kommt man zu Vorwürfen, der Ärger kommt dazu, die Achtung und der Reiz des Lebens entflieht und die Abneigung tritt ein. Je mehr Sie Ihrem Mann

Vertrauen bezeigen, ohne ihn im geringsten in Verlegenheit zu bringen, desto anhänglicher wird er Ihnen bleiben.

Welches Glück, immer bei sich eine liebenswürdige Gemahlin zu finden, die immer beschäftigt ist, ihrem Mann alles Glück zu bereiten, ihn zu unterhalten, zu trösten, ihm nützlich zu sein, die ihn nie beschämt, ihn immer kommen läßt, sich mit seinen zarten Aufmerksamkeiten begnügt und glücklich ist, um ihn zu sein. Wer das nicht im Anfang befolgt, fühlt die Wirkung in der Folge.

Alle Ehen würden glücklich sein, wenn man sich so benehmen würde; aber alles hängt von der Frau ab, sie soll die rechte Mitte innehalten, die Achtung und das Vertrauen ihres Mannes gewinnen; sie soll dasselbe nie mißbrauchen, weder damit prunken, noch befehlen wollen. In dieser Hinsicht ist Ihre Lage ebenso delikat, wie es die meinige war. Lassen Sie ihn niemals Ihre Überlegenheit fühlen. Man scheut keine Mühe, wenn man wahrhaft und vernünftig liebt; darüber bin ich ruhig.

Keine Koketterie, keine Eitelkeit ist Ihnen erlaubt. Hören Sie darüber niemand. Zeigen Sie Ihnen, daß Sie über diese Albernheiten erhaben sind. Bei einer verheirateten Frau ist alles von Wichtigkeit, nichts leicht. Seien Sie immer bescheiden gekleidet. Einer verheirateten Frau ist das nicht gestattet, was einem Mädchen angeht. Die anderen würden Sie gleich überbieten wollen.

Haben Sie keine Vertraute. Das soll Ihr Mann allein sein. Ich will nicht einmal eine Ausnahme für mich in Anspruch nehmen, um Sie nicht an vertrauliche Mitteilungen zu gewöhnen. Sie haben Geist und Talente genug, wenn Sie sie für Ihr Glück gebrauchen wollen, um so mehr als der Charakter und das Betragen Ihres Gemahls Sie für die Zukunft mehr beruhigen kann als alles andere, wenn Sie nicht selbst dieses glückliche Verhältnis stören.

Man muß trachten, immer um seinen Gemahl beschäftigt zu sein, dann begeht man keine Fehler. Man findet mehr Geschmack an Vergnügungen, wenn man sie mit Maß genießt; Sie haben genug Beispiele gesehen.

Die Ordnung in der Zeit und im Haushalt ist die Seele eines ruhigen, glücklichen Lebens. Ich weiß, daß man jetzt an keine Freude mehr glaubt, wo nur irgendein Schamgefühl dabei ist. Ich würde damit übereinstimmen, wenn ich es nicht selbst erfahren hätte und nicht jeden Tag erkennen würde, wie dieselben Leute, die am meisten auf jene Maxime setzen, sich sehr langweilen und am wenigsten glücklich sind; sie haben an nichts mehr Freude, lassen ihren Launen und Sinnen freien Lauf und werden am Ende von ihnen tyrannisiert.

Ich spreche von einer Ordnung, die vereinbar ist mit dem Willen Ihres Gemahls. Nichts soll Euch hindern, darüber ins Einvernehmen zu kommen. Sie sollen alles opfern, wenn es sich darum handelt, ihm zu gefallen oder seinen Willen zu tun. Sie haben sich dann nichts vorzuwerfen. Sie haben nur zu gehorchen, nachdem Sie Ihre Einwürfe und Vorstellungen in Sanftmut und Güte vorgebracht haben. Das können Sie einmal tun, wenn er aber das Gegenteil entscheidet, bleibt Ihnen nur übrig zu gehorchen, und sogar in der Art, daß man sieht, Sie verrichten Ihre eigene Angelegenheit, ohne auf eine Modifikation einzugehen. Nichts ist leichter, wenn man wahrhaft liebt und seine Pflicht kennt. Das ist auf dieser Welt das einzige Mittel, glücklich und ruhig zu werden.

Wenn Ihr Gemahl Sie immer beschäftigt findet, sein Wohl durch Ihre Gefälligkeiten zu begründen, wenn Sie dahin streben, daß er sich bei Ihnen glücklicher, ruhiger, vertrauensvoller befinde als anderswo, dann können Sie rechnen, ihn zu fesseln und so Euer Glück zu gründen; aber man muß nichts erzwingen wollen oder darüber ein Geständnis machen; er muß sich selbst davon überzeugen.

Sehr häßliche und sehr alte Frauen haben oft die heftigsten Leidenschaften entzündet durch ihre Gefälligkeit, durch ihre Gewandtheit, die Leute zu unterhalten oder anzuziehen, während die schönsten Frauen vernachlässigt werden, weil ihnen diese Eigenschaften fehlen. Je weniger Tändelei, desto besser. Das ist ein Übel, das heutzutage sehr in der Mode ist; aber man muß eine große Überlegenheit des Geistes und viel

Redlichkeit haben, um ohne Unannehmlichkeiten tändeln zu können. Kommt der Ton der Familiarität anderswoher, bringt er Bitterkeit in die Gesellschaft und vertreibt allen Anstand, alle Höflichkeit. Leiden Sie niemals an Ihrem Hofe zweideutige Reden oder die Sucht zu verleumden. Klären Sie die Dinge auf der Stelle auf, Sie werden damit das schlechte Gezücht aus Ihrer Nähe verbannen. Bei jeder Gelegenheit zeigen Sie Ihren Eifer, der Tugend Gerechtigkeit widerfahren zu lassen; entfernen Sie aus Ihrer Gesellschaft alle jene, die es daran mangeln lassen.

Beobachten Sie in allem an Ihrem Hofe eine Regelmäßigkeit. Verpflichten Sie die Chefs, die Leute in Ordnung zu halten. Lassen Sie ihnen nichts in diesem Punkte angehen, lassen Sie aber immer durch ihren Chef korrigieren, ohne sich selbst damit zu belästigen. Das ist allein das Mittel, gut bedient zu sein und geschickte Leute zu haben.

Ich sage Ihnen nichts über Ihr eigenes Betragen. Vernachlässigen Sie nie die Pflichten der Religion; im Ehestand hat man das Gebet und die Hilfe Gottes am notwendigsten. Ihre religiöse Lektüre soll regelmäßig stattfinden; ich empfehle es Ihnen, besonders darin pünktlich zu sein. Regeln Sie Ihre Andacht wie Ihre Almosen nach der Ansicht des Beichtvaters. Alles was die Frauen betrifft, soll durch die Vasquez gehen. Sie haben so viel Verpflichtungen gegen sie, daß Sie ihr niemals genug erkenntlich sein können. Was die Männer anbetrifft: gehört zum Obersthofmeister. Bei besonderen Angelegenheiten können Sie Palfy als den Ersten des Landes oder Kempelen zu Rate ziehen. Dadurch können Sie alles in Ordnung halten.

Der gütige Gott hat Ihnen soviel Talente, soviel Annehmlichkeiten verliehen; er hat Sie sichtlich aus Ihrer zahlreichen Familie auserwählt, das Glück und die Freude Ihrer Eltern, Ihrer Schwägerin, die eine Heilige und Hellseherin ist, zu erhöhen; er hat Ihnen einen tugendhaften, liebenswürdigen Gemahl, den Mann Ihrer eigenen Wahl gegeben. Ich hoffe, daß der liebe Gott sein Werk vollenden und Sie glücklich machen wird, wenn Sie meine Ratschläge befolgen; diese

werden Ihnen wie meine zärtliche Liebe niemals fehlen. Ich gebe Ihnen meinen Segen und umarme Sie zärtlich.
Für immer Ihre treue Mutter

Maria Theresia

44 An den neuen Schwiegersohn, Herzog Albert von Sachsen-Teschen

18. April 1766

Mein lieber Sohn,

nicht so viel Komplimente. Das »Madame« am Anfang Eures Briefes ist mir zuwider, schreibt ein andermal »Meine liebe Mutter« und bleibt dabei, wie ich es tue. Auch zeichnet einfach mit dem mir teuren Namen »Albert«. Ohne Umstände. Wenn Ihr mit meiner Tochter glücklich seid, so liegt darin alles, was ich erhoffte. Sie jedenfalls scheint es vollkommen zu sein und ist willens, sich Eure Liebe und Zuneigung zu erhalten. Dies ist augenblicklich meine einzige Freude, und wenn es mich auch viel kostet, von meiner liebsten Tochter getrennt zu sein, die zumal in den letzten acht Monaten mein einziger Trost, meine Freundin und Gesellschafterin war, so versöhnt mich der Gedanke, daß Ihr mit ihr glücklich seid.

Der Kaiser und die Kaiserin gehen nach Zell und sind vor Mittwochmittag nicht zurück. Es hängt von Euch ab, ob Ihr lieber Donnerstag statt Mittwoch kommen wollt. Mir ist es gleich, da ich zuhause bin. Ich vergaß noch, Euch zu sagen, daß meine Tochter über die vielen Bittschaften und Besuche, die sie empfangen muß, beunruhigt ist. Sagt bitte Kempelen, er solle sie öfters beraten und unterrichten, da sie selbst nichts anzuordnen und weiterzugeben hat. Doch als meine Tochter kann sie sich dem nicht entziehen, Menschen zu empfangen und anzuhören. Und immer soll sie am besten durch Euch selbst unterrichtet werden, ohne sich in die Dinge einzumischen. Ich verlange nicht, daß Ihr mir regelmäßig schreibt, Ihr habt genug andere Korrespondenz am Halse. Eure Mimi kann das übernehmen. Ich habe schon vier Briefe von ihr erhalten, die mir solche Freude bereiteten, sie sind voll davon, mit welchem Zartgefühl und welch besonderer Herzlichkeit Ihr sie über meine Heimreise nach der Hochzeit zu zerstreuen suchtet. Ich lege sie Euch immer ans Herz und bin stets Eure getreue

Maria Theresia

45 An Anton Graf Thurn, Ratgeber Leopolds in Florenz

24. April 1766

Ich bin sehr zufrieden mit Ihren Briefen, und so ist es doch das einzige Mittel, mich zu beruhigen, indem Sie mir alles anzeigen, selbst die geringste Sache, die Sie beunruhigen oder meine Kinder interessieren könnte. Seien Sie wegen der Arzneien unbesorgt, die der Arzt verordnet; es geschieht aufgrund der Anweisung van Swietens. Er ist ein verständiger Mann, und Sie sehen, wie mein Sohn einen solchen nötig hat; sein Naturell ist viel zu schwach, man muß ihm beistehen.

Ich muß Sie benachrichtigen, daß ich meinem Sohn Goëss vorgeschlagen habe; nun hängt es von Ihnen ab, ihn von mir zu verlangen und von dem Moment an werde ich mit Goëss darüber sprechen, von dem ich sicher bin, daß er sich mit Freude darauf einlassen wird. Es gibt noch einen anderen, der wünschte, Kammerherr bei Leopold zu werden; es ist Edling, der *als Grenadierhauptmann* unter Sincere gedient hat. Er sagt, daß Sie ihn kennen und daß dies der Grund sei, warum er es wage, vorstellig zu werden. Man sagt Gutes von ihm; seine Frau wäre von gleicher Art wie die von Goëss.

Ich hoffe, daß mein Sohn weder die deutsche Sprache noch das Militär vernachlässigt; versuchen Sie, ihn in beidem zu üben. Ich habe Lacy beauftragt, eine Korrespondenz mit ihm zu führen und ihm alle Feldlager, Bewegungen und Reglements von Zeit zu Zeit zuzuschicken. Ich erwarte Rosenberg mit Ungeduld und zähle darauf, ihn bald zu Ihnen zu schicken, und so bin ich immer Ihre sehr gewogene

Maria Theresia

46 An die zukünftige Schwiegertochter Maria Beatrice nach Ferdinands Verlobung vom 26. April 1766

April 1766

Meine liebe Frau Tochter und Cousine,

dies ist einer der glücklichsten Tage für uns, der Sie ganz an uns fesselt und mit uns verbindet. Sie sind das Pfand der Freundschaft und Wertschätzung, die seit langem zwischen dem Herzog, Ihrem Großvater, und uns besteht, und ich hoffe, daß mein Sohn sich würdig zeigen wird, einem so guten und edelmütigen Großvater anzugehören und Ihre Gunst zu verdienen. Sie haben sich schon längst meine ganze Zärtlichkeit erworben; zählen Sie darauf, daß sie erst mit meinem Leben enden wird, da ich stets verbleibe Eurer Hoheit wohl gewogene Cousine und Mutter

Maria Theresia

Jean-Étienne Liotard, Maria Christine (1742–1798)

47 *Maria Theresia an Maria Christine*

Laxenburg, Mai 1766
8 Uhr morgens

Guten Morgen, meine liebe Tochter!

Ich hoffe, daß Sie glücklich angekommen sind. Mit Ungeduld erwartete ich die Nachricht, denn ich bilde mir ein, daß Sie erst nach sechs Stunden angekommen sind, daß die Postillone den Weg verfehlen, umwerfen oder sonst ein Unfall geschehen sei. Sehen Sie, wie ich, Ihre Mutter, bis in die Nacht damit beschäftigt bin, wie ich diesen Gedanken nachhänge, ohne sie zu bekämpfen, – nur um die Leere nicht noch mehr zu empfinden, die ich hier gefunden habe. Ich kann Ihnen den Eindruck nicht beschreiben, den mir das liebe Laxenburg gemacht hat; jeder Schritt im Garten war für mich wie auf Dornen; ich hatte noch nicht den Mut, in das Gartenhaus hinabzugehen. Die Kaiserin ist mit allen Mädchen einen Moment nach mir gekommen; ich ging rasch mit ihr in den Garten, um alle zu sehen; ich kam mit ihr durch eine Allee, wo ich einst jemand umarmt hatte, der unser ganzes Glück war, das aber nicht lange gedauert hat. Ich mußte weinen. St. Julien und Poil waren die ersten, die mich empfingen. St. Julien, Clary und alle Damen waren in Tränen. Ich war noch am stärksten und munterte die anderen auf. Mit Braganza und meiner Bonne machte ich die Tour zur Fontaine, setzte mich mit meinen vier Damen nieder und kehrte nach einer Viertelstunde ins Haus zurück. Dann ging ich in die Kapelle, um mein Gebet zu sprechen für das, was mir das Liebste auf der Welt war, dann für den Herrn und die Herrin des Hauses. Ich befand mich wohl, habe genug geschlafen, ging ins Schloß frühstücken, um abzubrechen und meine Pflicht zu erfüllen. Glauben Sie mir, daß mitten in meinem gerechten Schmerz Sie und ein wenig Leopold die einzigen sind, welche mich aufrichten, wenn ich daran denke, was ich seit neun Monaten verloren. Wenn ich Sie bei Ihrem lieben Gemahl und so glücklich sehe, lebe ich wieder auf und empfinde das Glück, das ich verloren. Es war so groß, und ich war dessen so wenig würdig, daß ich Gott nie genug dafür danken kann. – Der Kaiser ist an der Tür, um mich zu führen; ich habe nur noch einen Moment Sie zu grüßen, den Prinzen, die Vasquez, Herrn und Herrin des Hauses, die Therese Kokořowa; ich bin entzückt von der Aufmerksamkeit der Bethlen.

48 Maria Theresia an ihren Sohn und Mitregenten Joseph

Schönbrunn, 14. September 1766
Monsieur, mein lieber Sohn,

ich glaube, Sie nicht durch eine besondere Eilsendung auf Ihre zweite Stafette hin belästigen zu dürfen, und habe die ernsthaften und angenehmen Vergnügungen, die Sie in diesen Tagen hatten, respektiert. Ich war mehr in Steken als in Schönbrunn und bin Ihnen ungemein verbunden, daß Sie mir den Unfall mit dem Sumpf berichtet hatten, denn wenn ich anderswoher davon vernommen hätte (es gibt ja hier sehr viele Korrespondenzen), wäre ich besorgt gewesen. Gott sei bedankt, daß es so abgelaufen ist! Der gestrige Tag war wundervoll für Ihre Manöver, zwar etwas windig, aber das war, glaube ich, gut, um die Hitze abzuhalten. Ich weiß nichts davon, daß Clerici tot sein soll, aber es geht ihm sehr schlecht, da er sogar Tobsuchtsanfälle hat. Dieses Beispiel muß wieder einmal jene tief erschüttern, die so ein Leben führen, wie er. Ich billige den Gedanken, aus den beiden nur ein italienisches Regiment zu bilden und ein schweizerisches zu errichten; Lacy kann diesen Plan sofort bearbeiten. Kaunitz wünscht es, um in der Schweiz eine Partei zu gewinnen und sie uns zu verbünden, da die Katholiken es zu sehr mit den Franzosen und Spaniern, die Nichtkatholiken mit den Holländern sind. Ich werde also auf den Tausch mit dem Regiment Maximilians nicht mehr eingehen, da Sie es ja nicht ratsam finden, aber man muß den ganzen *Stab* wechseln, da man gar niemand behalten will. Ayasasa und Lacy sollen daran denken, die, welche dort sind, unterzubringen. Ich halte dafür, Sie lassen schreiben, daß die Regimenter an Berlichingen und Voghera verliehen werden oder worden sind, aber unter der Bedingung, daß sie *angestellt* bleiben, aber da das früher immer war, *nur mit Hälfte der Gage, die Regimenter haben, also nur 3000 fl. jeder anstatt 6000 fl.*

Das, was Sie mir über Ayasasa sagen, kann ich nicht mit Stillschweigen übergehen. Seit ich ihn kenne, habe ich an ihm nie soviel Eigenliebe oder Böswilligkeit bemerkt, daß er etwa jemandem aus Selbstgefälligkeit unrecht tun könnte. Ich kenne ihn als ernsthaft und streng, aber gerade und eifrig, nicht ränkesüchtig. Warum ihn also von der schlechten Seite sehen und gleich verdammen? Ich fürchte sehr, daß Sie, da Sie im Allgemeinen eine sehr schlechte Meinung von der Welt haben, noch die kleine Zahl von Ehrenmännern verlieren, indem Sie sie mit zu den andern rechnen und mit ihnen verwechseln. Das ist ein sehr wesentlicher Punkt, denn der Wohlmeinende läßt sich nicht beargwöhnen, noch mit den anderen verwechseln, und er wird sich, wenn er kann, eher ganz zurückziehen oder mit weniger Eifer dienen. Die entscheidende Triebfeder ist das Vertrauen; wo das fehlt, fehlt alles.

Ebenso steht es mit der Angelegenheit von San Remo. Ich muß Ihnen gestehen, daß die deutsche Note in einer Art abgefaßt war, die mich geschmerzt hat, weil ich sah, daß Sie so denken können und Genugtuung darin finden, durch Ironie die anderen zu verwirren und zu demütigen. Ich muß Ihnen gestehen, das ist genau das Gegenteil dessen, was ich mein Leben lang getan habe. Ich habe immer durch gute Worte die Leute zu veranlassen gesucht, meinen Willen zu tun, sie mehr überzeugen wollen als zwingen. Und ich bin gut damit gefahren. Ich wünsche Ihnen nur, daß Sie ebensoviel Hilfe bei Ihren Staaten und bei den Menschen finden werden, wie ich gefunden habe. Die Note mit den Briefen habe ich sofort Kaunitz zugestellt, beifolgend das Ergebnis.

Infolgedessen habe ich den Brief sogleich Harrach zugeschickt, denn daß Sie mir das Schiedsrichteramt in dieser Angelegenheit überlassen, ist doch wie ein Scherz, da Sie mir nur zu deutlich Ihre Absichten klar gemacht haben. Es ist Ihre Angelegenheit, sie ist gerecht, ich habe nur so weit damit zu tun, als ich Partei beim Frieden von Aix bin; so habe ich nichts weiter zu sagen, aber ich fürchte, daß die üble Laune, die Sie kindisch finden, sich bei der Gelegenheit auf andere Art fühlbar machen könnte. Was für ein Unterschied zwischen dem Billet aus Karlsbad und dem aus Steken! Und dazwischen liegen doch nur drei Monate! Glauben Sie, sich auf diese Weise die Ergebenheit Ihrer Untertanen erhalten zu können? Ach, ich fürchte, Sie fallen durch derlei in die Hände von Schurken, die, um ihr Ziel zu erreichen, all das erdulden, was eine edle und wirklich anhängliche Seele nicht ertragen könnte. Denken Sie an meine Lage Kaunitz gegenüber! Ich muß ihm die Gerechtigkeit widerfahren lassen, daß er ganz ergriffen war und nur gesagt hat: »Ich habe nicht geglaubt, diese Vorwürfe verdient zu haben!« Was wird Starhemberg denken, wenn er sieht, wie Sie denken! Und was mich am meisten trifft, ist, daß es nicht in der ersten Aufwallung geschah, sondern 24 Stunden, nachdem Sie die Depeschen erhalten haben; also nach reiflicher Überlegung war es Ihnen eine Genugtuung, Menschen, die Sie selbst für die besten halten, und die Sie sich zu erhalten versuchten, mit Ironie und allzu übertriebenen Vorwürfen den Dolch ins Herz zu stoßen. Ich möchte fast zweifeln, ob Sie da aufrichtig waren! Wie sehr fürchte ich, daß Sie nie Freunde finden werden, und wer soll Joseph zugetan sein, worauf Sie doch so viel Wert legen, – weder vom Kaiser noch vom Mitregenten gehen ja diese bissigen, spöttischen und bösen Züge aus, sondern vom Herzen Josephs –, und das ist es, was mich beunruhigt und was auch das Unglück Ihres Lebens sein und unser aller und der Monarchie Unglück nach sich ziehen wird. Ich werde nicht mehr sein, aber ich hoffte, nach meinen Tod in Ihrem Herzen weiterzuleben, so daß Ihre zahlreiche Familie, Ihre Staaten nichts durch meinen Heimgang verlieren würden, sondern im Gegenteil gewinnen. Kann ich darauf hoffen, wenn Sie sich bis zu solchem Ton gehen lassen, der alle Zärtlichkeit und Freundschaft verbannt? Der Ruhm solcher Nachahmung ist keine Schmeichelei; hat dieser Held, der so viel von sich reden gemacht hat, dieser Eroberer, einen einzigen Freund? Muß er nicht aller Welt mißtrauen? Was für ein Leben ist das noch, wenn die Menschlichkeit daraus verbannt ist? Die Hauptgrundlage unserer Religion ist die Nächstenliebe, sie ist nicht nur ein Rat, sondern eine Vorschrift; glauben Sie etwa, sie auszuüben, wenn Sie die Menschen durch Ironie betrüben und verwirren, selbst solche, die große Dienste geleistet haben? Diese Menschen haben ihre Schwächen wie jeder von uns, das schadet weder dem Staat noch uns, höchstens ihnen selbst, und auch in diesem Fall haben sie nur ihre Pflicht getan, indem sie diese Unzulänglichkeiten darstellten und einen Mittelweg zu finden suchten, um das, was vergangen ist, und das, was man jetzt will, zu vereinen. Wenn man nur Unannehmlichkeiten zu erwarten hat und die Vorstellungen so aufgenommen werden, wer möchte da wohl ein anderes Mal wiederkommen? Wer möchte sich bloßstellen, ohne daß es die harte Notwendigkeit gebietet, wenn man so aufgenommen wird?

Sie mögen noch so viel Talente haben, unmöglich können Sie genug Erfahrung besitzen und alle Umstände der Vergangenheit und der Gegenwart so beherrschen, daß Sie allein fertig werden können. Ein Ja oder Nein, eine glatte Ablehnung wäre besser gewesen als dieses ganze Aufgebot von Ironie, wodurch Sie ihr Herz erleichterten und das Sie Genugtuung darin finden ließ, die Gewandtheit des Ausdrucks zu bewundern. Hüten Sie sich wohl davor, an Bosheiten Gefallen zu finden! Ihr Herz ist noch nicht schlecht, aber es wird es werden! Es ist höchste Zeit, daß Sie aufhören, Geschmack zu finden an all diesen Witzworten, diesen geistreichen Wendungen, die nur den Zweck haben, andere zu betrüben und lächerlich zu machen, alle ehrlichen Menschen fern zu halten und den Glauben zu erwecken, daß das ganze

Menschengeschlecht nicht verdient, geachtet und geliebt zu werden, da man ja durch sein eigenes Betragen alles Gute entfernt hat und das Tor nur den Betrügern vorbehalten und geöffnet hat, den Nachahmern und Schmeichlern Ihrer Talente. Ein Beispiel dafür sind die Sinzendorfs. Man kann ihnen Geist, Talente und Vorzüge nicht absprechen, aber niemand kann es mit ihnen aushalten. Schlechte Verwandte, schlechte Untertanen, die zu keinem Geschäft taugen, weder zum Krieg noch zur Politik. Bei einem Fürsten wäre das Übel noch viel größer, es wäre das Unglück seiner selbst und all seiner Untertanen.

Nach dieser langen Predigt, die Sie meinem für Sie und meine Länder zu zärtlichen Herzen verzeihen mögen, will ich all Ihre Gaben und Vorzüge in einen Vergleich ziehen. Sie sind eine Kokette des Geistes; Sie jagen ihm nach ohne Sinn und Verstand, wo immer Sie ihn zu finden glauben. Ein Scherzwort, eine Redewendung, die Sie in einem Buch oder bei irgend jemand finden, beschäftigt Sie, Sie wenden sie bei erster Gelegenheit an ohne viel zu überlegen, ob sie auch paßt; ungefähr so, wie Elisabeth es mit ihrer Schönheit macht, wenn sie nur dem Schweizer wie dem Fürsten gefällt, ist sie ohne weitere Ansprüche zufrieden.

Indem ich dieses Schreiben beschließe, nehme ich Sie beim Kopf und küsse Sie zärtlich und wünsche, daß Sie mir den Verdruß dieser Strafpredigt verzeihen, wenn Sie bedenken, aus welchem Grund sie entspringt. Ich wünsche ja nur, Sie von jedermann geachtet und geliebt zu sehen, wie Sie es verdienen, und daß Sie glauben, daß ich stets bin Ihre gute alte treue

Mama

49 Joseph an Maria Theresia

15. September 1766

Teuerste Mutter,

ich bin durchdrungen von Ihrer Güte, und ich fühle wohl, daß es sehr sanfte Rutenstreiche sind, mit denen Sie mich schlagen. Sie werden aber von Ihrem unvergleichlichen Mutterherzen geführt, und ich küsse Ihnen dafür demutsvollst die Hände. Glauben Sie nicht, daß das keine Wirkung hervorbringe. Ein Herz wie das meinige, eine so gefühlvolle Seele ist mehr durch die Umarmung gerührt, mit welcher Sie einen Sohn beehren, den Sie in diesem Augenblick derselben unwürdig glauben, als wenn sie von der schrecklichsten Strafe oder Drohung gefolgt wäre. Es kommen mir darüber Tränen der Rührung, und ich verspreche Ihnen künftighin alles zu vermeiden, was irgend welchen peinlichen Eindruck auf Sie hervorbringen kann, sollte ich auch eine Gelegenheit zu glänzen aufopfern müssen...

Verzeihen Sie, teuerste Mutter, diesen Fehler einem Sohn, der Sie ganz unaussprechlich liebt. Die Sachen selbst sind freilich nur zu wahr, aber die Ausdrucksweise war zu stark. Ich umfasse Ihre Knie und nehme mit der größten Freude den gütigen Kuß entgegen, den Sie mir am Schluß Ihres Briefes erteilen und der mich hoffen läßt, in Ihre Gnade wieder aufgenommen zu sein...

50 Leopold an Maria Theresia

7. Oktober 1766

Ich bin verzweifelt, daß Sie mit meinem jüngsten Ausflug nach Pisa unzufrieden sein konnten, aber ich wage es, zu versichern, daß die Reise keineswegs nur des Vergnügens willen unternommen wurde und daß die Geschäfte dabei

Jean-Étienne Liotard, Leopold (1747–1792)

ihren Anteil hatten. Was nun Ihre Bemerkung über die Senesen betrifft, wo Sie mir sagen, daß ich besser daran getan hätte, dorthin zu gehen, so habe ich es deshalb nicht gemacht, weil ich zugleich die Maremmen besichtigen möchte, wozu nicht alle Jahreszeiten gleich geeignet sind; und da die erste Reise, die ich dorthin unternehme, eine offizielle Reise sein wird, habe ich sie verschoben, um nicht ohne meine Gemahlin hinzureisen, da diese Reise auch länger ist, und ich denke daran, zur Fastenzeit hinzufahren, nach der Niederkunft meiner Frau und mit ihr. Im übrigen glaube ich nicht, daß die Senesen, während ich für ihr Wohl arbeite, sich mit Grund über mich beklagen dürfen; und was Ihre Bemerkung betrifft, daß sie mehr als alle anderen meinen Schutz verdienen, so kann ich Ihnen nicht verhehlen, daß ich, darin einem guten Familienvater gleich, alle meine Untertanen in gleicher Weise wie meine Kinder liebe und ihnen den gleichen Schutz angedeihen lasse, wobei ich aber trotzdem sehr gut ihre verschiedenen Charaktere, ihre Vorzüge, Talente und Fehler kenne...

51 Randbemerkung Maria Theresias auf den Brief Leopolds

In kurzer Zeit ist er vollkommen geworden. Ich würde es nicht wagen, nach 26 Regierungsjahren das gleiche zu behaupten.

52 Maria Theresia an den 13jährigen Ferdinand

6. März 1767

Sie können in Zukunft nur »Madame« an den Anfang Ihrer Briefe setzen, nicht mehr »I. M.« wie sonst schreiben, und nur ganz kurz mit »Ferdinand« unterschreiben. Ich bin sehr zufrieden mit dem Thema Ihres Briefes; Sie hätten nicht besser wählen können, Ihre Aufmerksamkeit auf Callenberg zu richten, dem Sie soviel Dankbarkeit schulden. Dieser Zug hat mich sehr gefreut und gibt mir große Hoffnungen für Ihren Charakter. Ich bin auch ganz zufrieden mit dem Stil und der Orthographie; ich habe einiges angemerkt...

53 Joseph an Kaunitz an dem Tag, als Maria Theresia mit den Sterbesakramenten versehen wird

1. Juni 1767
8½ abends

Ich lasse Sie selbst urteilen, was ein Sohn und der getreueste aller Untertanen fühlt, indem er auf dem Punkte steht, seine liebende Mutter und würdige Monarchin verlieren zu können. Dieser unglückliche Nachmittag, der schrecklichste den ich jemals erlebte, hat mich in diese Lage versetzt. Die Steigerung des Fiebers, etwas Irrereden und die Atmungsbeschwerden haben die Kaiserin zu dem Wunsch vermocht, sich versehen zu lassen. Sie hat diese fromme Funktion und die letzte Ölung mit der Ruhe des Gerechten und jenem Mut überstanden, der ihr so natürlich ist. Sie hat die Güte gehabt, mir mit Ausdrücken und mit einer Klarheit zu sprechen, welche, indem sie mich in Erstaunen versetzten, mich gleichzeitig in die tiefste Betrübnis versenkten. Meine Zärtlichkeit hat gesiegt, und meine Vernunft war nicht stark genug, meine Tränen zu unterdrücken. Ich frage Sie nicht wie es Ihnen geht, und schreibe auch nichts über meinen Zustand. Man muß die Kaiserin lieben und kennen wie wir, um sich ihn vorzustellen.

Joseph

54 An Maria Christine

Wien, 5. Juni 1767

Meine liebe Tochter,

es gereicht mir zu großer Befriedigung, daß ich Ihnen gleichzeitig mit meiner Erkrankung auch meine fast gänzliche Wiederherstellung anzeigen kann. Infolge der von mir gebilligten Anordnungen hat man Ihnen bisher, und um Sie in Ihrem gegenwärtigen Zustand nicht zu beunruhigen, den Charakter meiner Krankheit verschwiegen. Ich verlange von Ihnen als einen Beweis Ihrer vollkommenen Liebe und Ihres Gehorsams, sich nicht zu beunruhigen, wenn Sie erfahren, daß ich die Kinderblattern hatte. Danken Sie vielmehr Gott, daß er meine Tage verlängert hat, für welche, wie ich weiß, meine Familie und meine Untertanen sich von Herzen interessieren. Sie werden, liebe Tochter, zu meiner gänzlichen Genesung beitragen, wenn Sie die Ruhe bewahren, nachdem Sie meine Lage erfahren. Ich schreibe, obwohl die Ärzte es mir nicht geraten haben, ich soll meinen Augen durch eine frühzeitige Anstrengung nicht wehtun. Das wird wahrhaftig ein Balsam für mein Herz sein, wenn ich weiß, daß Sie sich wohl befinden. Geben Sie diesen hochwillkommenen Trost einer Mutter, die Sie liebt und zärtlich umarmt.

Maria Theresia

55 Maria Theresia an Maria Carolina

Schönbrunn, 9. August 1767

Meine liebe Tochter,

Sie wünschen selbst sehr von der Brandis getrennt und Frau von Lerchenfeld anvertraut zu werden. Ich willige ein und will glauben, daß Sie sich zu der Letzteren so hingezogen fühlen, weil Sie sie der Erfolge bei Ihren Schwestern wegen schätzen. Ich hoffe also, daß Sie genau sowohl den Fußstapfen Ihrer Schwestern als den Lehren folgen werden, die Frau von Lerchenfeld Ihnen zu geben für gut finden wird. Ich habe nicht vor, Sie als Kind zu behandeln; Sie sind fünfzehn Jahre alt, und wenn Sie die Talente, die Gott Ihnen in genügendem Maße gewährt hat, gut anwenden und die guten Ratschläge befolgen, die jeder Mensch in jedem Alter nötig hat, könnte es Ihnen gelingen, sich den Beifall sowohl Ihrer Familie als des Publikums zu erwerben. Vor allem aber muß Ihr Inneres, Ihr Gewissen gut in Ordnung und geregelt sein. Zu meinem großen Erstaunen habe ich nämlich nicht nur von der Brandis, sondern auch von Ihren anderen Frauen und sogar von Fremden erfahren müssen, daß Sie bei Ihren Gebeten sehr nachlässig sind, ohne Ehrfurcht und Aufmerksamkeit und noch weniger Inbrunst erkennen zu lassen. Wundern Sie sich nicht, wenn nach einem solchen Anfang den ganzen Tag hindurch alles schlecht geht. Dann helfen auch keine Vorstellungen, sie veranlassen Sie im Gegenteil zu harten Worten und zu schlechter Laune. Außerdem haben Sie sich seit einiger Zeit daran gewöhnt, Ihre Damen in dieser Weise zu behandeln, das weiß ich sogar von Fremden, die betroffen davon waren, und das gereicht Ihnen sehr zum Nachteil. Ihre Laune bei der Toilette ist nicht weniger scharf; in diesem Punkt lasse ich Ihnen weder Vergeßlichkeit noch die geringste Ausrede hingehen. Frauen müssen sanft sein, sonst werden sie kaum geachtet und noch weniger geliebt; es ist nur eine üble Angewohnheit, die Sie zu diesen Fehlern hinreißt. Ihre Stimme und Ausdrucksweise sind an sich schon sehr unangenehm; deshalb müssen Sie sich mehr als jede andere bemühen, sie zu ändern, und dürfen sich nicht der Gefahr aussetzen, Ihre Stimme erheben zu müssen.

Setzen Sie pünktlich Ihre Studien in der Musik, Malerei, Geschichte, Geographie, im Lateinischen und allen Arten von Arbeiten fort. Seien sie nie müßig; der Müßiggang ist gefährlich für jedermann, mehr noch für Sie, die Sie fleißig sein müssen, damit Ihnen keine Kindereien, Bemerkungen und unmäßige Wünsche nach unvernünftigen Vergnügungen in den Kopf kommen. Erzählen Sie nichts von dem, was Sie in Ihrer Kindheit getan, gesehen und gehört haben; solche Erzählungen sind leicht übertrieben und oft wenig wahrheitsgemäß. Da ich das Vergangene gern vergessen möchte in der Hoffnung, daß Sie mir keine Veranlassung geben, mich daran zu erinnern und Sie als Kind zu behandeln, fordere ich auch, daß Sie nicht mehr daran denken und genau das befolgen werden, was Frau Lerchenfeld Ihnen anraten wird.

Sie schulden der Brandis den größten Dank für die unermüdliche Pflege, die sie Ihnen in Ihren Krankheiten gewidmet hat. Sie verdanken ihr alles, was Sie im Schreiben, in der Musik und der Malerei gelernt haben, und die geringe Erkenntlichkeit, die Sie ihr dafür zeigen, ist die Quelle Eurer gegenseitigen Unzufriedenheit. Sie sind ihr also Ihr ganzes Leben lang umsomehr Dank schuldig.

Da Sie nun als erwachsen angesehen werden sollen, muß ich Ihnen anzeigen, daß Sie von Ihrer Schwester gänzlich getrennt werden. Ich verbiete Ihnen alle Heimlichkeit, alles Einverständnis und alle Gespräche mit ihr; wenn die Kleine anfangen sollte, brauchen Sie ihr keine Beachtung zu schenken oder können es der Lerchenfeld oder Ihren anderen Damen sagen; dann wird sogleich dieser Unfug aufhören. Diese Geheimnisse bestehen ohnehin nur in Bemerkungen über Ihre Nächsten oder Ihre Familie oder Ihre Damen. Ich teile Ihnen mit, daß man Sie genau beobachten wird, und daß ich mich an Sie, als an die Ältere und infolgedessen Vernünftigere, halte, um Ihre Schwester zurechtzuweisen. Vermeiden Sie alle geheimen Gespräche, wenn Sie in die Kirche gehen, bei Tisch oder im Zimmer.

Schließen Sie sich an Ihre Schwester Amalie an; scheuen Sie diese kindische Neugier, die die anderen ungeduldig macht, und beschäftigen Sie sich mehr mit sich selber als mit den anderen. Ich verlange nur über drei Punkte Berichte: über das Gebet, Ihre Gemütsstimmung und Ihr Betragen gegen Ihre Geschwister. Nichts ist in Ihrem Alter gleichgültig; man beobachtet Sie genau.

Nächstes Jahr werden Sie so alt sein wie Ihre Schwester Josepha; da Sie unmittelbar auf die Amalie folgen, verlangt diese Ordnung auch mehr Beachtung; Sie werden nicht mehr als Kind behandelt, darum hüten Sie sich wohl, durch Ihre Handlungen nicht kindischer zu erscheinen als die drei Jüngsten. Mit Ihrem Verhalten in Laxenburg war ich zufrieden; Sie haben nicht viel gesprochen, das tut nichts, aber ich hoffe, daß Sie es in Ihrer Kammer ebenso gehalten haben. Man darf nie etwas von einer Kammer in die andere berichten, nichts ist gefährlicher, besonders für eine hohe Prinzessin.

Wenn Sie trachten, meine Lehren zu befolgen, die aus einem alle meine Kinder zärtlich liebenden Herzen kommen, das nur darauf bedacht ist, sie so glücklich zu machen, wie es in dieser Welt möglich ist, wird die Erfahrung Sie überzeugen, daß der einzige Weg, etwas zu erreichen, der der Tugend ist. Mit Gottes Hilfe kann man viel, man muß sie aber durch ein unschuldiges Leben verdienen. Man wird Ihnen jeden Beistand leisten, Sie müssen nur auch selbst wollen und sich ein bißchen bezwingen, dann werden Sie sehen, wieviel süßer und beständiger diese innere Freude und Befriedigung ist als alle lärmenden Vergnügungen dieser Welt, die nur ermüden und eine furchtbare Leere zurücklassen. Zählen Sie auf meinen Beistand und meine ganze Zärtlichkeit, die nur mit meinem Leben enden kann.

Ich spreche nur im großen von Ihren Pflichten, und bitte Sie, alle Quatember diese Lehren einer Mutter wieder durchzulesen, die nur für ihre Kinder lebt und sie alle zärtlich liebt, die nur ihr Heil und Glück in dieser Welt wünscht und nie ein anderes Ziel hatte; dieses Glück kann nicht ausbleiben, wenn Sie nie den Pfad der Tugend verlassen und wenn Sie genau Ihre religiösen Pflichten, sowohl die privaten als auch die öffentlichen, erfüllen. Da der liebe Gott Sie zum Regieren bestimmt hat, müssen Sie das Beispiel geben, besonders in dieser verderbten Zeit, wo unsere heilige Religion so wenig ausgeübt und geliebt wird. Es scheint, daß die Großen sich schämen, Religion zu haben und sie auszuüben, und das Volk ist zum Teil tief im Aberglauben befangen, den man tatsächlich nicht auf einmal ausrotten kann; man muß vielmehr versuchen, die Geister nach und nach durch die Anstellung eifriger Geistlicher und guter Schulmeister zur Wahrheit zurückzuführen, damit wenigstens die Jugend gut belehrt wird, denn es ist schwierig, Leute von gewissem Alter zu ändern. Es ist also die wesentliche Pflicht eines Fürsten, sich ohne Unterlaß damit zu befassen.

56 An König Ferdinand IV. von Neapel, den Verlobten der mit 16 Jahren an Pocken gestorbenen Josepha

Schönbrunn, 15. Oktober 1767

Durchlauchtigster und mächtigster
Fürstenbruder und teuerster Sohn,

die Trauer, in welche mich die Krankheit der Erzherzogin versetzt hat und welche der Gefahr entsprechend angewachsen ist, hat an diesem Tag ihren extremsten Grad erreicht. Ich hindere mit dem hiesigen Kurier I. M. nicht, die für diesen Gegenstand soviel Interesse zeigt, mit mir den Schmerz zu teilen. Der Schlag der das mütterliche Herz verwundet, ist heftig, aber er wird noch empfindlicher durch den Gedanken an I. M. In diesen Momenten der Bitterkeit sehe ich keinen anderen Trost als die völlige Ergebung in den Willen Gottes, der aus der Schar eine mir so teure Tochter nahm, weil von mir, weil tugendhaft, weil Ehefrau I. M. Mit ihr habe ich auch einen Sohn in der Person I. M. verloren. Dies vermehrt mir den Schmerz, aber ohne die Gefühle der Zärtlichkeit zu unterdrücken mit denen ich mehr glückverheißende Ereignisse wünsche; ich bin und bleibe immer von I. M. eine gute Schwester und betrübte Mutter

Maria Theresia

57 An die Schwiegertochter Maria Beatrice nach der Pockenerkrankung von Maria Elisabeth

3. November 1767

Madame, meine liebe Tochter,

ich habe den Trost, Ihnen mitteilen zu können, daß meine Tochter außer Gefahr ist und daß ich glühend wünsche, daß meine Söhne nicht von derselben Krankheit befallen werden. Es geht ihnen sehr gut, ich sehe sie immer von der Empore der Kirche aus und wenn sie ausgehen unter meinen Fenstern, wage aber nicht, mit ihnen in Verbindung zu treten, da ich dauernd bei meiner Tochter bin. Es bereitet mir genug Kummer, keinen anderen Trost als den zu haben, mich eben unter meinen Kindern zu befinden. Ich bitte Sie, mir zu glauben, daß ich immer Ihre treue Mutter bin,

Maria Theresia

58 Maria Theresias »Instruktion« für Maria Carolina, die neue Frau von König Ferdinand IV. von Neapel

Anfang April 1768

Meine liebe Tochter,

nie habe ich etwas unternommen, was mich so sehr interessiert und beschäftigt hätte, was mir gleichzeitig so viel Veranlassung zum Nachdenken wie zur Freude gegeben hätte als die Mühe, der ich mich, um Sie zufriedenzustellen, unterzogen habe, Ihnen für Ihre zukünftige Stellung Lehren zu erteilen. Man muß sie von zwei Gesichtspunkten aus betrachten; der eine betrifft Ihren Ehestand, der andere Ihre Stellung als Fürstin. Ich werde versuchen, wie meine Zärtlichkeit für Sie und meine Erfahrung es mir eingeben werden, Ihnen wenigstens die Hauptgrundsätze dieser beiden

Punkte darzustellen. Obgleich es so viele Bücher gibt, die dieses Thema von Grund aus behandeln, und zwar besser, als ich es tun könnte, genügt mir das Vertrauen, das Sie zu mir haben, um mich dieses Werk unternehmen zu lassen, trotzdem es mich einige Mühe kostet. Ich habe Gott recht angerufen, mir Einsicht genug zu verleihen, damit ich imstande bin, Sie gut zu beraten und auf diese Weise zu Eurem gegenseitigen Glück beizutragen, das die ganze Sorge einer Sie zärtlich liebenden Mutter bildet. Ich werde mit Ihren Pflichten als Königin und Gattin beginnen und mit denen endigen, die sich auf Ihr Privatleben beziehen.

Das Vorbild des Landesherrn bewirkt alles; sehen Sie das Ihres Bruders an, der mir durch seine Pünktlichkeit, mit der er zum Abendmahl geht und seine religiösen Pflichten erfüllt, sehr zum Trost gereicht. Ich hoffe, daß Sie es ebenso machen werden, aber stets mit der Zustimmung Ihres Beichtvaters, dessen Warnungen und Lehren Sie mit vollkommener Unterwerfung in allem, was Ihr Gewissen angeht, befolgen werden. Sollten Sie nicht volles Vertrauen zu ihm haben können, dann wechseln Sie ihn lieber; im Punkt der Direktion des Gewissens muß man sich ruhig fühlen, der geringste Zweifel könnte Sie in die größten Gefahren und Verwirrungen bringen und in diesen Dingen ist nichts leicht zu nehmen. Ermuntern Sie ihn stets, Ihnen auf reinste und klarste Weise die Wahrheit zu sagen, daß er Sie in nichts schont und Sie wie alle andern behandelt. Das müssen Sie ihm wenigstens alle Quatember wiederholen. Da er ein Mensch ist wie alle andern, könnte er sonst darin nachlassen, besonders wenn er sähe, daß es Ihnen mißfällt; wenn Sie ihn aber anfeuern, daß er seine Pflicht erfüllt, wird er sich ihrer mit desto mehr Genauigkeit annehmen. Gleichzeitig müssen Sie auch seine Ratschläge ehrfürchtig, sanftmütig, demütig und ergeben annehmen, damit er sich nicht einbildet, daß die Wahrheit Ihnen mißfällt und Sie erbittert. Da Sie eine Fürstin sind, ist Ihre Lage noch delikater als die einer andern. Auch hoffe ich, daß Sie, da die Quatember Bußtage sind, sich da noch sorgfältiger sammeln und noch eingehender an

Ihre Pflichten denken und sich überlegen werden, wie Sie die drei vergangenen Monate verbracht haben, und Gott um seinen Beistand anflehen werden, damit er Sie in Ihren guten Vorsätzen bestärkt, die Sie für die drei kommenden Monate und die Zukunft gefaßt haben.

Ziehen Sie Ihren Beichtvater in keine anderen Geschäfte, weder in öffentliche noch in private, außer denen, die Ihr Gewissen und seine Führung, die Religion oder die guten Sitten betreffen. Wer könnte Ihnen wohl in solchen Dingen bessere Ratschläge erteilen? Ich zittere, wenn ich sehe, wie die Religionslosigkeit überall zunimmt. Man ist weit davon entfernt, die Religion in Ehren zu halten, und die, welche sie besitzen, bemühen sich, es zu verbergen. Ein rechtzeitig fallengelassenes Wort, ein ernster Blick, um die schweigen zu machen, die zu dreist sind, haben oft eine gute Wirkung, und es ist eine unserer Pflichten, sie hervorzubringen.

In den Angelegenheiten Ihres Gewissens und Ihres Wandels verbergen Sie Ihrem Beichtvater nichts, und in Zweifelsfällen wählen Sie noch einen Theologen dazu aus, dessen Sitten und Wissen jeder Prüfung standhalten, um ihn um Rat zu fragen. Für seine Seele kann man nicht zu viel tun.

Man muß ihre Lehren befolgen und offenherzig mit ihnen sprechen, ohne sie indessen in das Privatleben hineinzuziehen, noch auf vertraulichem Fuß mit ihnen zu verkehren. Betrachten Sie sie immer mit Respekt und wie Ihre Richter. Erzählen Sie ihnen weder Geschichten noch mengen Sie sie in irgendwelche Geschäfte. Vor allem sollen Sie mit Ihren Leuten nicht vertraulich stehen und sich mit ihnen nicht unterhalten. Man kann ja wirklich nicht verhindern, daß sie einander sehen, doch sollen Sie nicht in nähere Verbindung zueinander treten. Aus diesem Grund ist es besser, sie wegzuschicken, als sie zu lange in den Vorzimmern warten zu lassen, was nicht verfehlen würde, Vertraulichkeit zu erzeugen.

Achten Sie solche, die die Religion lieben und genau in ihrer Ausübung sind, und zeigen Sie, daß Sie sie schätzen. Schenken Sie ihnen Beachtung, zeichnen Sie sie aus und lassen Sie die das Gegenteil empfinden, die den religiösen Pflichten aus dem Weg gehen. Das sind die einzigen Mittel, die ich stets mit gutem Erfolg angewendet habe. Ich wünsche, daß es an Ihrem Hof ebenso ordnungsmäßig zugeht als an dem meinen und daß es bei Ihnen auch so viele gute Christen, ehrliche Männer und Frauen und Leute von vorwurfsfreien Sitten gibt, wie ich das Glück hatte, bisher immer um mich zu haben. Um aber darin Erfolg zu haben, muß man beständig darauf achten und darf nie nachlassen, denn das geringste Wort oder Wohlgefallen wären fähig, alles umzustoßen.

Ich wage sogar zu versichern, daß nicht nur Ihr Seelenheil, sondern auch Ihr zeitliches Glück davon abhängt. Ohne Religion keine guten Sitten und ohne gute Sitten weder Glück noch Ruhe in irgendeinem Stand, am wenigsten im Ehestand, dessen Harmonie doch das einzig wahre Glück dieser Welt ist. Ich wünsche es Ihnen ebenso vollkommen, als ich es neunundzwanzig Jahre lang genossen habe.

Trachten Sie durch alle Ihre Handlungen und in allen Reden zu zeigen, daß Sie nur Tugend und Rechtlichkeit schätzen und lieben, daß Sie Ihr Vertrauen nicht leichtsinnig verschenken und daß Sie es nur ehrenhaften Menschen gewähren. Seien Sie gnädig gegen alle, zeigen Sie keinen Hochmut, aber seien Sie noch weniger vertraulich, am wenigsten mit Männern. Sie sind noch recht jung und Ihr König ist es auch; hüten Sie sich vor Leuten Ihres Alters, es wäre ganz natürlich, wenn Sie sie den andern vorziehen würden, aber machen Sie sie nie zu Ihren Vertrauten und hören Sie nicht auf ihre Berichte. Sie können sich mit ihnen amüsieren, ohne sie indessen in Ihre Vertraulichkeit zu ziehen.

Aller Anfang ist schwer, und Ihre Lage ist es mehr als jede andere, aber Gott, der Sie seit Ihrer Kindheit beschützt hat, wird seine Hand nicht von Ihnen abziehen, wenn Sie auf dem Pfad der Tugend bleiben, wenn Sie in Ihren Gebeten, in der Ausübung der Frömmigkeit und vor allem in der geistlichen Lektüre genau sind. Sie sind mit einer schönen Bibliothek versehen; ich empfehle Ihnen, sich der moralischen Aufsätze über die Evangelien zu bedienen. Vielleicht haben Sie das Glück, dem König Geschmack für die Lektüre beizubringen, an die Sie sich umso genauer halten müssen, als Sie nicht jeden Sonntag Predigten hören können, die in Italien gewöhnlich nur im Advent und in der Fastenzeit gehalten werden. Wenn es aber welche gibt, dann versäumen Sie nicht, ihnen beizuwohnen und den ganzen Hof daran teilnehmen zu lassen.

Almosengeben ist eine weitere wesentliche Pflicht. Ich glaube, daß es in Anbetracht Ihrer Einkünfte genügt, wenn Sie Ihrem Beichtvater monatlich hundert Gulden für die Armen geben. Ich sage nicht, daß Sie sich auf diese Summe beschränken sollen, doch ich glaube, Sie könnten sie festsetzen. Im Übrigen ist eine große Fürstin verpflichtet, mehr zu geben, doch möchte ich nicht, daß Ihre Gaben durch die Hände der Frauen oder selbst der Damen gingen. Sie könnten durch den Minister oder irgend einen anderen Ehrenmann von den Bedürfnissen Ihres Nächsten unterrichtet werden und dann helfen, soweit es möglich ist, selbst wenn Sie sich hin und wieder eines Vergnügens berauben müßten, wodurch das Almosen nur verdienstvoller würde.

Mischen Sie sich nur so weit in die Geschäfte, als der König es wünscht und als Sie glauben, ihm nützlicher sein zu können als jemand anderer. Das ist ein sehr zarter Punkt; eine andere Mutter würde Sie animieren zu versuchen, an den Geschäften teilzunehmen, doch ich kenne zu gut die Last und die ganze Unannehmlichkeit der Geschäfte, um Sie hineinziehen zu wollen. Wenn Sie können, haben Sie die Pflicht, Ihrem Nächsten zu dienen und ihm nützlich zu sein. Wenigstens soll er bei Ihnen Linderung seiner Sorgen finden dadurch, daß Sie ihn anhören und ihn trösten, aber nichts darf geschehen ohne die Billigung und Genehmigung des Königs. Wenn er selbst Sie an der Regierung teilnehmen läßt, Sie von den Geschäften unterrichtet, mit Ihnen darüber redet, Sie sogar um Rat fragen will, so rühmen Sie sich dessen niemals, lassen Sie ihm vor der Welt die ganze Ehre und begnügen Sie sich mit seinem Herzen und seinem Vertrauen, was das einzige Gute ist und den höchsten Wert hat. Wenn Sie durch Ihren ordnungsmäßigen Lebenswandel, durch die Pünktlichkeit in der Erfüllung Ihrer Pflichten, durch die Anmut Ihres Äußern, durch Ihre Gefälligkeit, durch Ihren Eifer, allen Wünschen Ihres Gemahls zuvorzukommen, Erfolg haben, wenn Sie nur das eine Ziel kennen, ihm zu gefallen und nützlich zu sein, wenn Sie einmal diesen Punkt gewonnen haben, der von Ihrem ersten Auftreten abhängt, wird alles Übrige leicht sein und sich ohne Mühe ausführen lassen. Es handelt sich also darum, das Herz und das Vertrauen Ihres Gemahls zu gewinnen, aber das will verdient sein und kann nur erworben werden, wenn Sie sich liebenswürdig zeigen durch Sanftmut und Gefälligkeit, wenn Sie ihn nie Ihre Überlegenheit fühlen lassen, was ein wesentlicher Punkt ist, dessen Fehlen oft die einzige Ursache ist, daß in vielen Ehen keine Eintracht herrscht. Sie müssen sich den Neigungen Ihres Gemahls anpassen, und wenn da etwas nicht so ganz in Ordnung sein sollte, müssen Sie versuchen, ihn davon abzubringen, indem Sie etwas Besseres an die Stelle setzen, aber erwecken Sie nie den Anschein, ihm imponieren oder ihn kritisieren zu wollen, was in keiner Weise passend wäre und was vielleicht dazu benutzt werden könnte, ihn Ihnen zu entfremden, indem man ihn glauben macht, er befände sich in einer Art Abhängigkeitsverhältnis von Ihnen, was das größte Unglück wäre. Man kann sehr gut mit Sanftmut und Zärtlichkeit den Schmerz fühlen lassen, den gewisse Dinge einem verursachen, ohne jedoch Vorwürfe oder weitschweifige Erklärungen anzuwenden, noch weniger zu streiten. Stillschweigen ist das sicherste Mittel, nachdem man einmal ohne Bitterkeit oder gebieterische Miene seine Absicht gesagt hat, vielmehr Freundlichkeit und einen gesetzten Ton dabei bewahrt und sogar Liebkosungen anwendet. Das Vertrauen Ihres Gemahls ist es, das Sie immer und überall zu gewinnen suchen müssen, dies ist Ihr einziges Ziel. Man gewinnt nur, wenn man sich seiner Bereitwilligkeit wegen achten läßt, ohne zornig zu werden oder herrschen zu wollen. Sie wissen ja, daß die Frauen ihren Männern untertan sind, daß sie ihren Willen und selbst ihre Launen achten müssen, wenn diese unschuldig sind; von dieser Regel gibt es keine Ausnahme und in diesem Punkt wird Ihnen nichts geschenkt. Die Frauen können also nur glücklich sein, wenn sie durch Sanftmut das Vertrauen ihrer Männer gewonnen haben. Ich kann Ihnen diese Mittel nicht oft genug wiederholen.

Sie brauchen weder Favoriten noch Favoritinnen. Diese Art von Leuten verursacht immer Störungen, und Sie müssen ganz allgemein für alle sorgen. Sollten Sie aber im Lauf der Zeit einen Günstling annehmen, so muß ausdrücklich gesagt werden, daß diese Bevorzugung, die Sie diesem oder jener zuteil werden lassen, stets der Einwilligung des Königs bedarf, ohne die Sie nichts dürfen. Wenn er aber einverstanden ist, sind Sie sonst niemand über Ihre Handlungen Rechenschaft schuldig.

Noch ein weiterer heikler Punkt, sowohl in bezug auf Sie als auf das Land, in dem Sie wohnen werden, ist folgendes. Da es dort viele deutsche *Geniali* gibt, sollten Sie nie vergessen, daß Sie eine geborene Deutsche sind, und sich die Eigenschaften bewahren, die unsere Nation charakterisieren, nämlich Güte und Rechtlichkeit. Sie müssen diese Leute durch Ihre Fürsprache protegieren, aber ohne *impegno*, und stets daran denken, daß es viele gibt, die unter dem Äußern von *Geniali* ihren eigenen Haß und ihre Interessen verbergen. Ich hoffe, daß sich der König gegen die gnädig erweisen wird, die der letzte Krieg unglücklich gemacht hat. Aber so wie es bei jeder Regierung Unzufriedene gibt, so soll es auch in Neapel tatsächlich viele geben, besonders unter dem Adel und der Geistlichkeit, weil sie jetzt in ihren Rechten etwas mehr beschränkt sind, als sie es in der Zeit waren, da mein Haus sich noch im Besitze dieses Königreichs befand, wo sie wirklich zu mächtig und despotisch waren, ohne aber meinem Haus mehr Anhänglichkeit zu zeigen: man wird Sie von dieser Seite massenhaft mit Klagen bestürmen. Hüten Sie sich, sich dadurch einnehmen zu lassen, hören Sie, wenn

Ihr König es billigt, jedermann an, geben Sie ihnen gute Worte, indem Sie sie hoffen lassen, daß Sie den König davon benachrichtigen, daß das aber alles ist, was Sie tun können, daß Sie seiner Denkungsart sicher sind und daß er nur wünscht, was der Wahrheit und Gerechtigkeit entspricht, daß Sie in nichts eingeweiht sind und nur das Bestreben haben, sich dem König wie seinen Untertanen nützlich zu erweisen. Durch solche Antworten gewinnen Sie die Herzen, ohne Versprechungen zu machen, und gewinnen dabei Zeit, um sich besser informieren und leiten zu lassen.

Wenn man jemand bei Ihnen der Ungerechtigkeit oder anderer Fehler beschuldigt, wenden Sie sich zuerst an den Ankläger und stellen Sie ihm sanftmütig vor, daß er sich genau überlegen soll, was er sagt, weil Sie vorhaben, diese Tatsache aufzuklären; daß er im Fall des Irrtums oder der Verleumdung für immer Ihre Gnade und den Zutritt bei Ihnen verscherzt habe und daß Sie es auch dem König mitteilen müßten. Wenn er hingegen die Wahrheit sage, habe er nichts zu befürchten und könne Ihrer Beihilfe gewiß sein. Das ist das einzige Mittel, soweit wie möglich die Wahrheit zu erfahren und Intrigen zu vermeiden. Dulden Sie nicht, daß man Sie zu loben oder Ihnen zu schmeicheln wagt, indem man vielleicht sogar Ihren Gemahl herabzusetzen versucht. Die, welche er liebt und achtet, behandeln Sie ebenso, damit Sie vor der Welt nicht verschieden in Ihren Ansichten zu sein scheinen. Sein Geschmack und selbst seine Launen müssen für Sie Gesetze sein; seine Neigungen sollen Sie annehmen, ihnen zuvorkommen und sie stützen und entschuldigen, wenn sie indifferent sind; denen, welche gegen das Gewissen oder einen gewissen Anstand gehen, sollen Sie zwar nicht folgen, doch dürfen Sie sie nicht öffentlich tadeln. Schweigen und tun, als bemerkten Sie nichts davon, das ist das einzige Mittel, das Ihnen in einem solchen Fall übrig bleibt.

Man wird trachten, von Ihnen und durch Sie manches zu erlangen, was man bisher auf dem geraden Weg nicht erreichen konnte. Man wird versuchen, die, welche hohe Stellungen haben oder das Vertrauen des Königs besitzen, in Ihrem Geist anzuschwärzen. Hüten Sie sich davor, diese Leute anzuhören oder sich ihnen auszuliefern, denn das würde das Unglück Ihres Lebens sein. Vollkommene Eintracht und gegenseitiges Vertrauen zwischen Ihnen und Ihrem Gemahl sind die einzigen Mittel, um diese Klippe zu vermeiden. Die Welt muß glauben, daß Sie nur nach dem Geschmack des Königs denken und handeln. Besonders zu Anfang, wo Sie noch niemand kennen, wird man versuchen, Ihnen die Leute verhaßt zu machen, die vielleicht Ihrem Gatten am treuesten anhängen; vielleicht kommt auch Ihrerseits ein wenig Eifersucht dazu, wenn sie, wie ich hoffe, mit zärtlicher Liebe Ihrem Gemahl anhängen. Hüten Sie sich, sich diesem Fehler hinzugeben; Sie sollen Ihren Gatten nur aus Selbstgefühl lieben. Wenn er gute Minister, eine brave Dienerschaft hat, sollen Sie sie ihm erhalten, ohne eifersüchtig zu sein. Welches Recht haben Sie auf das Vertrauen Ihres Gemahls? Da Sie noch fremd sind und den Boden noch nicht kennen, kann er Ihnen noch nicht sein ganzes Vertrauen schenken; Sie müssen es erst durch Ihr Benehmen verdienen, dann wird Ihr Glück beständiger und vollkommener sein.

Hüten Sie sich, Ihre Finanzen in Unordnung zu bringen oder Schulden zu machen; nichts ist schimpflicher. In jedem Fall wäre es am besten, gleich den König um Hilfe anzugehen, damit er Sie herauszieht, und Ihnen dann besser und genauer für die Zukunft zuteilt.

Jedes Interesse und Geschenk soll für immer von Ihrem Hof verbannt bleiben. Diese Vorsicht ist in diesem Lande noch notwendiger als hier. Die Italiener sind lebhafter und selbst geistvoller als unsere braven Deutschen, man muß ihnen gegenüber also sehr vorsichtig sein. Ich kenne Sie als wenig vorsichtig und sehr unklug; das ist eine Folge Ihrer Jugend und Unerfahrenheit; Sie müssen also mehr als jede andere auf Ihrer Hut sein.

Das einzige Mittel, um den Frieden zu erhalten, ist, wenig oder gar keine Vertrauten zu haben, keine Berichte anzuhören und Klatschereien kurz abzubrechen. Wenn Sie allein sind, werden Sie umso leichter damit fertig werden, wenn Sie ein- oder zweimal erkennen lassen, daß solche Anschläge Ihnen mißfallen, und wenn Sie die Leute, die sich da hineinmischen, zum Schweigen bringen. Das müssen und können Sie tun, aber ohne Schärfe, und dann haben Sie alles gewonnen. Ergründen Sie stets und in allem die Wahrheit, damit man erfährt, daß Sie sie um jeden Preis wissen wollen und daß Sie gegen Schurken und falsche Angeber schonungslos vorgehen. Dadurch halten Sie sie fern vom Thron, der stets von Leuten dieser Art umgeben ist.

Die *impegni*, Protektionen, Feindschaften und Eifersüchteleien sind in Italien noch beliebter als bei uns. Nur durch ein entschlossenes, gutes und gemessenes Benehmen, soweit Ihre Lage es erlaubt mit Großmut gepaart, werden Sie dahin gelangen, jedermann für sich zu gewinnen, was zur Behaglichkeit Ihres eigenen Hofes und zum Wohlsein Ihres Volkes beitragen wird. Betrachten Sie das Beispiel Ihres Bruders Leopold und seiner Gemahlin.

Haben Sie keinerlei Vertraute, weder Männer noch Frauen, besonders nicht unter den kleinen Leuten, die sich nur zu gern einschmeicheln. Man muß ihnen gegenüber beständig auf seiner Hut sein. Die kleinen Dienste, die sie uns leisten, die Geschichten, die sie uns erzählen, die Gewohnheit, die wir haben, zwanglos mit ihnen zu verkehren, machen unsere Aufmerksamkeit in dieser Beziehung sehr notwendig.

Spotten Sie über niemanden, am wenigsten über Priester und Mönche; Sie müssen sie respektieren und können es ihnen nicht genug zeigen, ohne indessen zu vertraulich mit ihnen umzugehen.

Wenn Sie glauben, einen Minister oder eine Hofdame gefunden zu haben, die Sie wegen ihrer religiösen Gesinnung, ihrer guten Sitten und anderer wertvoller Eigenschaften Ihres Vertrauens für würdig erachten, scheuen Sie sich nicht, nachdem Sie genug Zeit darauf verwendet haben zu erkennen, ob sie diese guten Eigenschaften wirklich besitzen, sich ihnen hinzugeben. Sie könnten dann nicht genug tun, um sie sich recht fest zu verbinden und alle Welt davon zu überzeugen. Doch rate ich Ihnen nicht, mehrere solche Freunde zu besitzen, denn diese Art Leute sind sehr selten, und ihre Erwerbung ist ein großes Glück und das größte Geschenk Gottes, das man suchen und sorgfältig erhalten muß. Nur die gute Meinung, die sie von unserem Charakter haben, kann sie uns ohne ehrgeizige Pläne und Interessen verpflichten. Hüten Sie sich vor denjenigen, die Ihnen aus solchen Gründen anhänglich sind, denn die aus unserm Gefolge und von unserer nächsten Umgebung gehören gewöhnlich zu diesem Schlag. In diesem Fall befinden sich alle Fürsten und Großen in gleicher Weise, und der darf sich nur zu glücklich preisen, der solche Pläne nicht nährt. Die indessen, denen es nur um Ihre Person zu tun ist, um die Caroline, nicht um die Königin, die Ihnen die Wahrheit sagen, ob sie Ihnen gefällt oder nicht, diese müssen Sie zu fesseln und zu erhalten suchen. Das können Sie aber nur durch ein ehrliches Verhalten erreichen, durch das Vertrauen, das sie ihnen zeigen und indem Sie ihre Ratschläge befolgen.

Gewöhnlich versucht man das, was man nicht auf dem geraden Weg erreichen kann, durch verdächtige Mittel zu erzwingen. Verbieten Sie Ihren Frauen streng, sich in irgendeine Empfehlung zu mischen und Schriftstücke anzunehmen. Seien Sie gnädig zu ihnen, zeigen Sie sich freigiebig, aber sprechen Sie mit ihnen über nichts. Sie müssen sich daran gewöhnen, alle Befehle durch die Obersthofmeisterin entgegenzunehmen und ihre Ansuchen durch dieselbe Vermittlung gehen zu lassen, denn diese Unterordnung ist notwendig. Behandeln Sie die Deutschen nicht besser als die Einheimischen, es muß Gleichberechtigung und Einigkeit zwischen ihnen bestehen. Sie müssen sich absolut dem Geschmack der Nation anpassen. Sie sind dazu bestimmt, über sie zu herrschen, deshalb müssen Sie auch soviel wie möglich ihren Geschmack annehmen, um sich ihr Vertrauen zu sichern. Ihre reizende verstorbene Schwägerin hat sich vom ersten Moment ihres Einzugs in meine Staaten gerühmt, eine Österreicherin zu sein, und hat versucht, die gleichgültigsten Dinge, wenn sie auch noch so unbedeutend waren, gutzuheißen, weil sie in meinen Ländern gebräuchlich waren, was ihr auch die allgemeine Liebe eingetragen hat. Sie werden also eine richtige Neapolitanerin werden und dürfen gewisse Sitten und Gewohnheiten nicht lächerlich machen, denn alle Nationen und alle Menschen haben ihre besonderen.

In Neapel hat man viel Vorliebe für die Engländer und ebensoviel Voreingenommenheit gegen die Franzosen. Hüten Sie sich, sich darauf einzulassen, bleiben Sie neutral und loben Sie, was an diesen beiden Nationen lobenswert ist, die alle beide viel Gutes haben. Es würde Ihnen schlecht anstehen, etwas mehr Neigung für die Engländer zu zeigen, da Sie mit einem Prinzen aus dem Hause Bourbon verbunden sind, das uns intim liiert ist, da wir mit Frankreich verbündet sind.

Erzählen Sie nicht viel, was auf die Länder hier Bezug hat, und stellen Sie keine Vergleiche an zwischen diesen und jenem, in dem Sie nun leben werden. Jedes Land hat sein Gutes und Schlechtes; so hat die Vorsehung die Gaben verteilt.

Zeigen Sie weder Abneigung gegen noch Vorliebe für eine Nation; alle haben Gutes und Schlechtes. Bleiben Sie im Herzen und durch Ihre Rechtlichkeit stets deutsch und erscheinen Sie in allem, was gleichgültig ist, neapolitanisch, nur in nichts, was schlecht ist.

Jean-Étienne Liotard, Maria Carolina (1752–1814)

59 Eine zweite »Instruktion« Maria Theresias für Maria Carolina

Anfang April 1768

Für die Königin.

Wenn Sie acht Stunden schlafen, so genügt es, mehr wäre schädlich, außer Sie sind unpäßlich oder schwanger. Beim Erwachen sollen Ihre ersten Gedanken sich auf Gott richten, Sie werden sich bekreuzigen und sich ihm ganz darbringen. Ich möchte nicht, daß Sie sich ohne Notwendigkeit länger im Bett aufhalten. Stehen Sie sofort auf, sprechen Sie Ihr Morgengebet und halten Sie eine kurze, geistliche Lektüre. Diesen Punkt empfehle ich Ihnen als einen der wesentlichsten Ihres Lebens; alles Übrige hängt davon ab, ebenso von dem Abendgebet und der Gewissenserforschung. Da Sie Ihr ganzes Leben lang daran gewöhnt sind, wird Ihnen die Ausübung dieser Pflicht nicht schwer werden. Aber hüten Sie sich, nachlässig zu werden; seien Sie in beiden Punkten sehr genau, die allein Ihnen Trost und Rettung bringen können, wenn der liebe Gott Ihnen ein langes Leben schenkt.

Sonn- und Feiertage hören Sie wenigstens zwei Messen. Es wäre zu wünschen, daß Sie mit der Zeit in Neapel einen Gottesdienst einführen könnten, wie Ihr Bruder ihn in Florenz geregelt hat. Die hochselige Königin, Ihre Schwiegermutter, hat angefangen, dahin zu wirken, konnte aber nicht alles vollenden. An großen Festtagen, das heißt zu Neujahr, Ostern, Fronleichnam, Pfingsten, Weihnachten, an allen Festen der heiligen Jungfrau und der heiligen Apostel, lesen Sie das »Christliche Jahr« von Tourneux; es ist unter Ihren Büchern. Ich bediene mich seiner mit großem Genuß, und wenn Sie auch darin lesen werden, werde ich stets glauben, mich mit Ihnen zu unterhalten.

Sonntags lesen Sie die »Moralischen Aufsätze« von Nicole; wenn man jedem Tag drei oder vier Punkte zuteilt, vollendet man es mit der Erklärung der Epistel und des Evangeliums in einer Woche.

Der Katechismus von Montpellier und der Auszug aus der Heiligen Schrift liefern Ihnen eine weitere sehr nützliche Lektüre. Wenn Sie erreichen könnten, daß auch der König Geschmack daran gewinnt und daß Sie sogar wagen dürfen, ihm laut vorzulesen, ist alles gewonnen. Sehen Sie, was in Spanien geschieht.

Versäumen Sie nicht, jeden Monat zu beichten oder sogar häufiger, je nachdem die Feste, Ihre Andachtsübungen oder vielleicht Ihre Bedürfnisse es erfordern, stets aber mit der Genehmigung Ihres Beichtvaters, dem Sie Ihre Gründe sagen und nach dessen Entscheidung Sie mit Ergebenheit handeln sollen, ohne Ihrem eigenen Willen zu folgen.

Vergessen Sie nicht, mitunter zu beichten ohne zu kommunizieren, nach dem Rat und dem Beispiel Ihres verehrungswürdigen Vaters. Wenn Sie etwas auf dem Gewissen haben, was Sie drückt, so schieben Sie es keinen Moment auf, sich mit Gott wieder auszusöhnen, stets aber mit Vorwissen Ihres Beichtvaters. Pflegen Sie sorgfältig die Anbetung der heiligen Jungfrau, des heiligen Joseph und Ihres Namenspatrons des heiligen Carolus sowie der heiligen Engel. Ich habe mich bei jeder Gelegenheit wohl dabei befunden.

Versetzen Sie sich in die Gegenwart Gottes so oft es Ihnen unter Tag möglich ist, auch das hat Ihr unvergleichlicher Vater immer ausgeübt. Vor allem vergessen Sie es mittags niemals, wenn man den Angelus domini sagt. Lassen Sie dann Ihre Handlungen vom Vormittag ein wenig an sich vorüberziehen, bitten Sie Gott um seinen Beistand für den Rest des Tages, und legen Sie ein kurzes Bekenntnis des Glaubens, der Hoffnung, Liebe und Reue ab. Vor und nach der Mahlzeit beten Sie, auch wenn es die andern nicht tun sollten. Sie sind den Andern dieses Beispiel schuldig und werden schließlich den Ton angeben. Schätzen Sie sich glücklich, eine Gelegenheit zu haben, die andern von dem Glück, Gott zu dienen und ihm in allem treu zu sein, überzeugen zu können.

An Sonntagen und zur Vesperzeit begeben Sie sich zur Vesper und zum Salve, wenn welche stattfinden.

Verlassen Sie Ihren Gemahl so selten als möglich. Der geringe Zwang oder Verdruß, den Ihnen das zu Anfang bereiten könnte, wird Ihnen durch die Ruhe belohnt werden, die Sie den Rest Ihres Lebens genießen werden, wenn Sie sich des Vertrauens Ihres Gatten versichert haben. Folgen Sie ihm daher überallhin, solange er Sie in seiner Nähe haben möchte, denn Sie müssen sich auch davor hüten, ihm zur Last zu sein, und Ihre größte Sorge muß stets sein, ihn so nützlich wie möglich zu amüsieren und ihn dadurch zu fesseln. Da er zu scherzen, sogar Possen zu treiben liebt, geben Sie acht, daß Sie ihn nicht verletzen oder sich erzürnen, wenn er Ihnen weh tun sollte. Ich möchte wohl wünschen, daß mit der Zeit diese Spiele mit den Händen und sonstige Scherze, die Gelegenheit zu Streitigkeiten bieten, abgeschafft würden. Um aber Ihren Gemahl nicht abzuschrecken, werden Sie sich im Anfang, wenn auch mit Zurückhaltung dazu verstehen müssen. Ich empfehle Ihnen sehr, sich zu diesen Kinderspielen weder herzugeben noch sich daran zu gewöhnen, besonders mit den Kavalieren, oder was noch schlimmer wäre, mit den Kammerdienern. Ich empfehle Ihnen Ihre Haltung, die graziös, aber nicht familiär sein soll. Viel hängt von der Art und Weise des Auftretens ab. Erscheinen Sie nie in großem Négligé vor Männern; ziehen Sie sich stets ordentlich und anständig an. Geben Sie nie Schmuckstücke oder andere Dinge, die Sie getragen haben, andern unter dem Vorwand, Sie Ihnen aufzubewahren.

Schreiben Sie nur wenig hierher, und bedenken Sie, daß Ihre Briefe durch zu viele Länder gehen, als daß man den Weg für sicher halten könnte. Jeden Monat werden Sie einen Kurier aus Florenz erhalten, der Ihnen mit Sicherheit Nachrichten von uns bringt. Auf diesem Weg schreiben Sie auch an uns, doch nur an den Kaiser und an mich, an Ihren Bruder Leopold sowie an seine Gemahlin. In die beiden letzten können Sie volles Vertrauen setzen, und dürfen Sie in allem, was sich ereignen könnte, um Rat bitten, besonders wie Sie sich dem König von Spanien gegenüber zu verhalten haben. Da der König Ihnen angeboten hat, ihm zu schreiben, sogar auf französisch, versäumen Sie nicht, Nutzen daraus zu ziehen und die liebevollen Beziehungen zu pflegen, die Ihnen für Ihre Familie und Ihr Verhalten so nötig sind. Wenn sich der König auf Sie verlassen kann, wird man Sie bestens respektieren und stützen, aber Sie müssen sich seine Freundschaft durch Ihr Betragen verdienen. Er ist der beste Vater, der beste Freund, der ehrlichste Mensch und fest in seiner Freundschaft. Ich werde die Großherzogin bitten, Ihnen die Briefe zu zeigen, die sie von ihrem Vater empfängt, und die, welche sie ihm schreibt, damit Sie Ihren Briefwechsel nach diesem Muster einrichten können. Ihr einziges Ziel muß jetzt sein, Ihrem Gemahl und Ihrer Familie zu gefallen und nützlich zu sein, und vor allem die Freundschaft dieses teuren Vaters zu verdienen. Wenn es Ihnen gelingt diese beiden Punkte zu gewinnen, dann werden Sie glücklich sein, weshalb Sie sich darum bemühen müssen. Man sagt, daß Sie bei der Toilette sehr schwer zufrieden zu stellen und launisch sind. Legen Sie diese verächtliche Eitelkeit ab; Sie haben sie nie gehabt, und es wäre traurig, wenn Sie in dem Augenblick in diesen Fehler verfielen, wo Sie sich nur noch damit beschäftigen sollten, Ihrem Gemahl zu gefallen, und zwar durch Ihre Handlungen, nicht durch Ihren Staat. Sie haben geschickte Leute; also lassen Sie sie gewähren, da Sie ohnehin nicht verstehen, sich selbst zu frisieren. Man sagt mir sogar, daß Sie davon sprechen, sie wegzuschicken. Weder in unserm Haus noch in irgend einem andern (Spanien, Frankreich, England usw.) habe ich je ein einziges Beispiel dafür gesehen, daß man es getan hätte. Was macht uns denn diese Leute anhänglich? Zweifellos unsere gute Lebensart und die Hoffnung, für ihr ganzes Leben versorgt zu sein. Sie schulden den Ihren noch mehr, weil Sie Ihnen zuliebe ihre Heimat verlassen und Ihnen folgen wollen. Es ist also kein Rat, sondern eine Pflicht, sie gut zu behandeln, Sorge für sie zu tragen und mit ihnen zu verfahren wie eine Mutter mit ihren Kindern, ohne sie indessen zu Ihren Vertrauten zu machen, wenn Sie nicht in der ganzen Welt für eine böse Herrin gelten wollen.

Anders wäre es, wenn eine von Ihren Kammerfrauen aus Gesundheitsrücksichten oder aus anderen Gründen selbst verlangen würde, zurückkehren zu dürfen. Dann muß sich Ihre Großmut zeigen, um ihr den Rücktritt zu erwirken und die Kosten zu ersetzen. Vielleicht wird man aber zuerst versuchen sie zu verheiraten, wie man es mit den Kammerfrauen der verstorbenen Königin gemacht hat. In diesem Fall könnten Sie, wenn Ihnen die Betreffende zusagt, verlangen, daß sie, trotzdem sie verheiratet ist, in Ihrem Dienst bleibt, nach dem Beispiel dessen, was am Hof Ihrer Schwester Marie beobachtet wird, und was auch noch in Frankreich und Lothringen gebräuchlich ist. Ich weiß nicht, ob man in Spanien ebenso handelt, aber auf jeden Fall müßten Sie sich diesen gegenüber dann noch etwas gefälliger zeigen, stets aber sich höflich gegen sie verhalten, selbst im Ton der Stimme und in den Manieren. Es vesteht sich von selbst, daß Sie den König ersuchen müßten, sie in Ihrem Dienst zu belassen, denn ohne die Genehmigung des Königs könnten Sie sie nicht behalten. Seien Sie mildtätig und freigiebig, aber mit Ordnung. Hüten Sie sich, mehr zu geben, als Sie können. Sehen Sie ab von leichtfertigen Ankäufen von Putz, Kleidern, Spitzen und anderen Dingen. Eine Fürstin muß solche Dinge kaufen, um den Arbeitern zu helfen und sie zu ermutigen. Aber machen Sie sich zur Regel, daß Sie nur Dinge kaufen, die in Ihrem Land hergestellt werden, und keine fremden Erzeugnisse. Sie müssen mitunter den Leuten (Männern und Frauen), die Sie gut bedienen, kleine Geschenke machen, auch solchen Menschen die Ihnen irgendwie nützlich gewesen sind. Aber erlauben Sie keinem Ihrer Leute, von wem es auch sei, die geringsten Geschenke anzunehmen. Diese Befehle müssen ihnen durch den Obersthofmeister oder die Obersthofmeisterin, nie aber unmittelbar von Ihnen gegeben werden; das muß sein, um in Ihrer Hofhaltung die Ordnung zu erhalten, und um zu vermeiden, daß Sie sich selbst bloßstellen, wenn Sie böse werden oder zu viel sprechen.

Sie dürfen keinen Deutschen fortschicken ohne mich zuvor davon zu benachrichtigen. Da diese auf mein Wort ihre Heimat verlassen haben, muß ich davon unterrichtet werden, ehe Sie sie zurückschicken, und Sie werden meine diesbezüglichen Anordnungen erwarten, damit alles mit Anstand erledigt wird, und Sie nicht bloßgestellt oder vielleicht diese Leute in ihrem Ruf geschädigt werden.

Halten Sie Ordnung in allem. Bisher haben Sie sich daran gewöhnt, alles aufzuschieben; auf diese Art wird aber alles in Verwirrung geraten, Sie werden nichts Gutes erreichen und die erste sein, der Verdruß und Ärger daraus erwächst. Ihre übergroße Neugierde ist auch ein Fehler, dessen Unterdrückung wesentlich ist; das bringt nur Verdrießlichkeiten mit sich und verschafft Ihnen neugierige Leute.

Auch Ihre Unvorsichtigkeit im Reden ist gefährlich. Sie wissen nicht, was Sie sagen und achten nicht darauf, mit wem Sie sprechen. Sie sollten wohl durch die vielen Unannehmlichkeiten, die Ihnen diese Unbedachtsamkeit schon zugezogen hat, gebessert sein, aber ich sehe mit Bedauern, daß Sie immer noch in derselben Weise fortfahren. Sie werden sich unglücklich machen und auch die andern, die Ihnen helfen wollen, indem Sie sie kompromittieren. Jedermann wird vor Ihnen auf seiner Hut sein, Sie werden böse darüber werden, und können doch niemand, als sich selbst die Schuld beimessen, wenn Sie so unklug und ungestüm sind.

Seit kurzer Zeit entdecke ich einen Grundzug von Dünkel, Anmaßung und Herrschsucht, der mich erschreckt. Lassen Sie sich gesagt sein und vergessen Sie nie, daß sich das für uns Frauen, unsern Männern gegenüber nicht schickt; Nachgiebigkeit ist unsere Pflicht vor Gott und den Menschen, und die Welt spricht uns nicht los davon. Die Frauen haben immer Unrecht, wie auch ihre Männer beschaffen sein mögen. Ihnen steht es noch weniger als einer andern zu, auch nur den Anschein von Herrschsucht zu erwecken. Sie müssen die höchste Ehrfurcht, Gefälligkeit und Unterwerfung für alle Arten von Befehlen Ihres Gemahls haben, am meisten in der Öffentlichkeit, um als oberste Untertanin dieses Beispiel zu geben und erkennen zu lassen, daß sie wissen, was Ihre Pflicht ist. Wenden Sie andern gegenüber nie einen hochmütigen Ton an. Sie haben nichts zu kommandieren, Sie sind nicht die Herrscherin, und wenn Ihr Gemahl Sie seines Vertrauens für würdig erachtet, gebrauchen Sie es, um in seinem Namen sanftmütig und nicht hochmütig alles zu tun. Daraus folgt nicht, daß Sie mit den andern vertraulich verkehren könnten; im Gegenteil, bei den Italienern geht das noch weniger. Wenn ich Ihnen aber sage, daß Sie entschlossen und wie eine Königin auftreten müssen, so dürfen Sie nicht daraus schließen, daß Sie hart, rauh und launisch sein sollen; vielmehr ist es für Sie schicklich, wenn Sie gnädig, mitleidig, nachsichtig und mildtätig sind. Vermeiden Sie jedes kokette Wesen; hier haben Sie es immer verabscheut. Bedenken Sie, daß für eine verheiratete Frau manches nicht mehr unschuldig ist, was bei einem jungen Mädchen ganz harmlos erscheint, obwohl sich alle beide durch solche niedrigen Gefühle recht verächtlich machen, wenn Sie durch außergewöhnliche Kleidung gefallen möchten, ich will nicht einmal sagen durch unanständige oder zu tief ausgeschnittene, sondern nur durch bizarre oder übertriebene. Es schickt sich auch nicht, sich zu sehr davon in Anspruch nehmen zu lassen, indem man ganze Stunden bei der Toilette verbringt, was, wie ich hoffe, niemals vorkommen wird. Trotzdem habe ich geglaubt, Sie warnen zu müssen, damit Sie, jung wie Sie sind, nicht auf einmal erkennen, daß Sie in diesen Fehler verfallen sind, ohne daß Sie es bemerkt oder nur geahnt haben.

Seien Sie gegen jedermann sanftmütig und nicht stolz; der Italiener erträgt das nicht leicht. Mehr noch muß man sich aber vor Vertraulichkeit mit ihm hüten; er würde sie gleich mißbrauchen, ohne Sie darum mehr zu lieben; im Gegenteil, er würde Sie verachten.

Sehen Sie sich selbst keine Launen nach; wenn Sie einmal nachgeben, werden Sie davon beherrscht werden, und nichts macht sogar sonst verdienstvolle Leute in der Gesellschaft unerträglicher, als wenn sie sich in dieser Hinsicht gehen lassen; hauptsächlich dem Gatten gegenüber ist das ein wesentlicher Punkt, um Ihr Glück zu sichern. Bleiben Sie also stets vergnügt, gefällig und sanft; man kann es wohl, wenn man nur ernstlich will; es handelt sich nur darum, in diesem Punkt nicht nachzugeben, dann wird er mit der Zeit zur Gewohnheit. Ich habe Ihnen dafür eine Menge Beispiele angegeben, die entweder zu befolgen oder zu vermeiden sind.

Wahrheit und Offenheit sollen Ihre Handlungen und Reden erfüllen. Das brauchen Sie, um sich ein ruhiges Leben zu verschaffen. Sie müssen sogar durch Ihr Beispiel andere verhindern, daß Sie, wenigstens im Anfang, nicht anders zu erscheinen wagen, als sie sind. Sie müssen in Ihren Reden sehr vorsichtig sein. Man wird Sie beobachten, Sie zum sprechen veranlassen, um Ihren Charakter von Grund auf beurteilen zu können und zu sehen, ob man Ihnen trauen kann oder nicht; Sie sehen also, wie wichtig dieser Punkt ist. Was könnte Sie wohl veranlassen, Kindereien zu erzählen, oder das, was sich in Ihrer Kindheit zugetragen hat, Ihre Unarten, Ihre Krankheiten, obwohl diese, Gott sei Dank, sehr leicht gewesen sind? Wenn Sie wirklich solche Sachen erzählen würden, die für Sie vorteilhaft sind, würde man Sie entweder für undankbar oder für indiskret halten. Man würde Ihr Inneres erkennen und daraus den Schluß ziehen, daß Sie entweder böse, eitel oder wenig verdienstvoll sein müssen, denn man weiß, daß man niemand ohne Grund korrigiert. Wenn man auch die Grenzen dabei überschritten und Ihnen Unrecht getan hätte, ohne daß Sie es verdient hätten, würde man Ihnen deswegen doch nicht glauben, und die erste Gelegenheit mit dem, was Sie selbst erzählt haben in Verbindung bringen. Glauben Sie nicht, daß ich Ihnen nur aus Nächstenliebe, die wir doch verpflichtet sind, für unsre Mitmenschen zu haben, diesen Rat erteile. Es geschieht, um Sie zu verhindern, daß Sie über Dinge plaudern, die Ihnen gleichgültig oder vielleicht für Sie selbst vorteilhaft vorkommen könnten, und wozu sich noch ein kleiner Rest von Ranküne und Eitelkeit gesellen könnte. Es wird also das beste sein, Sie fassen den Entschluß, überhaupt nichts über die Vergangenheit zu berichten, oder doch wenigstens nur Dinge zu erzählen, die für ein Land oder Privatleute vorteilhaft sind. Gott sei Dank! Sie haben in Ihrer Familie im allgemeinen nur Gutes gesehen, obwohl ich nicht behaupten könnte, daß alle vollkommen sind. Ich wünsche wohl, daß der liebe Gott Sie seiner Zeit an Ihrer Familie auch so viel Trost erleben läßt, wie ich an der meinen habe, doch das muß man stets im Auge behalten, denn in Anbetracht der Verschiedenheit des Alters und der Gemütsart gibt es immer etwas auszusetzen.

Sie könnten Ihren König und die anderen damit unterhalten, daß Sie Ihnen erzählen, was Sie unterwegs gesehen haben, von den Ehren, mit denen man Sie überall empfangen haben wird; aber sagen Sie nur Gutes, ohne etwas lächerlich zu machen. Geben Sie wohl acht, daß Sie beim Erzählen nicht übertreiben; man würde es sofort bemerken, und nichts wäre verächtlicher. Ihr Ansehen wäre für immer dahin, wenn man diesen Fehler an Ihnen entdeckte.

Nehmen Sie zur Regel, daß Sie niemand zu unterhalten haben, daß Sie aber von jedem verlangen können, daß er Sie gutwillig unterhält wie eine Fremde, die sich von Grund auf über die Sitten und Gebräuche eines Landes unterrichten möchte, um sie anzunehmen. Sie haben die beste Gelegenheit sich zu unterhalten, wenn Sie jeden nach den Gewohnheiten fragen, ohne sich zu entscheiden, ob sie Ihnen gefallen oder nicht. Daraus ziehen Sie einen doppelten Vorteil: Sie zeigen große Lust, über die Landessitten unterrichtet zu werden und Sie zu den Ihrigen zu machen, was die Leute nur verpflichten kann, und vermeiden, zu viel von sich selbst zu sprechen.

Erzählen Sie dem Publikum, den Kavalieren und den Damen nicht das Geringste, nicht einmal das kleinste Abenteuer. Hören Sie stets zu, dadurch werden Sie in kurzer Zeit über alles belehrt werden. Das ist sowohl in bezug auf Sie als auch auf jedermann einer der delikatesten Punkte.

Wohin sollten Sie sich wohl, bei Ihrem Alter von fünfzehn

Jahren, und mit keinem Menschen zur Seite, der Ihnen gelegentlich Vorhaltungen machen könnte und es zu tun wagte, retten? Es bleibt Ihnen der einzige Ausweg, sich darauf zu beschränken nichts zu erzählen und alles bereitwillig anzuhören, wobei Sie sogar Eifer zeigen, sich von allem zu unterrichten, um eine wirklich gute Bürgerin zu werden.

Gehen Sie vor allem stets Gesprächen aus dem Weg, die sich gegen Ihren Nächsten richten, oder brechen Sie sie kurz ab. Dazu ist schon jeder Private verpflichtet, mehr aber noch die Fürsten, damit sie imstande sind, den Ton anzugeben und Übles zu verhindern. Die geringste Nachlässigkeit in diesem Punkt zieht eine Menge Folgen nach sich.

Wenn Sie solche Gespräche nicht verhindern können, so schweigen Sie, und lassen Sie erkennen, daß sie Ihnen mißfallen. Ergreifen Sie stets Partei für die Abwesenden, und vermeiden Sie, die Leute ins Lächerliche zu ziehen; jedermann ist zu empfindlich dafür, besonders wenn der Schlag von der Seite der Fürsten kommt.

Nun bin ich mit meinen Lehren zu Ende, meine liebe Tochter; wenn ich meinem Herzen folgen wollte, würde ich niemals fertig. Dann möchte ich allem vorbeugen und mich unaufhörlich mit Ihnen unterhalten. Meine zärtliche Liebe hat mich zu viel Wiederholungen getrieben; nehmen Sie alles auf, als aus einem liebevollen und tief bewegten Herzen kommend, das sein teures Kind verliert. Ich beruhige mich im Bewundern der göttlichen Vorsehung, und ergebe mich, und Sie und mein ganzes Sein ihrem göttlichen Willen. Ich endige, wie ich angefangen habe. Wenn Sie auf dem Pfad der Tugend bleiben, wenn Sie es mit der Erfüllung Ihrer religiösen Pflichten, besonders mit den Morgen- und Abendgebeten, mit der morgendlichen geistlichen Lektüre, und der Sammlung im Lauf des Tages genau nehmen, und über alles, was Sie tun, nachdenken, werden Sie hier und in der andern Welt glücklich sein. Lieben sie Ihren Gemahl und halten Sie treu zu ihm, das ist das einzige wirkliche Glück auf Erden. Machen Sie sich dem König und Ihrem Volk im allgemeinen nützlich, das ist die einzige Belohnung der Fürsten. – Vergessen sie Ihre Familie nicht, noch die, welche Ihnen Gutes getan haben. Lieben Sie mich und denken Sie oft an eine Mutter, die im Geist immer bei Ihnen ist, die sich nur mit Ihnen beschäftigt und für die es keine andern tröstlichen Momente gibt als die, welche Sie ihr verschaffen, die nicht nachlassen wird, Gott zu bitten, daß er Sie erleuchtet, stützt und in seinen heiligen Schutz nimmt. Glauben Sie, daß ich stets bin, solange meine Augen offen bleiben, Ihre treue und zärtlich liebende Mutter und Freundin.

60 Maria Carolina an ihre Aja, die Gräfin Lerchenfeld

Neapel, 13. August 1768

Durch gar keine Reichtümer der Welt vermöchte ich die guten, ja ausgezeichneten Dienste zu vergelten, die Sie mir leisteten. Denn das wenige, wodurch ich hier gefalle, verdanke ich nur Ihnen, und ich beneide meine Schwester Antonia, daß sie das Glück haben wird, längere Zeit als ich unter Ihrer Leitung zu stehen; sie wird daher auch zu größerer Vollkommenheit gelangen. Mit Vergnügen habe ich erfahren, daß mein geliebter Bruder, der Kaiser, sie mit sich in seine Loge nahm. Ich weiß welche Freude solche kleine Auszeichnungen gewähren, und nichts wird mir größeres Vergnügen bereiten, als wenn ich hören werde, daß man erkennt wie liebenswürdig meine Schwester ist, und wenn man ihr Lob singen wird. Immer habe ich für sie eine ganz besondere Zärtlichkeit empfunden, und wenn ich mir vorstelle, daß ihr Schicksal vielleicht dem meinigen gleichen wird, möchte ich ihr ganze Bände darüber schreiben. Ich wünschte sehr, daß sie gleich mir wenigstens für den Anfang einen Ratgeber besäße. Ohne einen solchen ist es, offen gestanden, zum verzweifeln, und man erduldet ein wahres Martyrium, welches um so größer ist, als man nach außen hin Zufriedenheit zeigen soll. Ich weiß, was das ist, und ich bedauere innig diejenigen, denen dieser Anfang noch bevorsteht. Ich wenigstens gestehe offen, daß ich weit lieber sterben als noch einmal ertragen möchte, was ich im Anfang erdulden mußte. Jetzt ist alles gut, und darum darf ich davon reden. Es ist aber keine Übertreibung wenn ich es ausspreche: wenn mir die Religion nicht gesagt hätte, denk an Gott, ich hätte mich getötet, denn 8 Tage so zu leben, schien mir eine Hölle, und dringend wünschte ich mir zu sterben. Wenn einmal meine Schwester in die gleiche Lage kommen sollte, werde ich viele Tränen vergießen, indem ich mir vorstellen werde, was sie leiden wird...

61 Leopold an Maria Theresia

Florenz, 16. Dezember 1768

...mit aller Treuherzigkeit, daß sie sich meist in gutem Zustand befinden und nicht benagt, außer wenn ich etwas habe, was mich kränkt, wenn ich zerstreut bin oder schlechter Laune, dann leiden die Finger darunter, aber niemals die Fingernägel. Im allgemeinen jedoch sind die Hände in viel besserem Zustand, als sie es jemals waren. Ich hoffe von ganzem Herzen, daß die europäische Politik in dem gleichen Zustand der Ruhe verbleibt, in dem sie sich gegenwärtig befindet, da alle Staaten dies dringend benötigen...

62 *Joseph an Maria Theresia*

19. Januar 1769

Die neuen Einrichtungen, die für den Staatsrat getroffen worden sind und die auch auf meine Person zurückwirken, sind derart, daß sie eine Auseinandersetzung erfordern. Künftig sollen alle Schriftstücke im Rat von demjenigen von uns beiden gezeichnet werden, der gerade anwesend ist, oder bunt durcheinander von allen beiden. Diese neue Ordnung verlangt, daß ich dieselben Vorstellungen wiederhole, die ich damals schon über das Militärwesen machte, das man mir ausschließlich vorbehalten wollte. In diesem Augenblick gewinnen sie eine neue Kraft, denn durch die Natur der Sache darf mein Gefühl und meine Denkungsart nirgendwoanders sein wie auf seiten meiner erhabenen Mutter. Ich bin nichts und selbst in den Geschäften nur soweit ein denkendes Wesen, als ich Ihre Befehle zu stützen und Ihnen zu offenbaren habe, was ich weiß; dazu verpflichten mich mein Gewissen, meine Vernunft und meine Wünsche. Wenn man unter dem leeren Titel eines Mitregenten etwas anderes verstehen will, so erkläre ich hier mit der Aufrichtigkeit, in der ich eine Ehre suche, und mit der Festigkeit, deren ich mich rühme, daß man mich nie bewegen wird, dazu meine Einwilligung zu geben, und daß mich nichts in diesem Grundsatz erschüttern wird, von dem meine Ruhe wie mein Glück, selbst mein zukünftiger Ruf und Ruhm abhängt. Die Unterschriften widersprechen durchaus der monarchischen Herrschaft, deren Wesen ein Oberhaupt ist und die nicht durch zwei Personen dargestellt werden kann; das entspricht wenig dem Wohlergehen der Monarchie und der gesunden Vernunft; ich sehe mich aber gezwungen, das Ansinnen abzulehnen und meine Unterschrift zu verweigern. Wenn es denoch zur Bequemlichkeit I. M. sein muß, so doch nur mit diesen beiden Buchstaben: E. C. Joseph, das heißt: ex concilio oder Q. C. Joseph, qua Corregens. Das sind die beiden einzigen Arten, die ich zum Unterzeichnen finde. Ich würde mir immer Vorwürfe machen, wenn ich nicht alles Erdenkliche getan hätte, um früher oder später wenig passende Dinge zu vermeiden, die mir das Leben verbittern würden, wenn ich mich Ihnen gegenüber jemals im Irrtum befinden sollte oder wenn ich eines Tages inkonsequent erscheinen sollte. Das ist in wenigen Worten das, was ich vorbringen zu müssen glaube.

63 Maria Theresia an Joseph

26. Januar 1769

Ich weiß, wie gut sie zu sprechen und zu schreiben verstehen; ich hoffe sogar, daß Ihr Herz es so fühlt, aber Ihr Eigensinn und Ihre Vorurteile werden das Unglück Ihres Lebens sein, sie sind gegenwärtig das meine. Sie selbst würden mich verachten, wenn ich in einer einfachen Sache nachgäbe, die bisher ausgeführt wurde und die sich nun um einer Laune willen plötzlich ändern soll, ohne daß Sie mir auch nur einen triftigen Grund anzugeben vermöchten. Erfüllen Sie wieder Ihre Pflichten; Sie werden von mir keinen Vorwurf hören und mich die Beratung mit einiger Erleichterung beschließen lassen. Gott allein weiß, was ich leide. Ja, ich bin Ihre Freundin und eine leidenschaftliche Freundin, die Ihre Pflicht tun muß und unter gar keinen Umständen ihrer Überzeugung und Erfahrung zuwider nachgeben könnte.

64 Joseph an Maria Theresia

26. Januar 1769

Eine Folge der ebenso eigentümlichen wie mißlichen Lage, in der ich mich befinde, ist es, wenn ich das Unglück habe, das Mißfallen I. M zu erregen. Ich will nicht näher auf die Gründe eingehen, die mich nötigen, noch jetzt darauf zu bestehen. Sie können darauf zählen, liebe Mutter, daß nur Vernunft und Pflicht mich leiten, und Gott weiß, ob ich die strenge Pflicht Ihren Wünschen hätte vorziehen sollen, ob in der Weigerung, die ich für nötig hielt, nicht meine Achtung und meine Rücksicht lag, die ich niemals gegen meine Herrin und ich darf wohl sagen, meine Wohltäterin vergessen werde. Ja, ich anerkenne die ganze Tragweite und die Wahrheit dieses Namens. Schulde ich Ihnen nicht mein Dasein, meine Erziehung? Ist das bißchen Gute, das in mir ist, nicht einzig die Frucht Ihrer Sorgfalt? Arbeiten Sie nicht unaufhörlich daran, mir ein glückliches Los zu bereiten, selbst für die fernsten Zeiten? Sind Sie nicht meine einzige Freundin, die ich allein auf der weiten Welt liebe, für die ich alles gern opfern würde, die allein die Gedanken meiner Seele kennt? Können Sie denn glauben, daß ich bei all dem, was in mir lebendig und mir unauslöslich ins Herz gegraben ist, eine so schwarze und undankbare Seele habe, um Ihnen ohne zwingenden Grund wehzutun? Und finden Sie mich so geistesarm, daß ich ihren Wert nicht gegen das furchtbare Opfer abschätzen könnte, das ich im Begriff stehe, Ihnen für all Ihre Güte zu bringen, die ich seit bald achtundzwanzig Jahren glücklich und zufrieden genieße? Aber ist es möglich, liebe Mutter, daß Sie um diesen Preis das fordern, was für Sie von keiner und für mich von der größten Folge ist? Möge ich von Ihrer Güte diesen neuen Beweis von Wohlwollen erhalten, und Sie werden mich glücklich und ruhig machen. Zu Ihren Füßen bitte ich darum.

65 *Maria Theresia an Joseph*

28. Januar 1769

Ich gestehe daß es schändlich von mir ist, aber ich verstehe Ihr Billet nicht. Ich sehe nichts als Gefühle darin, die mir schmeicheln könnten und mir sogar Tränen entlockt haben, denn ich fühle Ihre Lage doppelt, weil ich ja auch leide. Ich war im Begriff, selbst zu Ihnen zu kommen, um Sie zu umarmen und dieser grausamen Situation ein Ende zu machen, aber daß Sie Ihre Meinung wiederholen und mit so viel Festigkeit darauf bestehen, hält mich davon ab, und ich bitte Sie, mir Zeit zur Entscheidung zu lassen. Ich kann es nicht gut heißen, daß Sie die Papiere, die Sie gegen meinen Willen unterzeichnet haben, zurückziehen; das würde *zu großes Aufsehen* erregen, außer es sind nur solche vom Kriegsrat. Etwas anderes wäre es, wenn Sie *Rollen* unterzeichnet hätten; allerdings wäre dann die Sache noch wichtiger. Warum wollen Sie nicht nachgeben und die Protokolle einfach wie bisher unterzeichnen, bis wir vereint entscheiden, was geschehen soll? Ich habe mich nicht geweigert, ein Arrangement zu treffen, aber ich will und muß es mit Kenntnis der Gründe tun. Sie haben mich so verwirrt, daß ich nicht mehr wagen möchte, einer ersten Eingebung zu folgen, und da ich durch das, was ich erlitten habe, ängstlich geworden bin, brauche ich Zeit, um für meine Seele jene Ruhe wieder zu gewinnen, die allein mir in allen traurigen Tagen das Leben möglich gemacht hat.

Maria Theresia

Wie ich Ihren Brief zum dritten Mal lese, sehe ich, daß Sie sagen, ich hätte Ihnen versprochen, daß Sie von jetzt ab zeichnen können, wie Sie wollen. Sie irren, ich habe nichts versprochen, bevor ich mich überzeugt habe, daß die Veränderung, die Sie gegen meinen Willen vorgenommen haben, besser ist, und ich erwarte von Ihnen als sicheres Zeugnis

Ihrer Anhänglichkeit und Zärtlichkeit, daß Sie in Zukunft ganz wie bisher zeichnen werden, bis das Arrangement getroffen ist. Sie kennen mein Zartgefühl, das niemand etwas aufdrängen oder vorschreiben will. Sie können also beruhigt sein, ich werde die Grenze nicht überschreiten, die für unsre Ruhe notwendig ist, die leider für die Zukunft diese Vorsicht braucht.

66 Joseph an Maria Theresia

28. Januar 1769

In diesem Augenblick empfange ich die liebevollen Zeilen, mit denen I. M. mich beehrt haben. Ich würde mich sofort aufgemacht und meinen untertänigen Dank der liebenswürdigsten aller Mütter zu Füßen gelegt haben; da Sie sich aber schriftlich geäußert haben, hielt ich es nur für meine Pflicht, Ihnen ebenso zu antworten. Ich kenne all Ihre Güte, und darf sagen, Ihr Herz, das sich mir gegenüber noch nie verleugnet hat... Könnten Sie glauben, daß meine Weigerung aus Unzufriedenheit stammte? Wie käme ich nur dazu? Weiß ich nicht, wer Sie sind und wer ich bin? Habe ich Ihnen nicht hundertmal mit aller Achtung oder doch mit wirklich herzlicher Freimütigkeit sowohl mündlich wie schriftlich meine Ansichten über verschiedene Dinge gesagt? Würde mich nicht meine Pflicht, selbst mein Gewissen dazu verpflichten? Daher die untertänige Bitte, die ich Ihnen zu unterbreiten wagte, mir zu erlauben, daß ich nicht als Mitregent unterzeichne; und das aus dem Grunde, um aller Welt kundzutun, was ich fühle und denke, um allen denjenigen entgegenzutreten, die sich Gedanken und Pläne über meine Machtstellung, über die Verdrießlichkeit und den Rücktrittsgedanken I. M. machen könnten. Daraus könnten und werden, dessen bin ich sicher, tausend Unzuträglichkeiten und geheime Ränke entstehen, Enttäuschungen, kurz tausend schlimme Dinge, die früher oder später zum Schaden des Reiches ausschlagen und Gott weiß wie das schöne Vertrauen zwischen uns, unser gemeinsames Glück trüben könnten. Das sind die Gründe, denen ich in diesen unseligen Tagen Ihre Freundschaft geopfert habe. Ich habe, das schwöre ich, weder schlafen noch Ruhe finden können. Überall, wo ich ging und stand, hat mich das qualvolle Bild Ihres Mißvergnügens verfolgt. Hundertmal war ich nahe daran, zu Ihren Füßen alles preiszugeben und durch eine fast schlecht angebrachte Zärtlichkeit in alles zu willigen, was meine Vernunft mir verbot. Sie geben mir das Leben wieder, teure Mutter, indem Sie mir erlauben, von diesem Namen Gebrauch zu machen. Sie wollen, daß ich Sie tröste; das ist alles, was ich begehre...

Ich erwarte Ihre Befehle, ob ich die als Mitregent unterzeichneten Berichte zurückverlangen oder ob ich die in meinem Besitz befindlichen unterschreiben soll; ich hoffe, daß Sie mir von jetzt an meine Bitte erfüllen und ich mich durch dieses Wort wieder als Ihr erster Untertan und Diener in allem erkennen und rühmen kann.

67 Maria Theresia an den 14jährigen Ferdinand

10. März 1769

Nicht schöne Worte und Versicherungen überzeugen, sondern Taten. Ich beobachte Sie aus der Nähe und sehe außer Nachlässigkeit und Verweichlichung wenig Frömmigkeit, keinen Gehorsam, aber Dünkel und Vorurteile, wozu Sie weniger Veranlassung haben, als irgend ein anderer Ihrer Familie, was mich für Ihre Zukunft zittern läßt. Versuchen Sie, mich vom Gegenteil zu überzeugen, dann können Sie auf meine Befriedigung und Zärtlichkeit zählen.

68 *Joseph, der sich gerade auf einer Italienreise befindet, läßt Maria Theresia durch seine siebenjährige Tochter Marie Therese den Geburtstagsgruß für den 13. Mai überbringen*

1. Mai 1769

Ihre Majestät werden verzeihen, wenn ich mich dieses schwächlichen Instruments bediene, das aber deswegen meinem Herzen nicht weniger teuer ist, um Ihnen meine respektvollste Huldigung zu Ihrem Geburtstag zu überbringen. Ich bin selbst des Glückes beraubt, mich selber Ihnen zu Füßen zu werfen; gestatten Sie mir also, daß ein anderer als ich selbst und nur diese Person, meine Tochter, die von meinem Blut nur die Zuneigung und Verehrung Ihrer kaiserlichen Person haben kann, Ihnen meinerseits diese Zeilen überbringt. Dieser Tag, der, indem er sie der Welt, uns gleichzeitig unser Dasein gab, war für die Monarchie einer der glücklichsten, und ebenso glorreich für die ganze Menschheit, um nicht von Ihren Untertanen und Ihrer Familie sehr lebhaft empfunden zu werden, aber noch mehr von mir, der täglich das Glück hat, zu erkennen, daß das alles wahr ist und daß man nicht schmeichelt, wenn man von Ihren Herzens- und Geistesvorzügen spricht. Gestatten Sie mir, Ihnen die Hände zu küssen, und ich überlasse es Ihnen zu beurteilen, was ich alles an diesem Morgen denken werde, wenn meine kleine Botschafterin Ihnen zu Füßen sein wird.

69 »Instruktion« Maria Theresias an Maria Amalia nach der Heirat mit Ferdinand von Parma

Ende Juni 1769

Sie wollen, meine liebe Tochter, meine Ratschläge erbitten; sie entspringen aus liebendem Herzen und durch meine Welterfahrung können sie Ihnen von Nutzen sein. Ich wünsche nur, Sie glücklich zu sehen, wie Sie es durch die Güte und Sanftmut Ihres Charakters und durch Ihr gehaltenes, tugendhaftes Betragen verdienen, welches die einzigen Mittel sind, um Gottes Segen zu erwerben und Ihren Gemahl zu fesseln.

Sie wissen wohl, daß Sie für alle andern Künste und Wissenschaften, die so nützlich und allgemein verbreitet, und jetzt sogar in der Welt fast notwendig geworden sind, niemals Sinn hatten. Sie haben es verstanden, allen Mühen und aller Sorgfalt, die man sich zu diesem Zweck gegeben hat, aus dem Weg zu gehen. Ich muß Ihnen sagen, meine liebe Tochter, um allen denen Gerechtigkeit widerfahren zu lassen, die sich die Mühe nahmen, Sie zu unterrichten, daß nichts versäumt worden ist. Sie hätten noch diese drei letzten Jahre ausnutzen können, wenn Sie gewollt hätten; ich hoffe, daß Sie nie diese verlorene Zeit bereuen werden, und daß Sie sich nicht schämen werden, noch zu erwerben, was Ihnen fehlt. In Parma werden Sie genug Gelegenheit dazu finden, wenn Sie es wollen; dieser Punkt beunruhigt mich am meisten. Was könnten Sie einem so geistvollen, unterrichteten Prinzen gegenüber, wie Ihr Gemahl ist, anfangen? Womit wollen Sie ihn unterhalten? Mit Geschichtchen von hier und aus Ihrer Kindheit? Mit Ihrer Reise? Mit meiner Krankheit? Mit Abenteuern von Leuten, die er nicht kennt, die ihn nicht interessieren können, und die an sich wenig Wert haben?

Setzen Sie sich zur Regel, nichts von hier zu erzählen; dafür wird man Sie nur umsomehr achten. Stellen Sie niemals Vergleiche an zwischen dem, was hier und was in Parma üblich ist, außer Ihr Gemahl verlangt es. Verlangen Sie nie gewisse Dinge, die hier der Brauch sind, von Parma. Sie sind fremd und Untertanin, an Ihnen ist es zu lernen, und Sie müssen sich umsomehr anpassen, als Sie älter sind wie Ihr Gemahl und Herr, damit Sie keinen Anlaß zu dem Verdacht geben, daß Sie ihn beherrschen möchten. Übrigens hält man Sie für hochmütig und eigensinnig; Sie haben sich dieses Urteil durch einige schlecht angebrachte Reden und kleine Handlungen zugezogen. Hüten Sie sich in Parma davor, ein solches Betragen könnte das Unglück Ihres Lebens verursachen. Ihr Aussehen sogar, das sonst gut ist, und Ihr ein wenig steifer, keineswegs fröhlicher und einschmeichelnder Ausdruck, tragen zu dieser Idee bei.

Sie sind im übrigen fähig, den Menschen viel Aufmerksamkeit entgegen zu bringen, Sie sind sogar sehr dienstfertig; Sie haben, wenn Sie wollen, selbst etwas sehr Rührendes, dem man nicht widerstehen kann, und haben außerdem viel Geduld und einen guten Charakter. Pflegen Sie diese guten Eigenschaften, Sie werden glücklich durch sie werden. Aber hüten Sie sich davor, lebhaft zu werden, Sie drücken sich nichts weniger als gut aus, besonders auf französisch. Das ist nicht meine Schuld; wie oft habe ich Ihnen gepredigt und Ihnen die Mittel gezeigt, um besser vorwärts zu kommen, aber ohne Erfolg.

Das soll kein Vorwurf sein, allein ich fürchte, daß Sie oft an mich denken und die verlorene Zeit bereuen werden.

Je weniger Sie reden werden, desto besser wird es sein; erzählen Sie nichts, tatsächlich könnten sich ja Ihre Erzählungen nur auf das erstrecken, was sich in Ihrer Kindheit und auf Ihrer Reise zugetragen hat. Ich kenne Ihre Art zu erzählen und muß Ihnen in aller Freundschaft sagen, daß sie recht langweilig und mit Phrasen untermischt ist, die sich wenig für die Dinge, die Sie erzählen, eignen. Sie begehen auch noch den Fehler, deutsch zu denken und es Wort für Wort zu übersetzen.

Hören Sie zu, stellen Sie Fragen, dulden Sie, daß man Ihnen erzählt, überzeugen Sie, ohne Neugierde zu zeigen,

Jean-Étienne Liotard, *Maria Amalia (1746–1804)*

daß Sie gern über alles unterrichtet sein möchten, da Sie fremd seien und das entschiedene Bestreben hätten, Parmeserin oder Französin oder Spanierin zu werden, und passen Sie sich den geringsten Landessitten an, (sogar, wenn Sie sich schminken müßten), um Ihrem Gemahl und seinen Untertanen zu gefallen.

Das ganze Glück der Ehe besteht im Vertrauen und gegenseitiger Gefälligkeit; die tolle Liebe ist bald dahin, aber man muß sich achten und einer des andern wahrer Freund sein, um in der Ehe glücklich zu sein, um die Verdrießlichkeiten dieses Lebens ertragen und für sein Heil sorgen zu können, was das einzige und wesentlichste Gut ist, in welchem Stand man sich auch befinden mag.

Welches Glück, stets zu Hause eine liebenswürdige Gemahlin zu finden, die beständig damit beschäftigt ist, für das Glück ihres Gemahls zu wirken, ihn zu unterhalten, zu fesseln und zu trösten, ihm nützlich zu sein, und die nie beansprucht, daß er sich Zwang antut; die sich mit seinen häufigen Besuchen begnügt und sich glücklich schätzt, wenn sie sich mit ihm abgeben kann. Wenn es auch nicht sofort anerkannt werden sollte, die Wirkung werden Sie in der Folge sehen. Alle Ehen wären glücklich, wenn man diesen Weg verfolgen wollte, aber alles hängt von der Frau ab, die die rechte Mitte halten muß, die Achtung und das Vertrauen ihres Gemahls zu gewinnen trachten soll, aber nie Mißbrauch damit treiben oder sich ihrer Erfolge bei ihm rühmen darf, noch ihm befehlen oder ihm durch zu große Zärtlichkeit zur Last sein soll. Da Sie älter sind als Ihr Gemahl, ist Ihre Lage in dieser Hinsicht nur noch delikater...

Je weniger Narrenpossen Sie einführen können, um so besser wird es sein; das ist auch eines von den jetzt modernen Übeln, aber es gehört eine große Überlegenheit des Geistes und der Gesellschaftsformen und viel Geradheit dazu, um ohne Unschicklichkeit Possen treiben zu können. Überdies führt dieser Ton leicht zu Vertraulichkeiten oder bringt eine Bitterkeit in die Geselligkeit, die allen Anstand und alle Höflichkeit verbannt. Ihr Geist ist nicht für Possen geeignet.

Ich rate Ihnen vor allem, gut Haus zu halten und Ihre Ausgaben nach Ihrem Vermögen zu richten. Sie täten gut daran, dem Beispiel Ihrer Schwester zu folgen, indem Sie jährlich nur dreißigtausend Gulden ausgeben und die andern zwanzigtausend Gulden sparen.

Passen Sie sich dem Schmuckbedürfnis des Landes an, in dem Sie wohnen sollen, legen Sie selbst rot auf, wenn der Infant es wünscht; zeigen Sie deswegen keine Gereiztheit, noch wünschen Sie eine Änderung, lassen Sie sich mit den Frauen in keine Einzelheiten über die hiesigen Gebräuche ein.

Hören Sie zu, informieren Sie sich, und verarbeiten Sie dann in sich selbst, was Sie gesehen und gehört haben; auf diese Weise werden Sie sich bald bilden, aber erzählen Sie nicht selbst. Ich komme immer wieder auf diesen Punkt zurück, weil ich ja hier die Unannehmlichkeiten erlebt habe, und weil ich wünsche, daß die kleinen Fehler und Unbeholfenheiten, die Sie haben, ihrem guten Charakter nicht zum Nachteil gereichen.

Da es nicht Ihre Sache ist zu regieren, und es nicht von Ihnen abhängt, überlassen Sie die Sorge und die Verantwortung dafür den andern, ohne Ihr Gewissen damit zu belasten. Als Entgelt geben Sie sich ganz Ihrem lieben Gatten hin, ahmen Sie darin das Beispiel Ihrer Schwester nach. Ich werde zu glücklich sein, wenn es Ihnen gelingt, auf diesem Fuß mit einem liebenswerten Gatten zu leben, und wenn ich noch das Glück haben kann, Sie ebenso gut zusammen zu sehen.

Wenn Ihr teurer Gemahl mit Ihnen über Geschäfte oder Personen spricht, in diesem einzigen Fall erlaube ich Ihnen, so darüber zu reden, wie Ihr Gewissen, die Nächstenliebe und Ihre Vernunft es ihnen eingeben werden.

Der Hauptpunkt ist, daß Sie sich, da Sie älter sind als Ihr Gemahl, mehr wie jede andere davor hüten müssen, den Anschein zu erwecken, als wollten Sie schulmeistern oder Neuerungen einführen. Da Ihr Gemahl so jung, so gut, so unerfahren ist, hüten Sie sich davor, sich mit andern zu verständigen, (auch wenn es der Minister wäre) um ihn zu leiten. Ich wiederhole Ihnen und könnte Ihnen nicht oft genug wiederholen, daß Sie nicht gebildet genug und auch sonst nicht geeignet sind, um zu regieren. Überlassen Sie diese Sorge denen, die Gott dazu berufen und damit betraut hat, das ist ein furchtbar verantwortliches Amt, und für einen Augenblick der Befriedigung hat man hundert sorgenvolle. Ihre Aufgabe, meine liebe Tochter, soll nur sein, Ihren Gatten recht zu lieben. Ich hoffe es, da Sie ein zärtliches Herz und viel Anhänglichkeit besitzen.

Zeigen Sie weder Neugier noch Lust, Anekdoten zu erfahren; das ist unter der Würde einer großen Fürstin...

Ich wiederhole mich oft in dieser Schrift. Ich habe sie in verschiedenen Abschnitten und keineswegs hintereinander niederschreiben müssen. Ich möchte allem zuvorkommen, alles vorhersehen, da ich nur Ihr Glück im Auge habe; ich habe die beste Hoffnung dafür. Solange Sie Gott treu bleiben, wird er seine Hand nicht von Ihnen abziehen. Sie haben alle meine Erwartungen übertroffen, fahren Sie so fort, das Stärkste ist überwunden. Ich gebe Ihnen meinen Segen und werde nicht aufhören für Sie zu beten und Sie bis zu meinem letzten Seufzer zärtlich zu lieben.

Ihre treue Mutter

Maria Theresia

70 *Joseph an Maria Theresia über die Begegnung mit Friedrich II. von Preußen in Neisse am 25. August 1769*

Es ist sehr schwirig, I. M. einen genauen Bericht über die drei Tage zu geben, die ich in Neisse zugebracht habe, sowie über die ebenso interessanten wie merkwürdigen Äußerungen, die dort gefallen sind. Fast den ganzen Tag bin ich mit dem König zusammen gewesen. Wir haben fast immer allein die Kosten der Unterhaltung bestritten. Ich kann nur die

Beweise von Aufmerksamkeit und Freundschaft rühmen, die der König mir gegeben hat. Bei mehreren Gelegenheiten schien es mir sogar, als ob er es sehr aufrichtig meinte; besonders in den Gesprächen, die vergangene Dinge berührten, hat er sich mit allem erdenklichen Freimut ausgedrückt. Der Geist und das überlegene Genie des Königs sind zu bekannt, als daß ich sie hier noch rechtfertige. Er spricht wundervoll von der Kriegskunst, die er aus dem Grunde studiert und über die er alles mögliche gelesen hat; alles ist kraftvoll, gediegen und sehr lehrreich. Kein leeres Geschwätz, sondern die Grundsätze, die er aufstellt, belegt er durch die Tatsachen, die ihm die Geschichte, die er aus dem Grunde kennt, und ein wunderbares Gedächtnis an die Hand geben, und infolge seiner Erfahrung, die er sich in mehreren Kriegen erworben hat, macht er gleich die Anwendung und führt die jüngsten Fälle an.

Was die andern Zweige der Regierung betrifft, so hat er sich sehr wenig über die finanzielle Seite verbreitet, er gestand offen, daß das nicht sein Lieblingsgebiet wäre.

Mit den inneren Angelegenheiten ist er augenblicklich sehr beschäftigt, und nachdem, was er mir erzählt hat, sucht er die Gegenden wieder zu bevölkern, die durch den Krieg noch arm an Menschen sind. Er bemüht sich, den Handel zur Blüte zu bringen. Er will jetzt in Schlesien eine Gesellschaft ins Leben rufen und das seine dazu tun, daß der Adel seine Schulden bezahlen kann, die auch durch den letzten Krieg entstanden sind; im Hinblick auf diese Anordnungen bereist er selbst die verschiedenen Provinzen und gibt die nötigen Anweisungen; er läßt sich persönlich alle Listen und Tabellen vorlegen; ebenso sind seine Festungen für den Kriegsfall beständig mit allen nötigen Lebensmitteln und allem Zubehör versehen.

Die Rechtsangelegenheiten streifte er nur flüchtig. Er sprach von einem Friederizianischen Gesetzbuch, das das Verfahren in der Tat sehr beschleunigt. Er nannte es das unfehlbare Gesetz, aber das wird nicht von aller Welt anerkannt.

Die literarischen Gegenstände wurden nur kurz berührt; der König sagte nur, daß man ihm einen Streich gespielt hätte, als man seine verschiedenen Werke druckte, die er nie in dieser Absicht geschrieben habe. Er erzählte mir alle seine Geschichten mit Voltaire und Maupertuis, vermißte Algarotti und versicherte mich, daß er augenblicklich nur d'Argens und den Domherrn Bastiani hätte, mit denen er gern lebte.

Was die Politik anbetrifft, so muß ich von vornherein I. M. um Entschuldigung bitten, wenn ich hierbei Fehler begangen habe; da ich in der Kunst des Unterhändlers wenig erfahren bin, habe ich vielleicht tausend gute Gelegenheiten versäumt und bin in tausend andern vielleicht zu weit gegangen. Ich habe die verschiedenen Punkte der Unterweisung, die der Fürst von Kaunitz mir gegeben und die I. M. gnädigst gebilligt haben, aufmerksam geprüft, und danach erschien mir als das wesentlichste dieser Zusammenkunft, dem König das größtmögliche Vertrauen einzuflößen, ihm allen Verdacht zu nehmen, den er über unsere Wünsche nach Besitzerweiterungen auf seine Kosten haben könnte, und ihm endlich unser allgemeines Verlangen nach Aufrechterhaltung des Friedens und unsere vollkommene Gleichgültigkeit über seine Beziehungen zu Rußland zu erkennen zu geben. Diese beiden nach meiner Ansicht wichtigen Punkte bildeten die Grundlage aller meiner Äußerungen, und ihnen zuliebe glaubte ich, alle anderen Vorteile, die der Entwurf des Fürsten Kaunitz enthielt, opfern zu müssen und zu können...

71 Maria Carolina an Maria Theresia

Portici, 6. Oktober 1769

Meine sehr teure und bewundernswerte Mutter,

ich kann Ihnen nur für Ihren gnädigen und zarten Brief danken, wie auch für den an meinen lieben Mann. Die Güte, die mir Eure Majestät darin beweisen, erfüllt mich ganz, läßt mich aber um so mehr den niederschmetternden Brief empfinden, den wir gestern abend von dem König von Spanien mit einer Abschrift der Hinweise bekommen haben, die Sie ihm gaben. Mein Gott, ich wage ja gar nicht zu sagen, was hat Ihre Majestät da getan? Ja, Sie haben uns zugrunde gerichtet. Der König von Spanien begleitet seine Hinweise mit einem niederschmetternden Brief an meinen Mann, worin er sagt, er wäre gar kein solcher, wenn er mich nicht in Schranken halten könnte und befehle ihm, auch selbst der allergeringfügigsten Anordnung Tanuccis auf das pünktlichste zu gehorchen. Ich will gewiß nicht herrschen, aber ich will, daß mein Gatte König sei, und auf diese Weise wird er es niemals werden. Er sagt sogar, er mache sich Vorwürfe ihn zum König gemacht zu haben, mit einem Wort, es ist ein schrecklicher Brief. Mein armer Mann ist blaß geworden, hat geweint und vor Wut gespuckt, und meinerseits fehlte nicht viel, und ich wäre in Ohnmacht gefallen. Ich fand eine Stunde lang nicht recht Atem und habe mich erbrochen. Wir haben kein Auge schließen können, und mein lieber Mann hatte einen aufgeregten Puls. Ich wage es zu sagen, daß ähnliche Szenen, wie die von gestern abend nicht das beste Mittel sind, Nachkommenschaft zu bekommen, wohl aber alles zu verderben, selbst wenn es einen Schatten von Hoffnung dafür gäbe. Ich beschwöre Ihre Majestät, so sehr eine Tochter nur bitten kann, es uns zu sagen, wenn Sie etwas gegen uns haben, wir werden Ihnen dann aufs pünktlichste gehorchen, so zum Beispiel im Fall der Ausflüge ans Meer, obwohl Ihre Majestät diesbezüglich nur an mich geschrieben haben. Ich wage also zu sagen, daß dieser Brief, den Ihre Majestät an den König von Spanien richteten, alles in allem furchtbar ist. Es scheint, als wäre ich so ungehorsam, und der Ausdruck, den Sie wählen, als ob Sie so viele Dinge zu beklagen hätten. Mein Gott! Warum haben Sie dies mir selber nicht gesagt und gewartet, ob ich mich darin verbessere oder Ihnen nur teilweise gehorche, und dann erst dem König von Spanien geschrieben? Die Sache mit den nächtlichen Straßenfahrten ist absolut falsch, ebenso wie Kaunitz ans Fenster gerufen zu haben: er ist ein Lügner, wenn er es sagt. Wegen der Engländer mögen Ihre Majestät glauben, daß weder ich noch mein Gemahl uns so weit in die Politik vorgewagt haben. Er will nicht mehr französisch sprechen, weil ihm dies affektiert und schulmeisterlich vorkommt. Was dann meine Antwort betrifft, so erkläre ich jedem, der das behauptet, er habe gelogen: Ich achte den König von Spanien zu sehr, ohne ihn zu lieben, und habe zuviel Zärtlichkeit für Ihre Majestät übrig, als daß ich fähig wäre, eine solche Antwort auch nur zu denken, geschweige denn auszusprechen. Ich wage nur zu erklären, daß wir unseren Kredit beim König von Spanien für einige Zeit verloren haben. Er hat uns sogar verboten, uns zu entschuldigen; so bitten wir Sie, ich und mein Gemahl, auf den Knien und mit Tränen in den Augen, uns beim König von Spanien entschuldigen zu wollen, denn es gibt dafür kein anderes Heilmittel.

Sie sehen, daß ich in den geringfügigsten Dingen Ihnen gehorche, deshalb bitte ich Sie, nicht mehr nach Spanien zu schreiben, denn das hat uns schrecklich geschadet, besonders Tanuccis wegen. Mögen Ihre Majestät wissen, daß ich ihm bestimmte Maßnahmen empfohlen habe, die er auch sämtlich für durchführbar hielt, aber seit die Briefe gestern gekommen sind, macht er tausend Schwierigkeiten.

Wenn Ihre Majestät uns befehlen wollen, sind wir bei jeder Gelegenheit bereit zu gehorchen, aber wir wünschen nicht, daß irgend jemand sich in unseren Haushalt einmischt, der, Gott sei Dank, sehr gut geht. Wir sind anderthalb Jahre verheiratet und haben niemals einen Streit gehabt, der auch nur eine halbe Stunde überdauert hätte. Niemals! Wir waren stets in bestem Einverständnis und unser Glück wäre vollständig, wenn nicht solche Vorfälle es stören würden...

Ich übersende Ihrer Majestät den Brief meines lieben, sehr lieben Gatten, er ist derartig gekränkt und erschüttert, daß er im Gesicht ganz gelb ist. Gott gebe, daß dieser Kummer nicht seine Gesundheit beeinflußt. Ich flehe Ihre Majestät an, Ihre einstige Güte für mich wieder zu finden und mir die große Unverschämtheit zu verzeihen, mit der ich gebeten habe, mich niemals wieder in Spanien anzuklagen und mir zu schreiben, was immer Sie wünschen, weil Ihnen auf das pünktlichste gefolgt werden wird.

Ich küsse Ihnen, in gespannter Erwartung auf eine Antwort, tausendmal die Hände...

72 Maria Theresia an Leopold

19. Oktober 1769

Monsieur, mein lieber Sohn,

ich profitiere von diesem sicheren Kurier, um Sie zu informieren, in welche Verlegenheit der beste der Väter, der König von Spanien, mich versetzt hat. Ich beginne mit Parma. Ich füge Ihnen hier den Brief des Königs bei; das heißt, was er bei meiner Tochter bewirkt hat und worum es sich bei den Klagen handelt. Mahoni und besonders St. Elisabeth beklagten sich seit einiger Zeit schon über die Unbotmäßigkeiten, die in Neapel und Parma vor sich gehen. Wenn diese letztere entgegen allen meinen Ratschlägen und Briefen über die Stränge schlägt, indem sie die Regierungsgeschäfte an sich zieht, so habe ich geglaubt, es wäre an der Zeit, dem Hof von Spanien die Augen zu öffnen, daß ich mich da in nichts einmische und daß es an ihm liegt, sich dort vorzusehen.

Das Wort aus Neapel hat mich zunächst erschreckt; ich

habe Posch gesagt: ich habe keinerlei Klage gegen sie außer den Kindereien, die der Gesundheit schaden können, und darüber habe ich schon genügend scharf meiner Tochter geschrieben. Das ist praktisch alles, was passiert ist.

Die Klagen über meine Tochter, ich kenne sie leider, und ich wußte daran nicht zu zweifeln, aber es ginge zu weit, sie als extravagant zu bezeichnen. Beurteilen Sie, wie ich leide. Aber dies alles ist noch gestiegen durch das, was mir von diesem Kurier aus Neapel überbracht worden ist. Der König und sie schreiben mir allzu kläglich, einen gleichen Brief vom König erhalten zu haben, aber viel schärfer, obwohl sie ihn nicht mitgeschickt haben, und dies alles aufgrund der Klagen, die ich ihm gegenüber geäußert habe; er droht ihnen mit Ungnade und befiehlt ausdrücklich, nur den Befehlen Tanuccis zu folgen.

Ich gestehe Ihnen, daß ich mich nie zuvor in einer solchen Situation befunden habe. Was für eine Politik über hundert Meilen hinweg zu befehlen, den Ratschlägen Tanuccis zu folgen? Das heißt, ihn doch nur immer verhaßter machen. Die Dinge begannen gerade jetzt ziemlich gut zu gehen... und jetzt ist alles umgewälzt, mein Kredit verloren, man muß mich für die falscheste und schwärzeste Person halten. Während ich ihnen zärtlich schrieb und sie wieder auf den richtigen Weg brachte, habe ich in Spanien alle diese Anschuldigungen vorgebracht. Mein Kredit ist verloren, wenn ich nicht sagen kann, daß all dies nicht wahr ist, und ich dem König nicht ein Dementi bieten kann.

Ich gestehe, mein Kopf dreht sich mir, da ich nicht gewohnt bin diese Dinge intrigant oder halb zu machen... der Kaiser weiß nichts vom Brief des Königs an den Infanten. Er hat noch nicht einmal das Papier über Amalia gesehen; er wird das sehr mißbilligen, da er es sicher sehr seltsam findet, daß ich meine Tochter geopfert habe. Wenn ich das getan habe, dann aufgrund der Staatsräson; ich dachte als Souverän vorzubeugen, indem ich den Abgrund kenne, in den meine Tochter sich anschickt hineinzurennen, wollte ich sie noch beizeiten retten.

Ich bitte Sie also, mein lieber Sohn, keinesfalls von all dem Gebrauch zu machen, aber mich zu benachrichtigen, ob Sie irgend etwas vernommen haben... Zeigen Sie diesen Brief und die Beilagen ruhig meiner teuren Tochter, ich habe nichts vor ihr zu verbergen, und wenn Sie mir raten könnte, wäre ich sehr erfreut darüber, ich bin im Moment nicht in der Lage, ihr selbst zu schreiben.

Indem ich sie alle beide umarme, bin ich immer ihre treue, aber sehr leidende Mutter

Maria Theresia

73 »Verhaltensvorschriften« Maria Theresias für Marie Antoinette

21. April 1770

Ich beschwöre Sie also, meine Tochter, ohne Zustimmung Ihres Beichtvaters kein Buch und auch keine Broschüre zu lesen. Ich fordere von Ihnen, meine teuere Tochter, dieses echteste Zeichen Ihrer Liebe und Ihres Gehorsams gegenüber den Ratschlägen einer guten Mutter, die nur Ihr Heil und Glück im Auge hat. Vergessen Sie niemals den Todestag Ihres seligen teuren Vaters und den meinen zu seiner Zeit: bis dahin können Sie an meinem Geburtstag für mich beten. Der Punkt betreffs der Jesuiten ist auch einer von denen, bei welchen Sie sich gänzlich einer Äußerung weder dafür noch dagegen enthalten sollen.

Besondere Verhaltensvorschrift

Übernehmen Sie keine Empfehlung. Hören Sie auf niemanden, wenn Sie in Ruhe leben wollen. Seien Sie nicht neugierig; das ist ein Punkt, den ich besonders bei Ihnen befürchte. Vermeiden Sie jede Art von Vertraulichkeit mit kleinen Leuten. Fragen Sie in allen Fällen Herrn und Frau von Noailles, und verlangen Sie es sogar, was Sie tun sollen, da Sie Ausländerin sind und der Nation unbedingt gefallen wollen; verlangen Sie, daß sie Ihnen aufrichtig sagen, ob es irgend etwas in Ihrem Benehmen, in Ihren Reden oder in anderen Punkten zu korrigieren gibt. Antworten Sie jedermann freundlich, mit Anmut und Würde: wenn Sie wollen, vermögen Sie es. Man muß auch abzuschlagen verstehen. Sie werden für meine Länder und das Reich die Annahme von Petitionen nicht verweigern können; aber Sie werden Sie alle Starhemberg geben und jedermann an ihn oder an Schaffgotsch weisen, wenn der erstere verhindert wäre, und Sie werden jedermann sagen, daß Sie die Petitionen nach Wien schicken werden und mehr nicht tun können. Von Straßburg an werden Sie nichts mehr annehmen, ohne vorher Herrn und Frau Noailles um ihre Ansicht zu befragen; und an diese beiden werden Sie alle jene weisen, die Ihnen von ihren Angelegenheiten sprechen werden, wobei Sie ihnen ehrlich sagen werden, daß Sie selbst eine Ausländerin sind und es nicht übernehmen können, jemand dem König zu empfehlen. Wenn Sie wollen, können Sie, um die Sache energischer zu gestalten, hinzufügen: »Die Kaiserin, meine Mutter, hat mir ausdrücklich verboten, irgendeine Empfehlung zu übernehmen.« Schämen Sie sich nicht, jedermann um Rat zu fragen, und machen Sie nichts nach Ihrem eigenen Kopf.

Es ist für Sie von großem Nutzen, daß Starhemberg mit Ihnen die Reise von Straßburg nach Compiègne machen wird. Er ist in Frankreich sehr beliebt und Ihnen sehr zugetan. Sie können ihm alles sagen und alles von seinen Ratschlägen erwarten; er wird überdies acht bis zehn Tage in Versailles bleiben. Sie können mir aufrichtig durch ihn schreiben.

An jedem Monatsanfang werde ich von hier nach Paris einen Kurier absenden. Bis zu seiner Ankunft könnten Sie Ihre Briefe vorbereiten, um sie sofort mit ihm zurückgehen zu lassen. Mercy wird den Auftrag haben, zuerst seinen Kurier abzusenden. Sie können mir auch durch die Post schreiben, aber nur über unbedeutende Dinge, die jedermann wissen kann. Ich glaube nicht, daß Sie Ihrer Familie schreiben sollten, besondere Anlässe und den Kaiser ausgenommen, mit dem Sie sich über diesen Punkt einigen werden. Ferner glaube ich, daß Sie Ihrem Onkel und Ihrer Tante wie dem Prinzen Albert schreiben könnten. Die Königin von Neapel wünscht Ihre Korrespondenz; ich finde nichts dagegen einzuwenden. Sie wird Ihnen nur Vernünftiges und Nützliches sagen; ihr Beispiel soll Ihnen als Vorbild und zur Ermutigung dienen, denn ihre Situation war und ist im ganzen schwieriger als die Ihre. Durch ihre Klugheit und Nachgiebigkeit hat sie alle Widerwärtigkeiten, die groß gewesen sind, überwunden; sie ist mein Trost und wird allgemein geachtet: Sie können ihr also schreiben, doch fassen Sie es so, daß jedermann es lesen kann.

Zerreißen Sie meine Briefe, was mir ermöglichen wird, Ihnen offener zu schreiben; ich werde dasselbe mit Ihren Briefen tun. Erwähnen Sie nichts über die hiesigen häuslichen Angelegenheiten; sie bestehen nur aus wenig interessanten und langweiligen Tatsachen.

Über Ihre Familie sollen Sie wahrheitsgemäß und mit Zurückhaltung sprechen: obwohl ich mit ihr oft nicht ganz zufrieden bin, werden Sie vielleicht finden, daß es anderswo noch schlimmer ist, daß es nicht nur hier Kindereien und Eifersüchteleien um Nichtigkeiten gibt, sondern daß sie anderwärts noch mehr zum Vorschein kommen.

Es bleibt mir noch ein Punkt in bezug auf die Jesuiten zu erwähnen. Beteiligen Sie sich an keiner Diskussion, weder für noch gegen sie. Ich erlaube Ihnen, mich zu zitieren und zu sagen, daß ich von Ihnen verlangt habe, darüber weder im Guten noch im Schlechten zu sprechen: Sie können sagen, Sie wüßten, daß ich sie schätze, daß sie in meinen Ländern viel Gutes getan haben, daß es mir leid täte, sie zu verlieren, daß ich aber kein Hindernis in den Weg legen würde, wenn der Hof von Rom glaubt, diesen Orden auflösen zu müssen; schließlich, daß ich darüber immer mit Achtung sprach, aber sogar bei mir nicht gerne über diese unglückliche Angelegenheit sprechen hörte.

74 *Maria Theresia an Mercy-Argenteau, mit dem sie einen Geheimbriefwechsel über Marie Antoinette führt*

24. Mai 1770

Es täte mir sehr leid, Graf Mercy, wenn ich zwischen Sie und Starhemberg Mißtrauen gesät hätte durch die Befehle, die ich diesem gegeben habe, nämlich Ihnen mitzuteilen, daß die Tagebücher meiner Tochter, die Sie vorhaben, mir durch Neny zu senden, nur für mich allein bestimmt sein müssen, und durch keine andere Vermittlung gehen dürfen, und daß Sie sie mir zur größeren Sicherheit durch den Kurier schikken möchten, der jeden Monat über Brüssel zu Ihnen, und von da wieder über Brüssel hierher zurückgesandt wird. Das sollte nicht heißen, daß Starhemberg sie lesen oder öffnen dürfe, sondern daß Sie mir auf diesem Weg mit voller Sicherheit Ihre Betrachtungen senden können; aber was ich Ihnen zuvor mitteilen möchte, ist, daß ich aus übermäßiger Vorsicht für die Geheimhaltung nicht einmal wollte, daß Neny diese Briefe sieht; nicht als ob ich das geringste Mißtrauen gegen ihn hätte, und ihm nicht meine wichtigsten Geschäfte anvertrauen möchte, aber da das Geheimnis eines Dritten eine so delikate Angelegenheit ist, mit der man nicht vorsichtig genug umgehen kann, da ja alles bekannt wird, wollte ich sicher sein, daß niemand als Sie und ich Mitwisser ist. Sie können sie also durch diese Kuriere an meine Adresse senden, nicht anders als an die Kaiserin-Königin, wie einen Privatbrief, und diesen können Sie noch an die Adresse Nenys schicken; und wenn es noch etwas ganz besonders Geheimes geben sollte, können Sie es noch auf ein besonderes Blatt schreiben: *tibi soli*.

Alle zwei oder drei Monate senden Sie mir einen besonderen Bericht, den ich vorzeigen kann, aber die Journale sind für mich ganz allein. Ich werde sie selbst verbrennen, da sie besondere Umstände enthalten dürften, die andere unglücklich machen könnten. Ich habe vor, nur alle Monate an meine Tochter durch diesen Kurier zu schreiben, und werde versuchen, hier jeden Briefwechsel mit andern zu unterbrechen.

Ich habe Befürchtungen wegen der Jugend meiner Tochter, wegen der Schmeichelreden, denen sie ausgesetzt ist, wegen ihrer Trägheit und der mangelnden Neigung, sich zu betätigen. Ich empfehle Ihnen, über sie zu wachen, denn ich setze mein ganzes Vertrauen in Sie, damit sie nicht in schlechte Hände fällt. Wenn Sie andere, sichere Gelegenheiten finden, wäre ich entzückt, wenn ich öfter von Ihnen geradewegs Nachricht erhalten würde, aber stets gesiegelt und unter Nenys Adresse. Starhemberg, dem ich dieselbe Ordnung für Ihre besonderen Blätter, die *tibi soli*, geschrieben habe, weiß nicht, daß ich Ihnen schreibe, da ich erst mit ihm gesprochen habe, als sein Brief an Neny schon geschrieben war.

Ich hielt es für nötig, Ihnen das in aller Eile zu schreiben; da mein Zimmer voll Menschen ist, werden Sie, fürchte ich, Mühe haben, es zu entziffern und ich muß mich beeilen, um den Kurier, der zur Abreise bereit ist, noch zu erreichen.

75 Marie Antoinette an Maria Theresia

Choisy, 12. Juli 1770

Madame, meine geliebte Mutter!

Ich kann nicht sagen, wie sehr ich von der Güte gerührt war, die mir Ihre Majestät in Ihren Briefen zeigen; und ich schwöre Ihnen, daß ich noch keinen Ihrer teueren Briefe ohne Tränen des Bedauerns in den Augen empfangen habe, weil ich von einer so zärtlichen und guten Mutter getrennt bin; und obwohl ich mich hier sehr wohl fühle, würde ich doch heiß wünschen, zurückzukehren, um wenigstens für einen Augenblick meine teuere und geliebte Familie zu sehen. Ich bin in Verzweiflung, weil Ihre Majestät meinen Brief nicht erhalten haben. Ich habe geglaubt, daß er mit dem Kurier abgehen würde, aber Mercy hat es für ratsam gehalten, ihn durch Forcheron zu schicken, was nach meiner Meinung die Verzögerung verursacht hat. Ich finde es sehr traurig, meinen Onkel, meinen Bruder und meine Schwägerin erwarten zu müssen, ohne zu wissen, wann sie kommen werden. Ich flehe Sie an, mir zu sagen, ob es wahr ist, daß Sie ihnen bis Graz entgegengefahren sind und der Kaiser von seiner Reise sehr abgemagert ist; das würde mich beunruhigen, da er nicht viel zuzusetzen hat.

Hinsichtlich meiner Andachten und der Generalin, über die Sie mich befragt haben, teile ich Ihnen mit, daß ich nur einmal kommuniziert habe; ich habe vorgestern beim Abbé Maudoux gebeichtet. Da es aber der Tag war, an dem ich geglaubt habe, nach Choisy zu reisen, habe ich nicht kommuniziert; ich habe gemeint, an diesem Tag zu sehr zerstreut zu sein. Was die Generalin betrifft, so kommt sie schon den vierten Monat nicht, ohne daß es dafür einen ersichtlichen Grund gäbe. Unsere Reise nach Choisy hat sich um einen Tag verzögert, weil mein Gemahl einen Schnupfen mit Fieber hatte. Das ist aber nach einem Tag vorübergegangen, weil er sofort zwölfeinhalb Stunden geschlafen und sich dann wohlauf befunden hat und imstande war zu reisen. Wir sind also seit gestern hier – wo man seit ein Uhr ist, wo man bis ein Uhr nachts diniert, ohne sich zurückzuziehen – was mir sehr mißfällt. Denn nach dem Diner spielt man bis sechs Uhr, dann geht man ins Theater, das bis halb zehn Uhr dauert, dann folgt das Souper. Von da an wird wieder eine, manchmal sogar anderthalb Stunden gespielt. Doch hatte der König, als er gestern sah, daß ich mich nicht mehr aufrecht halten konnte, die Güte gehabt, mich um elf Uhr zurückzuschicken. Das hat mir große Freude gemacht, und ich habe bis halb elf sehr gut, obwohl allein, geschlafen. Mein Gemahl, der noch Diät hält, hat sich noch vor dem Souper zurückgezogen und sich in seinem Appartement schlafen gelegt, was ohne die Indisposition niemals vorkommt.

Ihre Majestät ist zu gütig, sich für mich zu interessieren und sogar wissen zu wollen, wie ich meinen Tag verbringe.

Ich will Ihnen also sagen, daß ich um zehn oder neun oder neuneinhalb Uhr aufstehe. Nachdem ich mich angekleidet habe, sage ich mein Morgengebet. Dann frühstücke ich und gehe darauf zu meinen Tanten, wo ich gewöhnlich den König finde. Das dauert bis zehneinhalb Uhr. Darauf, um elf Uhr, gehe ich mich frisieren. Mittags ruft man den Hofstaat, und nun kann jedermann eintreten, ausgenommen jene, die nicht zum Adel gehören. Ich lege mein Rouge auf und wasche meine Hände vor allen Leuten. Hierauf entfernen sich die Herren, die Damen bleiben, und ich kleide mich vor ihnen an. Um zwölf Uhr ist die Messe. Wenn der König in Versailles ist, gehe ich mit ihm, meinem Gemahl und meinen Tanten zur Messe. Ist er nicht da, gehe ich allein mit dem Dauphin, aber immer zur gleichen Stunde. Nach der Messe dinieren wir beide vor den Kammerleuten. Aber das ist um halb zwei Uhr zu Ende, denn wir essen beide sehr schnell. Nachher gehe ich zum Dauphin. Wenn er etwas zu tun hat, gehe ich in mein Appartement zurück und lese, schreibe oder arbeite. Ich mache nämlich ein Wams für den König, mit dem ich nicht weiterkomme. Ich hoffe aber, daß es mit Gottes Hilfe in einigen Jahren fertig sein wird. Um drei Uhr gehe ich nochmals zu meinen Tanten, wohin der König zu dieser Stunde kommt; um vier Uhr kommt der Abbé zu mir, jeden Tag um fünf Uhr der Klavierlehrer oder der Gesanglehrer bis sechs Uhr. Um halb sieben gehe ich fast immer zu meinen Tanten, falls ich nicht spazierengehe. Sie müssen wissen, daß mein Gemahl fast immer mit mir zu den Tanten geht. Von sieben Uhr bis neun spielt man. Wenn es aber schön ist, gehe ich zu einem Spaziergang aus, und dann findet das Spiel nicht bei mir, sondern bei meinen Tanten statt. Um neun Uhr soupieren wir. Wenn der König nicht da ist, kommen die Tanten zu mir soupieren. Wenn der König aber anwesend ist, gehen wir nach dem Abendessen zu ihnen. Wir erwarten den König, der gewöhnlich um drei Viertel elf Uhr kommt. Ich aber lege mich unterdessen auf ein großes Kanapee und schlafe bis zur Ankunft des Königs. Wenn er aber nicht da ist, gehen wir um elf Uhr schlafen.

Das ist unser ganzer Tag. Über das, was wir an Sonn- und Feiertagen machen, behalte ich mir vor, Ihnen ein anderes Mal zu berichten.

Ich flehe Sie an, meine geliebte Mutter, mir zu verzeihen, wenn mein Brief zu lang geworden ist, aber meine einzige Freude ist es, mit Ihnen zu sprechen. Ferner bitte ich um Verzeihung, weil mein Brief schmutzig ist. Ich mußte ihn aber an zwei aufeinanderfolgenden Tagen bei meiner Toilette schreiben, da mir keine andere Zeit übrigbleibt; und wenn ich Ihnen nicht genau antworte, so nur, wie Sie mir glauben mögen, aus der großen Eile heraus, den Brief zu verbrennen. Ich muß schließen, um mich anzukleiden und mit dem König zur Messe zu gehen. Es gereicht mir zur Ehre, Ihre gehorsamste Tochter zu sein.

Ich schicke Ihnen die Liste der Geschenke, die ich erhalten habe, weil ich glaube, daß Sie das amüsieren könnte.

76 *Maria Theresia an Marie Antoinette*

Schönbrunn, 1. November 1770

Madame, meine teure Tochter!

Endlich ist gestern um neun Uhr abends dieser ewige Kurier angekommen und hat mir Ihre teueren Nachrichten gebracht. Gott sei Dank, daß Ihre Gesundheit gemäß dem Bericht des Kuriers, der in Ihrem Gefolge war, gut ist! Er findet, daß Sie gewachsen sind und zugenommen haben. Wenn Sie mich nicht durch das Fischbeinkorsett, das Sie tragen, beruhigten, hätte mir dieser Umstand Sorge gemacht, weil ich fürchte, daß Sie, wie man im Deutschen sagt, *auseinandergehen, schon die Taille wie eine Frau haben, ohne es zu sein*. Ich bitte Sie, sich nicht gehen zu lassen und zu vernachlässigen. Das gehört sich nicht für Ihr Alter, und noch weniger für Ihre Stellung. Das hat Unsauberkeit, Nachlässigkeit und Gleichgültigkeit sogar bei allen übrigen Handlungen zur Folge, und das würde Ihnen Unglück bringen; deshalb ermahne ich Sie, und ich könnte Sie nicht früh genug vor den geringsten Anlässen warnen, die Sie zu jenen Fehlern verführen müßten, denen die ganze königliche Familie Frankreichs seit langen Jahren verfallen ist: sie sind gut und tugendhaft, aber keineswegs befähigt, zu repräsentieren, den Ton anzugeben oder sich anständig zu amüsieren. Das ist die ständige Ursache für die Verirrungen ihrer Oberhäupter gewesen, die keinerlei Annehmlichkeiten zu Hause fanden und deshalb glaubten, diese außerhalb desselben suchen zu müssen. Man kann tugendhaft und fröhlich und zugleich gesellschaftsfreudig sein. Wenn man so zurückgezogen lebt, daß man nur mit wenigen Leuten in Berührung kommt, dann entstehen (ich muß es Ihnen zu meinem großen Bedauern sagen, wie Sie es bei uns in letzter Zeit gesehen haben) viele Unzufriedene, Eifersüchtige und Neider, und es gibt Klatschereien. Wenn man aber viel in Gesellschaft ist, wie es hier noch vor fünfzehn bis zwanzig Jahren der Fall war, dann kommt es nicht zu allen diesen Unannehmlichkeiten, und man fühlt sich seelisch und körperlich wohl. Man wird für den geringen Zwang, den man sich auferlegt, durch Zufriedenheit und fröhliche Laune entschädigt, die ein solches Verhalten hervorruft und bewahrt. Ich bitte Sie also als Ihre Freundin und zärtliche Mutter, die aus Erfahrung spricht, sich weder hinsichtlich Ihrer Figur noch Ihres Auftretens gehen zu lassen und zu vernachlässigen. Sie würden es zu spät bedauern, meine Ratschläge nicht beachtet zu haben. In diesem Punkt allein folgen Sie weder dem Beispiel noch den Ratschlägen der Familie. Ihnen steht es zu, in Versailles den Ton anzugeben. Sie haben völlig reüssiert. Gott hat Sie mit soviel Grazie, Güte und Sanftmut gesegnet, daß jedermann Sie lieben muß. Das ist ein Geschenk Gottes, das man bewahren muß, ohne sich dessen zu rühmen; aber Sie müssen es sorgsam für Ihr eigenes Glück und das all jener, die zu Ihnen gehören, bewahren.

Ich bin Ihnen sehr dankbar, daß Sie mich im einzelnen über Ihre Gebetbücher und die religiöse Lektüre informiert haben. Bossuet ist wunderbar, ich bin damit sehr zufrieden. Aber Sie sagen mir, daß Sie sich des Buches bedienen, das ich Ihnen gegeben habe. Ist es das Stundenbuch von Noailles – oder das kleine Buch »Das religiöse Jahr?« Verzeihen Sie mir diese Kleinigkeit, aber wenn man liebt, interessiert alles, und ich möchte mich im Verein mit Ihnen mit den religiösen Übungen befassen, um meinen Eifer anzufachen, der nur allzusehr nachläßt, wenn man älter wird.

Auch über Ihre andere Lektüre mit dem Abbé würde ich mich freuen, informiert zu werden. Das könnte sogar für uns hier oder in der Toskana nützlich sein. Sie würden mir in Zukunft ein Vergnügen bereiten, wenn Sie mir jeden Monat Ihre Lektüre mitteilten. Um Ihnen aber die Mühe zu ersparen, sie zu schreiben, könnte nicht der Abbé sie auf ein separates Blatt schreiben, das Sie Ihrem Brief beifügen würden? Oder der Abbé könnte es, wenn es Ihnen paßt, Mercy übergeben, wie ich es mit diesem Schreiben tue. Wenn Sie es zu weitläufig und abgeschmackt finden, sagen Sie es mir nur, und ich werde damit aufhören. Da ich aber Ihre Anhänglichkeit an Ihr Vaterland und Ihre Familie kenne, werde ich fortfahren, bis Sie mir sagen, daß Sie es nicht mehr wünschen.

Maria Anna ist von ihrem Fieber ganz genesen und fühlt sich wohler als vorher. Sie nimmt an allen Jagden und Promenaden teil, geht aber nicht ins Theater. Die Windischgrätz, die hier glücklich, aber abgespannt angekommen ist, hat mir bestätigt, wie liebenswürdig und verführerisch Sie sein können, wenn Sie wollen. Sie hat mir gesagt, daß sie mit Ihnen nicht ungezwungen sprechen konnte, daß Sie aber alle Ursache haben, zufrieden zu sein; da sie aber nicht ablehnen konnte, auf meine Fragen wahrheitsgemäß zu antworten, hat sie mir gestanden, daß Sie sich sehr vernachlässigen, und das sogar bis auf die Reinheit der Zähne. Das ist ein ebenso bedeutsamer Punkt wie der der Taille, die sie auch ärger gefunden hat. Sie sind jetzt in einem Alter, in dem Sie sich formen; das ist der kritischste Moment. Sie hat auch hinzugefügt, daß Sie schlecht angezogen sind und sie gewagt hat, es Ihren Damen zu sagen. Sie sagen mir, daß Sie manchmal Kleider aus Ihrer Aussteuer tragen: welche haben Sie denn bewahrt? Ich habe daran gedacht, Ihnen hier Fischbeinmieder oder Korsette machen zu lassen, wenn Sie mir ein gutes Maß schicken wollten. Man sagt, daß sie in Paris zu stark sind. Ich werde sie Ihnen mit dem Kurier schicken.

Ich freue mich über Ihre Aufmerksamkeit, mir durch die Übersendung des Briefes der Königin eine Freude gemacht zu haben. Dieser Brief entspricht ihrem Charakter: alles darin kommt von Herzen und ist sicherlich wahr. Ich schicke ihn Ihnen zurück, er verdient es, aufgehoben zu werden. Ich erkenne mein Fleisch und Blut in dem Kompliment wieder, das sie Ihnen aufgetragen hat, dem König zu übermitteln, und dessen Sie sich entledigt haben werden.

Sie werden durch diesen Kurier das Geschenk erhalten, das Maria Anna für Sie bestimmt hat, und einige Zeit danach den Tisch von Marie, der ausgezeichnet gelungen ist. Ich hoffe, daß eine bestimmte Büste angekommen ist. Es ist mir sehr schwergefallen, mich von ihr zu trennen. Ich hoffe aber, daß man mir ein gutes Porträt zurückschicken wird, und vor allem eines von der Hand Liotards, der eigens nach Paris geht, um es für mich zu malen. Ich bitte Sie, ihm die Zeit zu schenken, es gut zu machen.

Meine teuere Tochter! Der morgige Tag ist ein großer Tag des Trostes für mich, ein Tag, der mich seit fünfzehn Jahren nur mit Genugtuung erfüllt hat. Gott möge Sie während solcher langer Jahre zu Ihrem Glück und dem Ihrer Familien und Völker erhalten! Mercy sagt mir, daß Sie den Morgen des 15. in Andacht verbracht haben, und fügt hinzu, daß Sie geglaubt haben, diesen Tag nicht besser als auf solche Weise feiern zu können. Stellen Sie sich vor, wie mich diese reizende Aufmerksamkeit gerührt hat! Sie sind eines solchen Zuges fähig! Sie haben aber nichts davon in Ihrem letzten Brief erwähnt. Ich umarme Sie innig, meine teuere Tochter, und gebe Ihnen meinen Segen. Ich bin immer

Ihre treue Mutter

P. S. Madame von Paar legt sich Ihnen zu Füßen. Sie ist von der Erinnerung an Sie entzückt, ebenso wie über die Tische. Sie liebt sie sehr.

77 *Maria Theresia an Marie Antoinette*

Wien, 2. Dezember 1770

Man ist weiterhin mit Ihnen sehr zufrieden. Welch glückliche Augenblicke lassen Sie mich erleben, mein teueres Kind! Der öffentliche Beifall würde mich nicht gänzlich beruhigen, aber der Herzog und die Herzogin von Aremberg können mir nicht genug darüber schreiben; vor allem ist es jedoch das Zeugnis Mercys, der mit Ihnen zufrieden ist. Jetzt aber bin ich an dem Punkt angelangt, auf den Sie sicherlich schon gewartet haben: es handelt sich um das Reiten. Sie haben Grund zur Annahme, daß ich es mit fünfzehn Jahren niemals billigen könnte. Die von Ihnen angeführten Tanten haben es mit Dreißig getan. Sie waren die Mesdames und keineswegs die Dauphine. Ich weiß ihnen wenig Dank dafür, daß sie Sie dazu animiert haben. Aber Sie sagen mir, daß der König und der Dauphin es gutheißen, und alles ist damit für mich gesagt. Diese sind es, die Ihnen Weisungen zu geben haben; in ihre Hände habe ich diese nette Antoinette gelegt. Das Reiten verdirbt den Teint, und Ihre Taille wird auf die Dauer die üblen Folgen davon verspüren und noch mehr hervortreten. Ich muß sagen, daß es, wenn Sie im Herrensitz reiten, woran ich nicht zweifle, sogar gefährlich und schlecht für das Kinderkriegen ist, und dazu sind Sie doch vor allem berufen: denn auf diese Weise wird Ihr Glück befestigt werden. Wenn Sie, wie ich, im Damensattel ritten, würde weniger dagegen einzuwenden sein. Die Unfälle können nicht vorausgesehen werden. Jener der Königin von Portugal und vieler anderer, die seither keine Kinder bekommen haben, dienen nicht zur Beruhigung.

Nachdem ich Ihnen alles vor Augen geführt habe, werde ich nicht mehr darüber sprechen und es zu vergessen suchen; es sei denn, daß die Zeitungen uns von Jagdritten der Dauphine berichten werden, die unter keinen Umständen zulässig wären. Ich nehme Sie aber beim Wort, denn eine große Prinzessin könnte nicht ihr Wort brechen. Sie sagen mir die gleichen Worte und versprechen mir: »Ich werde niemals zur Jagd reiten.« Ich nehme dieses Versprechen, das Sie mir geben, an, und nur im Hinblick darauf will ich versuchen, mich zu beruhigen. Ich will nur noch hinzufügen, daß wiederholte oder zu lange Promenaden, selbst wenn sie im Schritt wären, eben wegen Ihrer Situation schädlich sind, wenn Sie im Herrensitz reiten: ein Spazierritt von höchstens einer Stunde genügt. Ich habe aus einem Privatbrief entnommen, daß Sie zu Beginn des November mehrere Tage hintereinander zwei oder drei Stunden lang ausgeritten sind. Das ist zuviel. Sie werden es eines Tages erkennen, aber dann wird es zu spät sein. Welchen Grund hätte ich, Sie einer Sache zu berauben, die Ihnen Vergnügen bereitet, wenn ich nicht um die Folgen wüßte? Sie werden mir diese Gerechtigkeit widerfahren lassen, daß ich jederzeit meinen Kindern jede Freiheit und alle möglichen Vergnügungen gestattet habe. Sollte ich bei Ihnen anfangen, Sie dessen berauben zu wollen, bei Ihnen, die mir soviel Trost spendet? Erwarten Sie aber nicht mehr, daß ich Ihnen davon spreche. Ich habe Ihnen jetzt alle Gründe angeführt, die aus einem zärtlichen und mütterlichen Herzen kommen. Ich habe Ihnen die Unzukömmlichkeiten vorgehalten. Sie haben die Zustimmung des Königs, und alles ist damit für mich gesagt; ich werde Ihnen nichts mehr darüber sagen: trachten Sie, sich zu mäßigen und folgen Sie meinen Ratschlägen, die nicht überflüssig sind; und ich halte mich an Ihr Wort, das Sie mir geben, niemals zur Jagd auszureiten.

Ich erwarte mit großer Ungeduld das Bild von Liotard, aber in Ihrem Staat, und weder im Negligé noch im Herrenanzug. Denn ich liebe Sie in der Stellung zu sehen, die Ihnen zukommt. Ich umarme Sie.

78 An Maria Beatrice, die zukünftige Frau Ferdinands

30. August 1771

Madame, meine liebe Tochter,

Herr von Crivelli ist der Überbringer hiervon. In achtunddreißig Tagen wird mein Sohn das Glück haben, Sie für mich zu umarmen, und das recht zärtlich. Er wird Ihnen sein Porträt bringen, das ziemlich gut ist, und auch das meine, dem Sie aber noch zwanzig Jahre zufügen müssen. Aber ich verjünge mich, wenn ich an Sie denke, und sehe meinen Sohn weniger schmerzvoll abreisen in dem Gedanken, daß wir uns um so eher wiedersehen werden. Man könnte nicht ungeduldiger darauf warten, alles, was alle Welt darüber sagt, vor allem aber das Zeugnis des getreuen Firmian und der Khevenhüller, die nur mit Begeisterung und mit Tränen der Zärtlichkeit in den Augen von Ihnen spricht, vermehrt mein Entzücken darüber, daß Sie so rasche Eroberungen machen.

In acht Tagen wird mein Sohn ganz der Ihre sein, das ist alles, was ich wünsche. Ihr Glück ist das einzige, was ich suche, aber Sie dürfen nicht zuviel grübeln, davon werden Sie mager, auch sich nicht zu sehr demütigen und selbst schlecht finden. Es ist sehr angebracht, daß Sie es glauben wollen, aber man darf die anderen nicht mehr darüber wissen lassen, als unbedingt vonnöten. Verzeihen Sie mir diese kleine Lektion, aber ich liebe Sie so zärtlich, daß ich allem vorbeugen möchte, was Sie auch nur eine Stunde bekümmern könnte.

Crivelli ist ein ehrlicher Bursche, der meinen Söhnen attachiert war und der Ihnen eine Menge interessanter Geschichten erzählen kann, wenn Sie ihn ausfragen wollen, obgleich Firmian Ihnen schon alles genau mitteilen wird; er wird hoffentlich am 10. abreisen. Glauben Sie, daß ich stets bin

Ihre getreue Mutter

Maria Theresia

P.S. Der Melzi meine Grüße.

79 Marie Antoinette an Maria Theresia

2. September 1771

Madame, meine geliebte Mutter,

ich habe mich sehr über die Ankunft des Kuriers gefreut, denn seine Verspätung hat mich zu beunruhigen begonnen. Mercy hat mir von dem gesprochen, was Ihre Majestät ihm aufgetragen haben. Ich glaube, daß er mit meinen Antworten zufrieden sein wird, und ich hoffe, daß Sie wohl davon überzeugt sind, daß mein größtes Glück darin besteht, Ihnen zu gefallen. Ich werde mich auch bemühen, den Broglie gut zu behandeln, obwohl er es mir persönlich an der gebührenden Achtung hat fehlen lassen. Ich bin verzweifelt, daß Sie den Berichten Glauben schenken können, daß ich an niemand mehr das Wort richte. Sie haben wohl sehr wenig Vertrauen zu mir, um zu glauben, ich sei so wenig vernünftig, mich mit fünf oder sechs jungen Leuten zu amüsieren und jenen die Achtung zu versagen, die ich ehren soll.

Ich bin sehr entfernt von den Ideen, die mir Ihre Majestät über die Deutschen zuschreiben. Ich werde immer darauf stolz sein, eine von ihnen zu sein. Ich weiß, daß sie gute Eigenschaften genug besitzen, die ich den Leuten dieses Landes wünschen würde; und sooft die guten Untertanen kommen, werden sie mit dem Empfang, den ich ihnen bereiten werde, zufrieden sein. Ich bedaure meinen Bruder Ferdinand, weil der Moment seiner Abreise näherrückt. Denn aufgrund meiner eigenen Erfahrung weiß ich, wieviel es einen kostet, fern von seiner Familie zu leben. Ich hoffe, daß seine Heirat bald Folgen haben wird: ich selbst lebe immer in der Erwartung, und die Liebe, die mir der Dauphin täglich immer mehr entgegenbringt, gestattet mir keinen Zweifel daran, obwohl ich es vorziehen würde, daß alles beendet sei.

Wir vier vertragen uns immer sehr gut. Die Gräfin von Provence ist sehr lieb und privat sehr fröhlich, was aber in der Öffentlichkeit nicht zum Vorschein kommt.

Herr von Mercy hat recht gehabt zu sagen, daß mir das Schreibzeug eine große Freude bereitet hat: es macht mir jeden Tag Freude, und es kommt mir vor, als sähe ich Sie, meine teuere Mama, in diesem ganzen Haus und in seinen Gemächern. Ich spreche Ihnen nicht von allen Klatschereien in diesem Land. Herr von Mercy wird Ihnen gewiß sagen, was der Mühe wert ist. Was mich betrifft, werde ich mich immer so wenig als möglich einmengen. Eure Majestät können ganz sicher sein, daß ich mich immer gemäß Ihren Ratschlägen aufführen werde, und ich hoffe, mich immer Ihrer und der guten Erziehung, die Sie mir gegeben haben, würdig zu erweisen.

80 *Maria Theresia an Ferdinand*

Oktober 1771

Hören Sie stets aufmerksam zu, wagen Sie sich jedoch nicht so weit vor, Ihre augenblicklichen Gefühle zu verraten oder jemanden zu verurteilen. Was Sie mir aus Klagenfurt mitteilen, erhöht meine Besorgnisse und legt mir die Pflicht auf, Sie zu beobachten und im Interesse Ihres eigenen Wohls zur Mäßigung zu veranlassen. Denken Sie an Parma und Florenz. Die eine hat niemals einen meiner Ratschläge befolgt und ist zum Gespött von ganz Europa geworden. Der andere ist im Gegenteil das Muster aller Herrscher; nennen Sie mir einen, der besser wäre, in geordneteren Verhältnissen lebte und eines solideren Glücks sich erfreute.

81 Maria Theresia an den frischvermählten Ferdinand nach Mailand

24. Oktober 1771

Monsieur, mein lieber Sohn,

der Kurier, der am 22. um neun Uhr morgens hier angekommen ist, hat uns viel Trost und Freude bereitet. Jetzt sind Sie durch unlösliche Bande mit einer Gattin vereinigt, die Sie nach Ihrem Geschmack finden, die Sie anbetet und durch ihre inneren Eigenschaften Ihre Tage glücklich und zufrieden machen kann. Sie besitzt Ihre Zuneigung! Wie diese Worte mich getröstet haben; mein Glück ist vollkommen. Daß Sie inmitten Ihres Wohlgefühls an mich denken und den Wunsch haben, ich möge Ihr Glück teilen, das ist zärtlich und aufmerksam; besonders Ihre Bemerkung, daß niemand dies Glück besser würdigen könnte als ich, da ich selbst so völlig glücklich gewesen sei, hat mich zu Tränen gerührt. In diesen Worten liegt viel Zartsinn, viel Empfindung. Wie zufrieden bin ich mit Ihnen, mein lieber Sohn! Fahren Sie fort, wie Sie angefangen haben, und alles wird gut werden...

Entschuldigen Sie mich bei Ihrer lieben Gattin, daß ich ihr heute nicht schreibe; das wird Montag geschehen; ich muß noch an die Königin schreiben, die auf den Beginn der Schwangerschaft hofft. Welche Freude würde mir die Bestätigung dieser Nachricht verursachen! Ich umarme euch alle beide zärtlich; Gott möge euch hundertfach die Tröstungen senden, die ihr mir verschafft. Adieu.

Maria Theresia

82 Maria Theresia an Marie Antoinette

Wien, 31. Oktober 1771

Dieser Brief wird für Ihren Geburtstag zu spät kommen. Aber Sie können wohl versichert sein, daß ich viel daran denke und täglich Gott danke und ihn bitte, Sie so zu beschützen, daß es zu Ihrem Heil und zum Wohl des Landes, in dem Sie sich befinden, gereiche, daß Sie Ihre Familie glücklich machen mögen und, soweit es von Ihnen abhängt, den Ruhm Gottes und das Wohl des Nächsten vermehren. Man vermag viel, besonders wir, wenn wir mit Beispielen und Worten predigen: wenden Sie die Vorzüge, die Ihnen die Vorsehung in reichem Maß zugeteilt hat, nur in ihrem Dienste an, und werden Sie in diesem Punkt nicht nachlässig; es ist wichtig. Andere müssen sich unendliche Mühe geben, um sie zu erwerben, und bei Ihnen ist das ganz natürlich; man darf nur nicht nachlässig werden, und da mich meine Liebe verpflichtet, Ihnen immer alles zu sagen, will ich bemerken, daß man bereits eine wesentliche Änderung bezüglich Ihrer Aufmerksamkeit und Höflichkeit für jedermann festgestellt hat.

Ich habe es nicht schlecht gefunden, daß Sie sich wegen des Inhalts meines letzten Briefes lebhaft zur Wehr gesetzt haben. Alles, was mir Zeugnis gibt von Ihrem Kummer und Ihrer Offenherzigkeit, ist mir teuer; prüfen Sie aber, ob es nicht eher Ungeduld als Kummer über meine Vorstellungen war. Was mich aber schmerzte und mich von Ihrem mangelnden Willen, sich zu bessern, überzeugt hat, ist Ihr völliges Schweigen über das Kapitel Ihrer Tanten. Und doch war das der Hauptpunkt meines Briefs, weil er Ursache aller Ihrer Fauxpas ist. Übrigens müssen Sie, meine teuere Tochter, mir gerade in diesem Punkt folgen und mich auf dem laufenden halten. Verdienen meine Ratschläge und meine Liebe eine geringere Erwiderung als die Ihrer Tanten? Ich gestehe, dieser Gedanke durchbohrt mir das Herz. Vergleichen Sie doch, welche Rolle haben sie gespielt, welche

Jean-Étienne Liotard, Maria Antonia gen. Marie Antoinette (1755–1793)

Achtung in dieser Welt gewonnen? Und – es fällt mir schwer zu sagen – welche Rolle habe ich gespielt? Sie müssen also eher mir glauben, wenn ich Ihnen das Gegenteil von dem, was sie tun, anrate. Ich vergleiche mich keineswegs mit diesen ehrenwerten Prinzessinnen, die ich wegen ihres Herzens und ihrer soliden Eigenschaften schätze; aber ich muß es immer wiederholen, daß es ihnen nicht gelungen ist, weder die Achtung der Öffentlichkeit noch die Liebe im engeren Umgang zu gewinnen. Aus Gutmütigkeit und Gewohnheit haben sie sich von irgendwelchen Leuten beherrschen lassen und sich dadurch verhaßt, widerwärtig und selbst zum Verdruß gemacht und sind Gegenstand von Ränken und Klatschereien geworden. Ich sehe Sie denselben Weg einschlagen und soll schweigen? Ich liebe Sie zu sehr, um schweigen zu können oder zu wollen. Aber Ihr betontes Schweigen über diesen Punkt hat mich sehr geschmerzt und mir wenig Hoffnung auf eine Änderung gelassen.

Die guten Nachrichten Ihrer lieben Schwester, der Königin von Neapel, machen mich überglücklich; auch die von Ferdinand, der von seiner Gemahlin entzückt ist. Ich schicke Ihnen hier den Brief, den er mir nach der ersten Begegnung geschrieben hat. Und ich vertraue Ihnen im geheimen an, daß sie in der ersten Nacht seine Frau geworden ist, daß sie beide sichtlich ineinander verliebt sind und der Besuch der Generalin, welche am 17. sehr ungelegen gekommen ist, große Ungeduld hervorgerufen hat.

Alle diese Nachrichten, die mich mit Glück hätten erfüllen müssen, sind durch die Überlegungen über Ihre gefährliche Situation beeinträchtigt worden. Diese Situation ist um so gefährlicher, da es den Anschein hat, daß Sie sie nicht kennen oder nicht kennen wollen; denn Sie wenden nicht die notwendigen Mittel und die Ratschläge an, die man Ihnen gibt, um aus ihr herauszukommen. Seit Monaten höre ich nichts über Ihre Lektüre und Ihre Beschäftigungen. Ich sehe nichts mehr darüber von seiten des Abbés, der mir alle Monate über Ihre nützlichen und vernünftigen Beschäftigungen hätte berichten sollen. All das macht mich zittern:

ich sehe Sie mit bestimmter Gewißheit und Gleichgültigkeit mit großen Schritten Ihrem Verderben entgegengehen, zumindest sich aber verirren. Welche Schmerzen und Anstrengungen wird es Sie kosten, den Weg zurückzufinden! Wenn Sie mir jetzt glauben wollten, hätten Sie nicht die Hälfte des Kummers. Sie sagen mir, daß Sie mit dem König gesprochen haben. Das sollte Ihre tägliche Aufgabe sein, und nicht nur dann, wenn Sie Bitten vorzubringen haben. Kann ein so guter Vater, ein so guter Fürst Sie in dem Maße einschüchtern, daß es Ihnen peinlich ist, sich mit ihm auszusprechen? Sie werden alle Vorsicht außer acht lassen, wenn Sie die Feder zur Hand nehmen; weder der Stil noch der Ausdruck Ihrer Briefe werden für Sie einnehmen; hingegen haben Sie in Ihrer ganzen Person etwas so Rührendes, daß man Ihnen kaum etwas versagen kann; das ist ein Geschenk Gottes, wofür man ihm danken und dessen man sich zu seinem Ruhm und zum Besten des Nächsten bedienen muß.

Sie werden aus der Zeitung unsere Beschäftigungen entnehmen. Jetzt sind wir bei schönstem Wetter in der Stadt. Der Kaiser wird nicht vor zehn Tagen kommen; er hat eine schreckliche Reise in allen diesen Bergen absolviert. Zum Glück war das Wetter so schön, daß man die Situation dieses schönen Königreichs, das seit drei Jahren im Elend ist, da die Ernte schlecht ausgefallen war, prüfen konnte. Man bemüht sich – und vor allem der Kaiser selbst –, die Mittel zur Abhilfe zu suchen. Da aber die Not allgemein ist, gibt es genug Unglückliche, die zugrunde gehen. Stellen Sie sich vor, wie sehr ich darüber betrübt bin; und dies um so mehr, als die Ernte in Ungarn mittelmäßig gewesen ist; die Hilfe ist also schwierig und geht langsam vonstatten.

83 Maria Theresia an Joseph

November 1771

Mein lieber Sohn,

ich greife lieber zur Feder. Mein Herz ist zu gepreßt von den verschiedensten Gefühlen, um sich klar und ohne Rührung ausdrücken zu können. Es hat allen Grund dazu. Die Reise, die Sie eben beendet haben, wird für Sie stets hier und in der andern Welt eine sehr ruhmreiche Epoche sein, machen wir sie doch ebenso glücklich für diese tausende von Menschen, für die Sie Ihre Bequemlichkeit, Ihr Vergnügen geopfert und mehr als einmal Ihre Gesundheit aufs Spiel gesetzt haben. Ihre Absichten können nicht angezweifelt werden, sie sind immer von recht überzeugenden Handlungen begleitet. Die meinen sind Ihnen bekannt, und ich wage anzunehmen, daß Gott allein, der das Innerste meiner Seele sieht, weiß, daß ich nur das öffentliche Wohl im Auge habe, selbst wenn es auf Kosten meines und Euer aller Wohl ginge. Woher kommt es denn, daß trotz aufrichtiger, gleicher Absichten die Dinge einen ganz anderen Ausgang nehmen? Daß wir oft in unseren Meinungen auseinandergehen, daß wir streiten, daß sogar Unzufriedenheit daraus entstanden ist? Dieser Punkt beschäftigt mich schon lange und macht mich noch niedergeschlagener und zaghafter, als ich gewöhnlich bin. Liegt das Übel nicht in uns selbst? Sind wir nicht zu eingenommen von unseren eigenen Meinungen? Wir wollen, daß die andern denken und handeln wie wir, während wir selbst über die Ursache und über den Weg, der einzuschlagen ist, verschiedener Ansicht sind. Jeder von uns kennt seine Neigung und folgt ihr. Wir beschäftigen uns mit den Fehlern des anderen, ohne die unseren zu suchen und zu verbessern. Wir wirken zusammen und sind stolz darauf, das System allgemein zu machen, indem wir alle Zweige vereinigen und dadurch alles viel einfacher gestalten. Wir wollen, daß alle unsere angestellten Minister in derselben Weise denken und arbeiten, damit die Kosten geringer werden. Das sind die Gedanken, die uns Tag und Nacht beschäftigen, und warum entspricht der Erfolg nicht unseren Absichten? Sie würden mir Freude machen, mein lieber Sohn, wenn Sie mir über diese traurige Lage die Augen öffnen und mir mit Rat und Tat helfen möchten. Es fehlt mir an Mut, Sie sind voll davon; Sie beginnen Ihre Laufbahn, die meine endet noch unglücklicher, als sie angefangen hat. Ich will das Niederdrückende unserer Lage mit Ihnen teilen. Bei meiner Erfahrung kann ich Ihnen vielleicht durch Ratschläge nützlich sein, aber ich möchte Sie nicht hindern, das auszuführen, was Sie nach reiflicher Prüfung dienlich finden werden. Lassen Sie uns doch für unsere eigene Ruhe und Führung Grundsätze aufstellen, damit unsere Untertanen glücklicher werden, als sie sind. Darum müssen wir selbst mit vollkommenster Aufrichtigkeit, mit Vertrauen und Gleichmäßigkeit übereinstimmen. Davon hängt alles übrige ab. Unsere eifrigen und guten Minister und Beamten werden unserem Beispiel folgen und mit Zuversicht und Leichtigkeit arbeiten; jetzt arbeiten sie auf ganz andere Art.

Machen Sie mich aufrichtig auf meine Schwächen, meine Fehler aufmerksam, entweder mündlich oder schriftlich, darum habe ich Sie stets gebeten. Ich will es auch tun, aber sonst soll ja niemand glauben oder ahnen, daß unsere Ansichten verschieden sind! Im ersten Jahr 1766 ging alles aufs beste, erst seitdem gehen die Dinge einen verschiedenen Gang; das kommt daher, daß wir beide an diesem Grundsatz nicht festgehalten haben. Sie sind so befähigt dazu, Prinzipien aufzustellen; mein lieber Sohn, bemühen Sie sich für das öffentliche Wohl und unsere Ruhe; schreiben wir uns Grundsätze und Regeln vor, machen wir uns die Mühe, sie schriftlich niederzulegen; wir werden sie miteinander besprechen, um eine unveränderliche Regel festzulegen. Ich will ernstlich darüber nachdenken.

Ich habe meinem bedrückten und von der gegenwärtigen Lage so vollen Herzen diese Aussprache nicht versagen können. Ich wäre völlig niedergeschlagen, wenn mir die Vorsehung nicht einen Sohn verliehen hätte, wie Sie es sind, und solange Sie nicht dem Laster verfallen und Gottes heiligem Gesetz Treue und Glauben bewahren, darf ich noch hoffen, daß Sie der Retter Ihres Volkes sein werden. Dieser Gedanke läßt mich wieder aufleben, daß ich alles, was in mir ist, dazu verwende, Ihnen zu helfen, denn ich bin zu glücklich, einen Sohn, der es auch besser verdient, glücklicher zu sehen.

84 Maria Theresia an Ferdinand über den 15jährigen Mozart

12. Dezember 1771

Monsieur, mein lieber Sohn,

Sie bitten mich, den jungen *Salzburger* in Ihre Dienste zu nehmen. Ich wüßte nicht warum und glaube nicht, daß Sie einen Komponisten oder solche unnützen Leute brauchen. Wenn es Ihnen natürlich Vergnügen machen würde, will ich dies nicht verhindern. Ich meine nur, Sie sollten sich nicht mit solchen unnützen Leuten belasten und vergeben Sie nur keine Titel an diese Art Leute, wenn Sie in Ihren Diensten stehen. Es mindert die Dienstleistung, daß diese Leute in der Welt herumschwärmen wie Bettler; außerdem hat er eine große Familie.

85 Marie Antoinette an Maria Theresia

18. Dezember 1771

Madame, meine geliebte Mutter,

genehmigen Sie meine Huldigung und meine Wünsche für das neue Jahr. Alle Ihre Kinder haben nur den einen Wunsch, Sie zufriedenzustellen, und ich wünsche es ebensosehr wie irgendein anderes Kind. Wenn Sie die Freude hätten sehen können, die mir Ihr letzter Brief bereitet hat, und wie ich mich freue, Sie mit mir nicht unzufrieden zu sehen! Sie können, meine teuere Mama, überzeugt sein, daß ich niemals glücklich sein werde, ohne die Gewißheit zu haben, Ihnen zu gefallen.

Ich schicke Ihnen mein Maß und das des Herrn Dauphins; das meine ist ohne Schuhe und Frisur, das seine ist mit sehr niederen Schuhen genommen worden; und seine Frisur kann man als nicht vorhanden ansehen, weil sie sehr nieder ist. Obwohl ich sehr gewachsen bin, bin ich nicht magerer geworden. Was den Herrn Dauphin betrifft, so wird sein Teint, obgleich er von der frischen Luft stark gebräunt ist, heller, und seine Gesundheit festigt sich. Er ist jeden Tag liebenswürdiger, und es fehlt mir nur zu meinem Glück, in der Lage der Königin zu sein. Ich erhoffe es bald und glaube, daß die bösen Gerüchte, die man hier über sein Unvermögen in Umlauf setzt, Unsinn sind...

Ich freue mich sehr, daß Sie immer gute Nachrichten aus Mailand bekommen; meine neue Schwägerin kann mich nur auf ihre Heirat eifersüchtig machen. Obwohl ich hier sehr zufrieden bin, beneide ich meine Schwester Marie um das Glück, Sie oft sehen zu können. Ich wage zu sagen, daß auch ich wegen der achtungsvollen und großen Liebe, die ich für meine teuere Mama hege, dessen würdig wäre.

86 Maria Theresia an Ferdinand

2. Januar 1772

Monsieur, mein lieber Sohn,

hören Sie auf, sich mit den Leuten vom Theater zu beschäftigen; man muß ihre Namen außerhalb des Theaters gar nicht aussprechen, viel weniger sich ernstlich mit ihnen beschäftigen. Ich sage das nicht grundlos; mit fünfzig Jahren hat man seine Erfahrungen. Ich liebe Sie zu sehr, um mitansehen zu können, daß Sie sich solchen Albernheiten und

Nichtigkeiten hingeben und sich mit den Theaterintrigen beschäftigen. Wenn sie gut spielen, zeigen Sie sich freigebig ihnen gegenüber; im übrigen haben Sie sich um ihren Klatsch nicht zu kümmern. Das sind die Früchte des häufigen Theaterbesuchs und der halblauten Gespräche, dieser Vertraulichkeiten und Bemerkungen. Welche Zeitverschwendung! Wenn man sich den Kopf mit solchen Lappalien vollstopft, ist jeder Rest von ernster Urteilskraft daraus verbannt. Man wird Ihnen in Italien all diese Anekdoten auftischen, wenn Sie nur die geringste Neigung dafür zeigen...

Ich bin immer Ihre treue Mutter

Maria Theresia

87 Maria Theresia an Joseph

25. Januar 1772

... Während meiner ganzen unglücklichen Regierung haben wir wenigstens in allem ein aufrichtiges, billiges und ehrliches Vorgehen an den Tag zu legen versucht, ein Vorgehen der Mäßigung, der Vertragstreue. Das hat uns das Vertrauen, ich darf sagen die Bewunderung Europas eingetragen, die Achtung und Verehrung unserer Feinde; seit einem Jahre ist all dies verloren. Ich muß gestehen, ich ertrage es schwer; nichts auf der Welt hat mich härter getroffen als die Einbuße unseres Rufes. Leider muß ich Ihnen gegenüber bekennen, daß wir es verdienen. Daher wünsche ich, daß man Abhilfe schafft, indem man jedes grundsätzliche Streben, aus diesen Wirren Nutzen zu ziehen, von sich weist und erwägt, wie man möglichst schnell und glimpflich aus dieser unglücklichen Lage herauskommt, ohne an Erwerbungen für uns zu denken, wohl aber an die Wiederherstellung des Vertrauens und guten Rufes und nach Möglichkeit des politischen Gleichgewichtes.

88 Maria Theresias »Instruktion« für die Reise von Franz Graf Rosenberg nach Parma zu Maria Amalia

März 1772

Sein in so vielen Gelegenheiten erprobter Diensteifer und seine ausnehmende Geschicklichkeit machen, daß wir in Gegenwärtigem dem Grafen ein zwar in Ansehung der Staatsbetrachtungen im geringsten nicht wichtiges, unser mütterliches Herz aber sehr nahe angehendes Geschäft hiermit auftragen. Die in Parma seit dem Tag der Verbindung unserer Tochter Amalia mit dem Infanten und Herzog von Parma entstandenen Irrungen und unangenehmen Ereignisse sind dem Grafen, wie leider ganz Europa, dem es zur Fabel und zum Gelächter dient, nicht unbekannt. Anfangs sahen wir alle Handlungen unserer Tochter als Folgen ihrer Jugend und ihrer Unerfahrenheit an, mit welcher sie zu einem eingebildeten Guten mit gar zu vielem Eifer und ohne mindeste Überlegung und Vorsicht zu Werke ging. Wir wandten dagegen die stärksten und häufigsten mütterlichen Ermahnungen an, teils durch unseren eigenhändigen Briefwechsel, teils durch Abschickung und mündliche Vorstellungen verschiedener unserer vertrauten Minister, wie nämlich des Grafen selbst, des Grafen Firmian, des Barons Knebel, des Auditors di Rota Hrzan, einiger anderer kleinerer ganz zu schweigen, allein umsonst. Ihre Gemütsbeschaffenheit, die der Wahrheit gegen ihre eingewurzelten Vorurteile wenig Wurzel zu fassen gestattet, ihr unglückseliger Hang zur Herrschsucht, der üble Rat und die Schmeichelei kleiner und schlechter sie umgebender Leute, in der sie die Liebe des Volkes und einen gewissen Ruhm anzutreffen glaubte, endlich ihre eigensinnige Denkungsart und schwache Überlegungskraft in Auswählung und Unternehmung ihrer Handlungen, wohl aber Spitzfindigkeit und Heftigkeit in gewaltsamer Behauptung ihrer einmal angenommenen Sätze, dieses alles unterdrückte die Wahrheit und gab nur Anlaß zum Mißbrauch unserer mütterlichen Vorstellungen. Wir haben daher eine Zeit her völlig von ihr abzustehen für das rätlichste gehalten, und wollten die Zeit und ihre eigene Erfahrung das meiste wirken lassen.

Ja, da wir weder Ehre noch Nutzen aus allen unseren weiteren Vorstellungen vorhersahen, so hätten wir auch diese unterlassen, und es ist nicht eine Folge unserer mütterlichen Liebe, die zwar alle ihre Kinder gleich liebt, aber dennoch nach ihren Verdiensten und uns gebendem Trost zu unterscheiden weiß, daß wir gegen diese unsere Tochter, die uns schon zu so vielem Unlust die Gelegenheit gegeben hat, noch diesen Versuch als gewißlich den letzten wagen, sondern das Verlangen beider gekrönten Häupter hat uns dazu allein verleitet, da wir nichts Besseres, so sehnlich als wir es wünschten, zu erhalten begründete Hoffnung haben. Allein es sei dies noch der letzte Versuch, beiden Königen zu Ehren und unserem eigenen Gewissen zur Ruhe, in welcher wir nachher mit Gelassenheit alles, was immer geschehen könnte oder notwendig geschehen wird, ohne uns im mindesten darein zu mischen, mit ruhigem Gemüt und möglichster Gleichgültigkeit ansehen werden...

89 Maria Theresia an Ferdinand

5. März 1772

Monsieur, mein lieber Sohn,

... wenn Sie anfangen, so leichtfertig über Ihre ersten Pflichten gegen Gott und über meine Befehle und Lehren zu denken und in diesem Sinne leben, ist alles zu befürchten und wenig zu hoffen. Sehen Sie Ihren Bruder Leopold an: er hat meine Ratschläge genau befolgt, und befindet sich wohl und zufrieden dabei. Er war in Ihrem Alter, er war Herrscher, was Sie nie sein werden. Er hat sich allgemeine Achtung sogar außerhalb seines Landes erworben: wenn Sie diesen Weg einschlagen, ist das Gegenteil zu befürchten. Ich hoffe, daß Sie jetzt in der Fastenzeit besser Ihren Pflichten

und meinen Befehlen nachkommen, Ihre Zeit ordnen und wie ein vernünftiger Mensch und Fürst leben werden...
Ich bin immer Ihre treue Mutter

Maria Theresia

90 Maria Amalia an Maria Theresia

Parma, 22. April 1772

...Ich werfe mich zu Ihren Füßen und bitte Sie, mir meine Fehler zu verzeihen und mich anzusehen, wie der gute Vater im Evangelium, der seinem verlorenen Kind verziehen hat. Ich war eben auf einem schlechten Weg; I. M. hat mir den Vorhang vor meinen Augen weggezogen, ich sehe es alles klar; ich erkenne, daß ich auf meinen Abgrund zugegangen bin. Ich werde mich wieder in die Arme einer Mutter werfen, die gut und teilnehmend ist; ich schreibe Ihnen, liebe und unvergleichliche Mutter, auf den Knien, um zu zeigen, wie gedemütigt und erniedrigt ich von meinen Fehlern bin. Ich kann mich nicht trösten über den Kummer, den ich I. M. verursacht habe und ich wüßte keinen anderen Trost als den, daß ich wirklich mehr aus Ignoranz und Dummheit gefehlt habe als aus Bosheit; gewiß werde ich niemals wieder in meinem Leben eine ähnliche Sache tun...

91 Maria Theresia an Ferdinand

7. Mai 1772

Monsieur, mein lieber Sohn,

Rosenberg wird bei Ihnen sein, über dessen rasche Ankunft Sie recht erstaunt sein werden; für mich ist sie recht betrübend, umsomehr, als durch die von Ihrer Schwester begangenen Exzesse ihr aller Briefverkehr mit mir und der Familie untersagt ist. Falls sie Ihnen oder Madame schreiben sollte, dürfen Sie nicht antworten, sondern müssen den Brief durch Firmian siegeln und an Llano, den Minister in Parma, zurücksenden lassen. Ihre Schwester zwingt mich, sie so zu behandeln; stellen Sie sich vor, wie ich dadurch leiden muß, daß ich sie in ihr Verderben laufen sehe, ohne sie hindern zu können.
 Adieu.

92 Maria Theresia an ihre Schwiegertochter Maria Beatrice in Mailand

28. Mai 1772

Madame, meine liebe Tochter und charmante Sekretärin,

die Nachricht, die Sie mir noch als unsicher geben, ist so schön, daß ich wie Sie mich noch nicht ganz der Freude hingeben mag und noch einige Tage auf die nächste Post warten will. Doch ich bitte, schonen Sie sich, selbst wenn es umsonst wäre, man kann nicht vorsichtig genug sein. Ich denke daran, daß gerade in diesen kritischen Tagen in Mailand Rennen, Theater, Empfänge sind, also spätes Heimkommen abends, das kann ich nicht gutheißen. An den Rennen teilzunehmen, ob nun im Wagen oder zu Fuß, ist vor der dreizehnten Woche nicht ratsam. Meine liebe Tochter, verderben Sie ja nichts, einmal eine Fehlgeburt, adieu

Gesundheit und selbst wenn Sie später doch noch Kinder zur Welt bringen, Ihre Gesundheit wird es spüren. Ich muß predigen, es geht mich zu sehr an, daß man nichts riskiert; und ihr könnt beide die Folgen noch nicht übersehen. Wenn man jung ist, glaubt man gern, daß die Alten immer übertreiben, aber hier geht es um das Gewissen und Ihr ganzes Wohlsein. Ich habe ja hier das furchtbare Unglück mit unserer ersten Erzherzogin erlebt und eben zittere ich um unsere Großherzogin, nach diesem in Neapel. Der zweite Junge, der danach kam, hat jetzt noch darunter zu leiden, und sie selbst ist zart geworden und um zehn Jahre gealtert. Ich beschwöre Sie also, solange es noch keine Gewißheit gibt, von allen anstrengenden langen Wagenfahrten und Spaziergängen abzusehen, bis die kritische Zeit überstanden ist. Bouchart ist zurück und konnte mir nicht genug davon erzählen, wie sehr sich mein Sohn herausgemacht hat und zufrieden ist. All dies verdanke ich Ihnen, ein Grund mehr, daß Sie sich schonen; Faby schreibt das gleiche an van Swieten. Umarmen Sie meinen Sohn von mir,

Ihre allzeit getreue Mutter

Maria Theresia

93 Maria Theresia an Ferdinand

11. Juni 1772

Monsieur, mein lieber Sohn,

durch Ihre Eile, alle Pakete zu öffnen, ohne einen Blick auf die Adresse zu werfen, haben Sie mir ein wenig die Überraschung verdorben, die Ihre Frau Ihnen durch Überreichung meines Briefes bereiten sollte. Das ist ein Fehler der Jugend; ich verzeihe Ihnen, und Ihre Freude belohnt mich für das Mißlingen meines Vorhabens. Aber eine Bemerkung muß ich Ihnen machen; Sie müssen sich hüten, jemals ein

Paket zu öffnen, das für einen anderen bestimmt ist, und sei es selbst für einen Kammerdiener. Das muß heilig sein, wir haben kein Recht über die Geheimnisse eines anderen. Kaum in Staatssachen ist das erlaubt. Ein andermal überzeugen Sie sich also erst, bevor Sie die Hand daran legen.

Browne hat Balsam in mein Herz gegossen, weil er nicht genug Gutes von Ihnen sagen kann. Er hängt sehr herzlich an Ihnen, und Ihr Brief, den Sie mir über ihn geschrieben haben, macht Ihnen Ehre. Es ist besser, zu viel als zu wenig Gefühl zu haben. Durch das Gefühl allein kann man die anständigen Menschen fesseln, aber nicht durch die Philosophie, die augenblicklich so sehr in Mode und die doch weiter nichts ist als eine überfeinerte Eigenliebe und eine Härte für die anderen. Lassen Sie sich da nicht hineinziehen, es ist besser, durch zu viel Gefühl etwas mehr Kummer zu haben, andererseits hat man auch mehr Freude; wenn man die irdischen Dinge als christlicher Philosoph auffaßt, bleibt man immer der Gleiche im Unglück wie im Glück. Das ist eine weite Abschweifung, die ich aber für nötig hielt, um Sie vor Unheil zu bewahren...

Ich umarme Sie, mein lieber Sohn. Adieu.

Maria Theresia

94 *Maria Theresia an Ferdinand*

20. August 1772

Monsieur, mein lieber Sohn,

welche Freude hat uns doch die Geburt des vierten Erzherzogs bereitet! Nun sind sieben am Leben; wie viel Dank schulden wir! Seit zwei Jahrhunderten, glaube ich, zählte unser Haus nicht so viele, und doch war es mit mir erloschen. Ich sehe es wieder aufleben. Möge es der heiligen Religion, der Kirche und dem Wohl seiner Völker ebensoviel

Nutzen bringen, wie das frühere, das aus lauter braven, gütigen Fürsten, guten Christen, guten Ehegatten, guten Vätern, treuen Freunden ihrer Freunde bestand...
Ihre treue Mutter

Maria Theresia

95 Maria Theresia an Ferdinand

28. Oktober 1772

Monsieur, mein lieber Sohn,

...was für eine geistliche Lektüre pflegen Sie eben? Es wäre sehr nötig, andere Bücher zu lesen, entweder historische, wissenschaftliche oder moralische, die Geist und Herz bilden. Firmian, Khevenhüller, und selbst Ihre Gemahlin könnten Ihnen solche liefern und Sie damit unterhalten. Ich weiß, daß das Bücherlesen niemals nach Ihrem Geschmack war, und dennoch ist es das einzige Hilfsmittel für uns, um die Wahrheit ungemildert und ungeschminkt zu erfahren. Das hat Leopold und jetzt den Kaiser so rasch gebildet, der auch eine Zeitlang verabscheute, sich damit zu beschäftigen, die Notwendigkeit und Nützlichkeit jetzt aber einsieht. Sie haben so gut angefangen, jetzt müssen Sie nur versuchen, Ihre glücklichen Anlagen zu festigen. Unsre Welterfahrung muß alle Klippen vorhersehen, die sich für jeden mehr oder weniger finden, aber wenn der Grund gut ist und die Mittel vorhanden sind, ist wenig zu befürchten. Die Ordnung in allen Dingen ist die Seele, gute Lektüre tröstet uns und dient uns als Freund; Ihr Herz bedarf einer solchen Hilfe...
Sie umarmend bin ich
Ihre stets treue Mutter

Maria Theresia

96 Maria Theresia an Marie Antoinette

Wien, 31. Januar 1773

Madame, meine teure Tochter,

... sagen Sie nicht, daß ich schelte, daß ich predige, sondern sagen Sie: die Mama liebt mich sehr und ist ständig um mich und um mein Wohlergehen besorgt. Sie müssen ihr glauben und sie trösten, indem Sie ihre Ratschläge befolgen. Sie werden sich dabei wohl fühlen, und jeder Schatten, der Ihnen so mißfallen hat, wird in Zukunft aus meinem Vertrauen verscheucht sein. Ich sage Ihnen nichts mehr über diesen Gegenstand; ich habe darüber alles, was notwendig war, das letzte Mal gesagt. Ich hege darüber weder Ranküne noch *Verschmach*. Wenn ich diese Dinge gesagt habe, dann genügt es mir. Ich bin aufrichtig und verlange eine gleich große Aufrichtigkeit und Offenherzigkeit mir gegenüber. Ich kann es fordern, denn ich bin keinesfalls anspruchsvoll, sondern sehr nachgiebig.

Sie zärtlich umarmend verbleibe ich...

97 Maria Theresia an Ferdinand

18. Februar 1773

Monsieur, mein lieber Sohn,

am Datum sehen Sie, daß ich zurückgezogen lebe. Den Aschermittwoch habe ich zugebracht, wie es meiner Witwenschaft und meinem Alter zukommt, und ich bedaure nicht, bei den Festen dieses Tages nicht zugegen zu sein. Die Einsamkeit, die ich heute genieße, hat mir sehr wohlgetan, aber der Mangel an Briefen aus Italien paßt nicht zu meiner Philosophie..., die letzten Briefe vom 6. brachten uns die Nachricht von der Fehlgeburt der Großherzogin. Es ist fast dieselbe Sache wie in Neapel. Der tägliche Theaterbesuch, die *cascine* und die nächtlichen Vergnügungen sind zuviel im Beginn der Schwangerschaft, bevor dies kleine Wesen eine festere Form angenommen hat, bis nach achtzehn Wochen. Ich bemerke das ausdrücklich, mein Sohn, und bin sicher, daß Sie es nicht vergessen werden. Selbst zu lange Spaziergänge taugen nicht in dieser Anfangszeit. Sie sehen, daß ich noch nicht auf kleine Kinder verzichtet habe, und ich schmeichle mir, daß wir nach Ablauf des Jahres wieder Grund zu neuer Hoffnung haben...

Grüßen Sie mir Ihre liebe Sekretärin und glauben Sie mir, daß ich immer bleibe

Ihre treue Mutter

Maria Theresia

98 Maria Theresia an Ferdinand

26. Mai 1773

Monsieur, mein lieber Sohn,

... was treiben Sie eben für Lektüre, um Ihren Geist zu bilden? denn die Schmöker allein tun es nicht! Ihre Gemahlin liebte und las stets sehr nützliche Bücher. Ahmen Sie sie nach und setzen Sie sich täglich eine Stunde dafür fest, aber dann dürfen Sie keine Possen treiben oder mit den Hunden spielen. Durch Zufall habe ich erfahren, daß Sie welche haben und sie abrichten. Ich gestehe, daß ich, da ich Sie von Grund aus kenne, dieses Vergnügen für Sie recht verderblich finde, besonders wegen der Reinlichkeit, worin Sie sich nicht besonders auszeichnen. Ihre Leidenschaft für die Hunde ist mir bekannt, ebenso weiß ich, wie gut Sie es verstehen, die Zeit tot zu schlagen, und das wird immer ein Anlaß zu schädlicher und, ich muß sagen, kindischer Zerstreuung sein. Wenn man Familie hat, passen keine Hunde dazu; also denken Sie ernstlich darüber nach, und am ersten

Juli, wenn Sie in Ihr zwanzigstes Jahr eintreten, erwarte ich eine feste Regelung, mit der Sie am ersten Juni beginnen werden. Je schwerer es Ihnen wird, desto deutlicher beweist es die böse Wendung, die Sie schon genommen haben, und je länger Sie damit zögern, desto schwieriger wird es Ihnen erscheinen, und um Ihre Gesundheit und Ihren guten Ruf sowie Ihre Zufriedenheit zu erhalten, müssen Sie dahin kommen; sonst ist alles umsonst. Glauben Sie einer Mutter, die die Welt kennt, die aus Erfahrung darüber zu urteilen versteht, und nur Ihr Wohlsein und Ihr Glück im Auge hat.

Ich umarme Sie und bin Ihre treue Mutter

Maria Theresia

99 Maria Theresia an Joseph

Schönbrunn, 20. Juni 1773

Meine Ruhe und gute Laune sollten nicht lange dauern. An demselben Abend, an dem ich brieflich mit Ihnen plauderte, habe ich die Post erhalten, die mich in tiefstes Nachdenken versetzte. Ich kann diese furchtbare Reise so wenig wie die andern, die Sie so sehr ermüden, mit Ihren Augen ansehen; Sie füllen damit Ihre schönen Tage aus, berauben mich der paar Augenblicke, die mir übrig bleiben, und erfüllen sie mit Bitternis. Helfen Sie mir lieber, die Provinzen, die Sie durchreist haben und die unter unserer Obhut sind, besser in Ordnung zu bringen. Wenn dort die Verhältnisse gefestigt sind, kommen Transsylvanien und Polen an die Reihe, aber beim Einrichten dieser Provinzen erzielt man nicht so Großes wie bei den anderen. Verzeihen Sie, aber ich bin verpflichtet, Ihnen die Wahrheit zu sagen. Es ist nicht möglich, daß Sie trotz Ihres Scharfsinns und Eifers bei diesen Reisen von zwei oder drei Monaten alles beobachten und die richtigen Schlüsse daraus ziehen können, ganz besonders in

Polen, wo niemand Ihnen Aufklärungen geben kann, die Einheimischen noch weniger als die anderen. Und in was für einer kritischen Zeit wollen Sie hingehen? Weder die Zarin noch der König von Preußen sind schon dort gewesen. Sie haben diesen Winter gesehen, daß er selbst diese Reise nicht ratsam fand, und Sie sind doch grausam genug, von mir ein Ja zu fordern? Sie rechnen stets auf meine Zärtlichkeit, die Ihnen auch dann recht gibt, wenn mein eigenes Herz dagegen spricht. Ich kann nicht daran zweifeln, daß Sie diese Reise wünschen und wollen. Da ich mich gegen meine Überzeugung zu nichts entschließen kann, habe ich Kaunitz um Rat gefragt. Ich lege sein Schreiben bei; infolgedessen habe ich alle Briefe mitgeschickt. Ich hoffe, daß Ihnen damit gedient sein wird; möge Gott das Opfer annehmen, das ich nicht Ihnen, sondern ihm allein bringe, damit er Ihre Absichten und Ihre Unternehmungen segne. Sie werden wie gewöhnlich weder Klagen noch Murren von mir hören. Das bleibt alles meinem Herzen allein vorbehalten. Stellen Sie sich dessen Empfindlichkeit vor, nachdem Sie mich in diesem Winter so getröstet gesehen haben, als Sie vorgeschlagen haben, nicht mehr daran zu denken, und wie beruhigt ich war in dem guten Glauben, daß nicht mehr die Rede davon sein werde, bis zu diesem Augenblick. Ungeachtet des unterdrückten Geredes, das seit vierzehn Tagen hier umläuft, daß nämlich diese Reise stattfinden soll, bin ich die Einzige, die ruhig geblieben ist; sie ist also nun beschlossen, und ich sage nichts weiter, aber meine Sorgen werden nicht aufhören. Was ich aber noch beifügen muß, ist, daß die jetzige Jahreszeit für diese Reise, wenn sie unbedingt in diesem Jahr gemacht werden soll, nicht angemessener ist als der September; und daß der Eid der Treue noch nicht geleistet werden konnte, ist nur eine Zeremonie, denn er wird immer nur erzwungen und diesen armen Leuten entrissen werden.

So weit unsere politischen Geschäfte; es war in dieser kurzen Muße nicht möglich, dem Banat die Informationen für den neuen Vertrag zu senden. Man muß ihn sofort absenden, sonst hätte Reviczky die Konferenz um acht Tage verschieben müssen, um die neuen Vorschriften zu erwarten. Wären Sie hier bei mir geblieben, dann wäre alles besser geworden, und Ihr Platz ist hier, nicht *in den Carpathischen Gebürgen*. Verzeihen Sie mir! Sie glauben, daß ich zu viel auf das Gerede der Leute gebe? Ich habe doch in den ersten zwanzig Jahren meiner Regierung wirklich das Gegenteil bewiesen; aber ich finde, Sie geben zu wenig darauf; Sie folgen nur Ihren eigenen Gedanken und Wünschen, denen niemand widerspricht, weil Sie die Gabe haben, gut reden und schreiben zu können, und mit Hilfe von endlosen Sophismen und Persiflagen gelangen Sie meistens zum Ziel. Das ermutigt Sie, so daß Sie glauben, alle anderen hätten Unrecht und verdienten keine Beachtung.

Verzeihen Sie mir diese Weitschweifigkeit; ich bin keineswegs böse, allein ich bin traurig und glaube Sie wenigstens für die Zukunft warnen zu sollen. Ich bin nicht imstande, mit Ihnen von anderen Dingen zu reden. Meine Reise nach Hof habe ich auf eine andere Zeit verschoben, da ich jetzt nichts so recht genießen kann, aber Ihre Grüße habe ich ihnen ausgerichtet. Das wird sie rühren; obwohl sie sehr an Ihnen hängen, habe ich mich doch gehütet, ihnen meine Besorgnisse mitzuteilen, wenn sie auch morgen durch den Kriegsrat erfahren dürften, daß das Feldlager von Pesth nicht mehr stattfinden wird.

Der Kurier wurde wegen der Note von Kaunitz zwölf Stunden aufgehalten und wird erst am 21. mittags abgehen.

100 *Marie Antoinette an Maria Theresia*

Versailles, 17. Juli 1773

Madame, meine teuerste Mutter,

...ich vermag diesen großen Tag nur mit jenem zu vergleichen, an dem meine teuere Mama nach der Geburt meines Neffen von Florenz ins Theater gekommen ist. Obwohl ich damals noch ein ganzes Kind war, habe ich doch gefühlt, wie sehr alle Herzen durch das Erscheinen meiner zärtlichen Mutter bewegt waren. Der Herr Dauphin ist jedesmal, wenn er in Paris war, wunderbar gewesen. Und wenn ich es sagen darf, hat er infolge des sichtbaren guten Einverständnisses zwischen uns noch mehr die Gunst des Volkes gewonnen. Dieser Umstand hat wohl das Gerücht aufkommen lassen, daß er mich öffentlich geküßt hat, obwohl das nicht richtig ist; doch ist meine teuere Mama sehr im Irrtum zu glauben, daß er es seit meiner Ankunft nicht getan hat; im Gegenteil, seit langem bemerkt jedermann seine Zuneigung zu mir. Ich kann wohl Ihnen, meine teuere Mama, und nur Ihnen anvertrauen, daß meine Angelegenheiten, seitdem wir hier sind, sich gut entwickelt haben, und ich die Ehe für vollzogen halte; wenn auch noch nicht in dem Maße, um schwanger zu sein. Aus diesem Grunde allein will der Herr Dauphin noch nicht, daß man es weiß. Welches Glück, wenn ich im Monat Mai ein Kind hätte! Was mein Unwohlsein betrifft, habe ich es noch immer stark und gut, und Sie können mir wohl glauben, daß ich zu dieser Zeit nicht reite...

101 *Maria Theresia an Ferdinand*

12. August 1773

Monsieur, mein lieber Sohn,

... Gott sei Dank, der Kaiser ist gesund; ich habe von ihm vom 2. Briefe aus Lemberg. Er findet die Arbeit unangenehmer als irgendeine andere. Unter uns gesagt, ich bin nicht verstimmt deswegen, da ich ihm das vorausgesagt habe, daß dies noch nicht die Zeit sei, um Gutes tun zu können und die Dinge klar zu sehen. Aber man glaubte mir nicht, und nachdem ich mein Gefühl gesagt habe, habe ich die Dinge ihren Lauf nehmen lassen, bisweilen nicht ohne große Mühe...

Ich kann euch nicht in dem Glauben lassen, daß der Entbindungsstuhl, den ich euch geschickt habe, mir diente. Ich finde es nicht passend, etwas, was schon benutzt wurde, zu schicken, außerdem ist meine Größe sehr verschieden von der Ihrer Gattin. Dieser Stuhl wurde für die Kaiserin Josepha gemacht, als sie glaubte, schwanger zu sein, ist nie benutzt worden und ist in der Garderobe verblieben. Aber das silberne Becken hat mir und euch allen gedient, und das ist ein Wahrzeichen der Familie. Leider bleibt mir, was den Kaiser betrifft, keine Hoffnung mehr, und auch Maximilian ist keineswegs fürs Heiraten bestimmt, so daß ich darauf zähle, daß Sie die Zahl der Erzherzöge Franz erhöhen werden.

Ich bleibe stets Ihre treue Mutter

Maria Theresia

102 Maria Theresia an ihre Schwiegertochter Maria Beatrice

23. August 1773

Madame, meine liebe Tochter,

Sie sollen mir ganz offen sagen, ob Sie rot geworden sind, als die Hebamme Ihnen diese Zeilen gab. Wie gern würde ich Ihnen helfen, aber ich kann Ihnen nicht einmal einen ernsthaften Rat geben, denn trotz meiner sechzehn Kinder weiß ich nichts, rein gar nichts. Das mag Ihnen einiges zu denken geben über meine Tüchtigkeit, aber ich gestehe, was Niederkunft und alles sonstige Medizinische angeht, wollte ich unwissend bleiben, um besser gehorchen zu können. Denn ich habe immer gefunden, daß die Halbwissenden am schwersten zu pflegen waren. Diese Hebamme kann ich Ihnen nur sehr empfehlen, man stellt ihr das beste Zeugnis aus, und manche Frau, der sie geholfen, hat ihr Dankestränen nachgeweint. Sie werden noch einen anderen Brief durch die *Kammerfrau* erhalten.

Ich bin Ihre getreue Mutter

Maria Theresia

103 Maria Theresia an Marie Antoinette

Schönbrunn, 3. Oktober 1773

… ich habe mir so lange nichts anmerken lassen, als es keinen Gedanken an eine Ehe gab; jetzt aber, wo Sie mir sagen, daß alles in Ordnung ist, darf ich nicht schweigen, und Sie sind verpflichtet, sich zum Opfer zu bequemen. Eine verheiratete Frau kann nie die Gewißheit haben, nicht schwanger zu sein, und es besteht niemals eine größere Gefahr als während der ersten vier Wochen. Man kann nicht einmal wissen, ob man schwanger ist oder nicht. Ich lasse mich über diesen Punkt aus, nicht um Sie zu erschrecken, sondern um Sie aufzurütteln, ernstlich daran zu denken, daß dieses Reiten keineswegs zulässig ist, wenn Sie als Mann und Frau zusammenzuleben fortfahren.

Das Beispiel der Königin von Neapel mag Sie zur Vernunft bringen und Ihnen als Vorbild dienen; der liebe Gott hat ihr Opfer gesegnet, denn für sie war es viel größer als für Sie, da sie keine Erholungsmöglichkeit in jenem Lande hat, während Sie inmitten der feinen Welt und der Amüsements leben.

104 *Maria Theresia an Ferdinand*

7. November 1773

Monsieur, mein Sohn und verehrungswürdiger
Papa und glücklicher Gemahl!

Ich konnte die Post von übermorgen nicht abwarten, um Ihnen anzuzeigen, daß Ihr Kurier gestern abends um elf Uhr angekommen ist; also in vier Tagen und fünf Stunden. Er hat sich die größte Mühe gegeben und Sie können sich vorstellen, wie er empfangen worden ist. Ich lag schon zu Bette und habe ihn erst heute morgen gesehen, aber meine Briefe wurden verschlungen. Gott sei Dank, daß alles so glücklich vorübergegangen ist; ich war in Sorge um Sie, um die Mutter und um das Kind. Morgen werden wir große Gala wie am Neujahrstag abhalten. Kammerherren und Staatsräte sollen ernannt werden; ob der Kaiser Orden geben will, bezweifle ich, trotzdem gebe ich die Hoffnung nicht auf. Unter den Staatsräten werden der Fürst Albani, der alte Verri und Montani von Mantua ernannt werden, alle drei ohne Taxe, außer der der Reichskanzlei.

Umarmen Sie Mama und mein kleines Patenkind herzlich von mir. Der ersten schreibe ich noch nicht, um sie nicht in Versuchung zu führen. Dem Herzog, dem Prinzen und der

Prinzessin richten Sie bitte meine Grüße aus; in einigen Tagen werde ich ihnen antworten, zuerst möchte ich noch abwarten, wie die ersten Tage verlaufen. Ich empfehle Ihnen äußerste Schonung. Mein Grüße der Melzi und Khevenhüller; ich bin außer mir vor Freude. Über den Schluß Ihres Briefes spreche ich mich das nächste Mal aus. Ich bin stets Ihre treue Mutter

Maria Theresia

105 Joseph an Maria Theresia

9. Dezember 1773

Ich habe vorhergesehen, daß ich in Anbetracht meiner Lage, und vielleicht auch meiner Denkungsart, nicht die Rolle meines hochseligen Vaters spielen könne. Was habe ich daher getan? Ich habe versucht zu reisen, und mich sogar von der so kostbaren Vertraulichkeit der zärtlichen Liebe I. M. fern zu halten. Ich habe diese Unterscheidung in der Unterschrift aufrecht erhalten, habe versucht nicht mehr daran zu denken, kurz habe sorgfältig jeden Gedanken berechnet, wie wenn ich Einfluß auf I. M. hätte, obwohl ich wußte, daß man versuchen würde mich zu veranlassen, meine Stellung zu mißbrauchen, und daß zwei Willen niemals so vollkommen einig bleiben können ohne Unsicherheit zu erzeugen, und dadurch Kabalen, Intrigen und Parteibildungen die Tür zu öffnen...

Um Sie nicht länger mit Gefühlen zu langweilen, deren Wirkungen Sie täglich gesehen haben müssen, mögen Sie mir gestatten, mir für das Wohl des Staates, für Ihre Ruhe, für mein Glück und für das aller der, die es angeht, eine Gnade zu erbitten: nämlich, daß Sie geruhen, mich und alle Ihre Minister als Ihre Ratgeber und Diener anzusehen, und daß wir nur dazu da sind, Ihre Befehle zu erbitten und ausführen.

Das ist unsre alleinige und einzige Pflicht. Alles, was in irgend einer Hinsicht geschehen soll, muß von Ihnen ausgehen. Sie allein können der gemeinsame Mittelpunkt sein, von dem alles strömt und zu dem alles zurückfluten muß.

Ich liebe nichts auf der Welt als Sie und den Staat; mögen Sie entscheiden, mögen Sie handeln! Wenn ich nur an mich dächte, dann wüßte ich wohl, was ich täte! Ich stehe Ihnen zu Dienst für das Leben.

Joseph

106 Maria Theresia an Joseph

Dezember 1773

Seit Ihrem letzten Brief läßt mich gewissermaßen das Vertrauen wieder aufleben, und ich denke beständig darüber nach, wie ich den Moment, in dem Ihr Herz sich mir wieder zukehrt, dazu verwenden könnte, unsere inneren Angelegenheiten, die in recht traurigem Zustand sind, dauernd zu ordnen. Ich bin bereit, Ihnen alles zu überlassen, ohne mir das geringste vorzubehalten, würde mich sogar zurückziehen, sei es hier oder anderswo, wenn Sie mir nicht so oft versichert hätten, daß Sie es nicht ertragen können, auch nur daran zu denken. Ich schlage es Ihnen nochmals vor, da das allein mich beruhigen und trösten könnte. Wenn Ihnen daran liegt, mich zu erhalten, so ist das das einzige Mittel. Fürchten Sie sich nicht, daß ich es je bereuen könnte. Ich habe nur zu gut erprobt, was die große Welt bieten kann, um sie nicht mit der größten Bereitwilligkeit zu verlassen. Zwei Dinge halten mich davon ab: Ihre Opposition und der Zustand unserer Geschäfte, den ich so schlecht finde, daß ich Sie in diesem Augenblick nicht allein belasten möchte. So entmutigt ich auch sein mag, bin ich doch wie neu belebt, und wenn ich auf Ihre Hilfe rechnen kann und Sie mir mit

Ihren Ratschlägen beistehen wollen, finde ich in mir dasselbe Gefühl wieder, das mich selbst bei den schmerzlichsten Gelegenheiten bisher niemals verlassen hat.

Da Sie ja nicht selbst befehlen wollen, möchte ich, daß Sie mich bei der ungeheuren Arbeitslast, die mich drückt, unterstützen, denn ich muß gestehen, daß meine Fähigkeiten wie Gesicht, Gehör, Beweglichkeit erschreckend nachlassen und daß der Mangel, den ich mein ganzes Leben lang am meisten fürchtete, Unentschlossenheit, begleitet von Mutlosigkeit, und das Fehlen von vertrauenswürdigen Personen ist. Daß Sie und Kaunitz mich verlassen, der Tod all meiner vertrauten Ratgeber, die Religionslosigkeit, die Verderbtheit der Sitten, der Jargon, den man jetzt spricht und der mich zu hören schmerzt, all das sind Ursachen, die wohl mehr als genug sind, um mich zu entmutigen.

Ich weiß also keinen besseren Ausweg, als Sie zu beauftragen, mit wem immer Sie an der Einrichtung eines Staatsrates arbeiten wollen, der fähig ist, mich zu entlasten, indem Sie auf den ersten Plan zurückkommen, Prinzipien für die Regierung zu schaffen, ohne Veränderungen bei den Dikasterien und Personen vorzunehmen. Ich könnte Ihnen gar niemand vorschlagen; Kaunitz und Blümegen, die seit seiner Einrichtung am Staatsrat teilgenommen haben, können Ihnen am besten Auskunft geben. Ich nehme Ihre Arbeit über eine bessere Anordnung ebenso wie die andere *über die Länderstellen und bessere Einrichtung der Kreisämter* zur Grundlage. Um mich zu erhalten, ist das, was ich Ihnen vorschlage, das einzige Mittel.

Ich kann nicht mitansehen, daß der Staat durch meine traurige Verfassung zugrunde geht. Nur Ihre Hilfe kann mich daraus befreien. Ich verspreche Ihnen mein ganzes Vertrauen und verlange sogar von Ihnen, daß Sie mich sofort aufmerksam machen, wenn Sie finden, daß ich Fehler begehe. Das könnte nur aus Versehen geschehen, nie absichtlich. Sie liebten früher den Staat so sehr; Sie schenkten ihm Ihre ganze Kraft. Was ist denn aus diesem gerechten Ehrgeiz geworden? Ich habe oft geseufzt über diese einzige Ursache, die Sie dem Schoß Ihrer Familie, dem Glück entriß; sogar noch dieses Unglück mußte ich erleiden, daß mein Herz, kaum daß es meiner Vernunft den Weg gewiesen hat, zu allem, was es wünschen konnte, schwieg. In diesem Augenblick, sage ich, der mir fast das Leben gekostet hat, finde ich Sie wenigstens wieder mehr mit dem Staat beschäftigt.

Helfen Sie doch einer Mutter, deren einziges Gut seit dreiundzwanzig Jahren Sie selbst sind, die trostlos lebt und ebenso sterben wird, wenn sie alle Sorgfalt und alle Bemerkungen ihrer Zärtlichkeit verloren sieht. Sagen Sie, was Sie wollen, das ich tun soll, kein Opfer wird mir zu schwer sein in der grausamen Lage, unter der ich schon seit sechs Jahren leide.

107 Maria Theresias »Instruktion« für Maximilian

April 1774

Mein lieber Sohn,

ich gestehe, es fällt meiner Liebe schwer, Sie so jung schon fortzulassen. Ich hatte Sie dazu ausersehen, mir die Augen zu schließen, aber weil ich nur an Ihre Wohlfahrt allein denke, ohne Rücksicht auf mich, bringe ich das Opfer, Sie von hier fortzulassen, wo Sie nichts mehr zu lernen haben und für Sie die geeigneten Mittel fehlen, um sich zu bilden und das nützlich anzuwenden, was ich Sie lernen zu lassen für richtig hielt. Sie werden mir das Zeugnis ausstellen, daß ich nichts vernachlässigt habe, weder die Wissenschaften noch die Pflege der Talente, die der liebe Gott Ihnen verliehen hat. Trotz meines Alters, meiner Unpäßlichkeiten und der Geschäfte, die mit meiner Person verbunden sind, war die Erziehung meiner Kinder stets meine größte und teuerste Aufgabe. Wenn nicht alles meinen Instruktionen, Befehlen und aufgewandten Mühen gemäß geschehen ist, ist das nicht meine Schuld, sondern die Wirkung von tausend Umständen, die uns in dieser Welt nichts Vollkommenes erreichen lassen und die mit unserer verderbten und unglücklichen menschlichen Natur zusammenhängen. Besonders in der Umgebung der Großen ist es so, wo so viele miteinander wetteifern müssen, wo der Neid und die Eifersucht oft die besten Dispositionen zunichte machen. Ich hoffe, Sie werden mir denselben Trost geben wie Ihre Geschwister und mir das Zeugnis ausstellen, daß ich als gute und zärtliche Mutter in diesem Punkt alles vorhergesehen habe, was Ihnen nützlich sein könnte, indem ich Ihnen trotz Ihrer Jugend nichts vorenthielt, was Ihnen für die Zukunft notwendig und dienlich sein könnte, selbst wenn es Grundsätze waren, die meiner Denkungsart nicht entsprachen, um Sie vor Überraschung und Erstaunen zu bewahren, wenn Sie Urteile hören, die dem entgegengesetzt sind, was Sie gelernt und bisher gesehen haben.

Ihr großes Unglück war, Ihren Vater so früh zu verlieren, einen Fürsten, der ebenso achtungswert war durch seine Reinheit und Genauigkeit in Ausübung unserer heiligen Religion (das erste, ja sogar das einzige Gut eines jeden Menschen), als durch seinen Geist und Charakter, seine Güte und Anmut. Dieses erhabene Beispiel fehlte Ihnen und auch der ganzen Familie zu früh. Sie, der Sie damals erst neun Jahre alt waren, werden sich seiner Reden und Handlungen wohl nicht mehr erinnern und seine Person können Sie sich nur mit Hilfe der Porträts vorstellen, die sich in all meinen Räumen und denen meiner Kinder eigens darum befinden, damit diese ihn bei all ihren Handlungen vor Augen wie im Herzen haben. Seit seinem Tod ist hier alles anders geworden, man kann sagen, es gibt keinen Hof und keinen Fürsten mehr. Versenkt in meinen Schmerz kannte ich mich in den nächsten zwei Jahren selbst nicht mehr, und nach meiner großen Krankheit hatten Alter, Sorgen und Geschäfte die Fähigkeiten meiner Seele und meines Körpers aufgebraucht. Die letzte unglückliche Vermählung Ihres Bruders, des Kaisers, und so viele andere Umstände haben dazu beigetragen, das Aussehen hier vollkommen zu verändern, und der Ton, der gegenwärtig hier herrscht, ist der schlechteste für die Religion, den Anstand, sowie für das Wohlsein der Familien, und besonders um die jungen Leute zu bilden, die jetzt hier ein äußerst lockeres Leben führen. Ich habe also geglaubt, Sie in diesem Alter, in dem man kaum Herr seiner selbst ist, retten zu müssen, in diesem Alter, in dem man, von dem Zwang der Kindheit befreit, die Leidenschaften am meisten fürchten muß. Ihr Heil und Ihr Wohlsein hängen davon ab. Diese Erwägung allein hat mich veranlaßt, meine ganze berechtigte Zärtlichkeit hintanzusetzen und mich des letzten Pfandes meiner glücklichen Ehe zu berauben, das ich nach dem gewöhnlichen Verlauf der Dinge vielleicht in dieser Welt nicht mehr wiedersehen werde...

Nach dem schweren Verlust Ihres Vaters, der mich so fühlbar traf, weil ich nur zu glücklich war, mochte ich nur noch in tiefster Zurückgezogenheit leben. Nachdem ich so neun Jahre zugebracht habe, war mein Leid weit davon entfernt, sich zu mildern, vielmehr reißt jeder Monat meine Wunde von neuem auf. Nie wird sie sich schließen; nur meine Kinder können mir durch gutes Betragen einige Linderung verschaffen und dadurch, daß sie bestrebt sind, in meine Fußstapfen zu treten.

Jetzt werde ich anfangen, mich an Sie persönlich zu wenden. Sie sind das jüngste meiner Kinder und der achte Erzherzog, Sie sind zum Glück (und das ist ein recht großes) nicht zum Regieren bestimmt, Ihr Leben wird darum um so glücklicher sein, denn Sie haben weniger Verantwortung zu tragen. Aber durch Ihren Stand sind Sie verpflichtet, sich um alles, was sich auf Ihre Person bezieht, zu kümmern. Für Ihre Lebensstellung haben wir ehrenvoll und angemessen gesorgt: Das Großmeistertum des deutschen Ordens und die Statthalterschaft von Ungarn in der Art, wie Ihr Schwager sie eben besitzt, sind für Sie bestimmt, einschließlich der Landgüter, die Ihr verstorbener, unvergleichlicher Vater hinterließ: Holitsch, Sassin, Göding, Eckartsau und Hof nach der beiliegenden Liste, oder das Gleichwertige an Geld, wenn der Kaiser und ich es ratsam finden sollten, sie zu verkaufen oder zu vertauschen. Die Ihnen bestimmten Einkünfte sind in der beigelegten Liste inbegriffen...

Da Sie nicht für den Ehestand bestimmt sind, müssen Sie um so mehr die Fähigkeit besitzen, Ihr Glück darin zu suchen, so viele Tausende Menschen glücklich zu machen, dem Staate zu dienen und sich nach dem Vorbild Ihrer Ahnen und selbst vieler Privatpersonen wie eines Eugen, Baden, Montecuccoli und anderer einen unsterblichen Namen zu erwerben, denn diese haben sich alle durch ihre Taten unsterblich gemacht. Sie können durch den Vorzug Ihrer Geburt und durch die Ausbildung, die Sie empfangen haben, leichter dazu gelangen; Sie müssen nur wollen.

Ich hoffe, daß weder der Papst noch Ihr Orden die Gelübde von Ihnen fordern werden. Aber wenn ich wünsche, daß Sie nicht dazu verpflichtet werden, verlange ich umso größere Genauigkeit in der freiwilligen Befolgung, geradeso als wenn Sie gebunden wären.

Wenn ich sähe, daß diese sogenannten Gelehrten, diese Philosophen in ihren Unternehmungen glücklicher und zufriedener in ihrem Privatleben wären, könnte ich mich der Voreingenommenheit und des Eigensinns zeihen, weil ich mich nicht bekehren will. Aber unglücklicherweise überzeugt mich meine tägliche Erfahrung vom Gegenteil. Niemand ist schwächer, mutloser als diese starken Geister, niemand kriechender und verzweifelter beim geringsten Mißgeschick. Sie sind schlechte Väter, Söhne, Ehemänner, Minister, Generäle, Bürger. Warum? Die Grundlage fehlt ihnen; ihre ganze Philosophie, all ihre Grundsätze sind nur aus ihrer Eigenliebe geschöpft; die geringste Widerwärtigkeit bringt sie rettungslos zu Fall. Daher kommt es so häufig vor, daß Leute sich selbst töten, verrückt werden oder wenigstens durch ihre ungehörige Aufführung oder Krankheiten zu allem unfähig sind. Selbst wenn der liebe Gott einigen dieser Elenden die Gnade zu teil werden läßt, sie auf den rechten Weg zurückzuführen, so werden sie unnütz für den Staat und vergraben sich in düsterer Zurückgezogenheit, um sich vor den Augen der Welt zu verbergen. Aber diese Fälle sind recht selten; nachdem sie ein sehr bewegtes Leben geführt haben, sterben diese Menschen meistens elend und verzweifelt. Selbst diese oder indifferente studierte Leute, die sich über alle lustig machten, den Ton angaben und über alles, was es in unserer Religion nur Heiliges gibt, und mit Vorliebe über alles, was sich auf die Geistlichkeit bezieht, ihre albernen Witze machten, selbst die haben bei dem geringsten Mißgeschick und der kleinsten Unpäßlichkeit nicht die Kraft, sich aufrecht zu erhalten oder sich zu unterwerfen ...

Vermeiden Sie alles, was Leidenschaft heißt, besonders in bezug auf die Frauen. Es tut mir leid, es sagen zu müssen: sie sind gefährlicher als die schlimmsten Leichtfüße unter den Männern. Einmal gefallen, sind Sie verloren und werden Mühe haben, sich wieder zu erheben.

Bleiben Sie nie mit Frauen allein, weder im Theater in den Logen, noch bei Besuchen und auf Spaziergängen, ohne von einem Ihrer Kavaliere begleitet zu sein. Erlauben Sie sich keine Vertraulichkeiten mit dem anderen Geschlecht, aber behandeln Sie die Frauen sehr respektvoll und höflich, selbst die aus dem Bürgerstand. Keine Vertraulichkeit und Tändelei mit Leuten aus dem niederen Volk beiderlei Geschlechts, alles das paßt sich weder für einen Prinzen aus dem Hause Österreich noch für einen Coadjutor.

Auch ist es wichtig, daß Sie alles Gerede mit den Lakaien und kleinen Leuten Ihres Gefolges vermeiden und ihnen niemals selbst Befehle erteilen. Sie sollen ihr Vater sein, Sorge für sie tragen, sie niemals grob behandeln oder zu viel Dienst von ihnen verlangen, aber sich nie wie ihr Bruder, Gefährte oder Vertrauter benehmen. Diese Leute haben weder Erziehung noch Kenntnisse bekommen. Wenn Sie sie zu anderen Zwecken gebrauchen, werden Sie schlecht bedient und ziehen sich tausenderlei Unannehmlichkeiten zu, vor denen ich Sie bewahren möchte ...

Viele Dinge, mein lieber Sohn, werden in zehn Jahren ganz anders aussehen, als sie Ihnen jetzt erscheinen. Seiner Zeit werden Sie einräumen, daß Ihre alte Mutter die Wahrheit gesagt hat. Ein junger Mann, besonders mit Ihrem

Charakter, braucht also jemand, der ihm die Wahrheit sagt und versucht, ihm das Leben sicher und angenehm zu gestalten.

Nichts ist kostbarer im Leben als ein wahrer Freund, aber ich gestehe, daß sie sehr selten sind. Wir finden stets genug, aber in diesem Punkt muß man argwöhnisch sein. So groß das Glück ist, einen wahren zu besitzen, so groß wäre das Unglück, falsche zu finden, besonders im Hinblick auf Ihren Charakter.

Seien Sie nie der Verbreiter von Neuigkeiten und machen Sie nie den andern etwas weis; das ist ein wesentlicher Punkt; ein großer Fürst kann und soll alles anhören, aber niemals etwas wiedererzählen, wenn er sich das öffentliche Vertrauen und ein ruhiges Gewissen erhalten will. Wenn man erzählt, ist man versucht, die Tatsachen zu vergrößern oder abzuschwächen, und wird unmerklich zum Lügner, was die verächtlichste Eigenschaft für einen Fürsten ist. Ihre Erziehung war sehr einfach und einheitlich; alles, was Sie erzählen könnten, dürfte die andern nur langweilen, oder Sie müßten sich darauf beschränken, von Leuten zu reden, denen Sie Dank oder Achtung schulden, auch wenn sie nicht vollkommen Ihren Wünschen entsprechend und meinen Plänen gemäß gehandelt haben. Über diese Dinge enthalten Sie sich aller Mitteilungen, diese Diskretion wird Ihnen nur das Vertrauen der andern erwerben...

Der einzige Zweck Ihrer Reisen soll sein, daß Sie alles beobachten, Ihre Notizen machen, die Zuneigung und das Vertrauen des Publikums durch Ihre Leutseligkeit, Sanftmut und Höflichkeit gewinnen, ohne irgendwie glänzen oder durch Ihre Unterhaltung amüsieren zu wollen. Für diese Aufgabe sind Sie noch zu jung; hören Sie zu und beobachten Sie, darin liegt ein großes Vergnügen und viel Vorteil.

Vermeiden Sie jede Familiarität und Unziemlichkeit, sowie diese Spiele mit den Händen. Sie neigen sehr dazu, nach Art des niederen Volkes zu reden, so zu erscheinen und es nachzuahmen. Ihr Äußeres hat es, wie ich hoffe, mehr nötig, verbessert zu werden als Ihr Inneres, denn hundert Menschen werden Sie nach Ihrem Äußeren beurteilen und kaum zwei nach Ihren wirklichen Verdiensten. Sobald Sie draußen in der Welt herumreisen, müssen Sie bei dem, was Sie sind, Ihre Rolle zu spielen verstehen, anders werden Sie der Verachtung anheimfallen, ohne sich indessen besser zu amüsieren oder glücklicher zu sein. Man ist es in dem Maße, wie man seine Pflicht tut, wie man seinen Beruf ausfüllt und Herr seiner Leidenschaften und selbst seiner Neigungen ist. In diesem Punkt ist nichts nebensächlich; Ihre gewöhnliche Lässigkeit oder Gewohnheit, nichts aus sich selbst heraus zu tun und sich mehrmals dasselbe wiederholen zu lassen, lassen mich befürchten, daß in Ihrem Charakter eine Gleichgültigkeit oder eine starke Neigung, Ihren Willen selbst der Vernunft zuwider durchzusetzen, bestehen könne. Das ist die Quelle all jener eigenwilligen Vergessenheit, jener verkehrten Antworten, die Sie häufig als Dummkopf erscheinen lassen, jener alltäglichen Gespräche und jenes verschlossenen Aussehens, was alle, die Teilnahme für Sie haben, beunruhigen muß.

In medizinischen Dingen sollten Sie dieselbe Ehrfurcht haben für alles, was den Körper und seine Gesundheit anlangt, wie es hier üblich war; dies ist das einzige Mittel, um ruhig sein zu können. Krankheiten muß man mit ergebungsvollem Geist und mit der Geduld, die man seinem Schöpfer schuldig ist, hinnehmen. Wenn man mehrere Ärzte konsultiert, folgt man dem, den man erwählt hat, nicht und unterstützt ihn nicht, wodurch man Gefahr läuft, doppelt zu leiden und einen solchen Mann derart bestürzt zu machen, daß all seine wesentlichen Eigenschaften im gefährlichen Moment versagen...

Nehmen Sie nirgends Anstoß an dem, was Sie sehen, oder an den Reden, die Sie in den verschiedenen Ländern über die Religion, die Sitten, den Papst, die Geistlichkeit, die Fürsten und ihre Verordnungen hören werden. Wenn Sie nicht diese Art von Reden höflich auf einen anderen Gegenstand überleiten können, würden Sie gut daran tun, zu schweigen oder die Gesellschaft zu verlassen, um erkennen zu lassen, daß Ihnen solche Urteile nicht anstehen. Das ist sehr wesentlich, mein Sohn! Unglücklicherweise drehen sich heutzutage gewöhnlich die Gespräche nur um Gegenstände dieser Art. Jeder ist für sich verpflichtet, sie zu verhindern oder ihnen wenigstens aus dem Weg zu gehen; ein Fürst ist es noch mehr, ist auch eher imstande es zu tun, da man für ihn besondere Rücksichten hat, wenn er sie durch seine Lebensweise und seine Höflichkeit in allen anderen Umständen verdient. Es ist eine allgemeine Lebensregel, daß es besser ist, solche Art von Dingen nicht zu wissen, deren Kenntnis viel Übel mit sich bringt ...

Lassen Sie die andern lachen; Sie wissen aus Erfahrung, daß der verderbte Ton dieses Jahrhunderts alles ins Lächerliche zieht. Die Dinge und Personen, die den größten Respekt verdienten, können sich nicht dagegen schützen. Auch Sie werden dieser vernunftwidrigen Kritik nicht entgehen, aber Sie müssen sie verachten, ruhig Ihren Weg gehen und so erscheinen, wie Geburt und Erziehung Sie gemacht haben, ohne jedoch die andern jemals Ihre Überlegenheit fühlen zu lassen.

Führen Sie Ihr Reisetagebuch nach dem Formular, das der schönen Idee des Kaisers entspricht. Sie müssen trachten, aus Ihren Reisen Nutzen zu ziehen, denn sie sind nicht gedacht, um die Zeit tot zu schlagen, sondern um Sie zu bilden. Seien Sie weder verschwenderisch noch zu wenig freigebig ...

Sie können Karten spielen, aber keine Hasardspiele wie »Fünfzehn« oder andere. Sie werden soupieren, tanzen, sich amüsieren, wie es die Umstände und die Höflichkeit erfordern werden, ohne Langeweile oder mißverstandene Philosophie zu zeigen.

Überall attachieren Sie sich an die höchststehenden Personen, ohne sich unter die Menge zu mischen, wie Sie es hier gemacht haben. Vom Augenblick an, wo Sie Ihr väterliches Haus verlassen, sind Sie überall dessen Repräsentant. Jedermann wird Sie beobachten, Sie müssen also Ihre Rolle zu spielen verstehen, die vollkommen verschieden von der hiesigen ist.

Wenn ich bei Ihrer Rückkehr noch am Leben bin, werden Sie mein Trost sein und mir die langen Tage des Alters erträglich machen. Lebe ich nicht mehr, so richten Sie sich in allem nach dem Chef unseres Hauses und seinen Befehlen, was ich Ihnen nicht oft genug wiederholen kann, dienen Sie ihm und dem Staat aus treuem Herzen und mit Eifer, geben Sie den andern ein gutes Beispiel durch Ihre religiöse Gesinnung, durch Ihre guten Sitten und Ihre Anhänglichkeit an die Familie. Gott gebe Ihnen seinen Segen und lasse mich ebenso viel Gutes von Ihnen hören wie von Ihren Brüdern.

Ich umarme Sie und gebe Ihnen meinen Segen.

108 Maria Theresia an Marie Antoinette

Laxenburg, 18. Mai 1774

Gestern um acht Uhr abends ist bei uns die traurige Post, die wir vom 10. erwarteten, angekommen. Ich werde mein ganzes Leben den Verlust dieses Fürsten, Freundes, guten und zärtlichen Schwiegervaters bedauern. Gleichzeitig bewundere ich die Gnade Gottes, dem König Gelegenheit gegeben zu haben, sich seinem göttlichen Erbarmen anzuvertrauen; und die Worte des ersten Hofpredigers, die der König gesprochen hat, lassen sich nicht lesen, ohne in Tränen auszubrechen und auf sein Heil zu hoffen. Wir haben hier zuerst jede Vorstellung untersagt; ferner werde ich vor dem 24. niemand empfangen; an diesem Tag werde ich tiefe Trauer anlegen, die ich bis zum Ende meiner Tage tragen werde.

Ich mache Ihnen keineswegs Komplimente über Ihre neue Würde, die sehr teuer erkauft ist und noch teurer werden wird, wenn Sie nicht dasselbe ruhige und unschuldige Leben führen können, das Sie während dieser drei Jahre dank der Güte und Nachgiebigkeit dieses guten Vaters geführt haben, und das Ihnen beiden den Beifall und die Liebe Ihrer Völker gewonnen hat: das ist ein großer Vorteil für Ihre gegenwärtige Stellung, doch muß man sie zu bewahren und zum Wohl des Königs und des Staates anzuwenden verstehen. Sie beide sind sehr jung und die Bürde ist groß. Ich bin darüber besorgt, ja wirklich beunruhigt. Wenn mir nicht in der gleichen Lage Ihr anbetungswürdiger Vater beigestanden wäre, hätte ich sie niemals meistern können, und ich war älter als Sie beide. Alles, was ich Ihnen sagen und wünschen kann, ist, daß Sie beide nichts überstürzen mögen: sehen Sie beide alles mit Ihren eigenen Augen an, ändern Sie nichts, lassen Sie alles in gleicher Weise fortgehen; sonst würden das Chaos und die Intrigen unüberwindlich werden, und Sie, meine teueren Kinder, würden so verwirrt sein, daß Sie daraus nicht herauskommen könnten. Ich kann darüber aus Erfahrung sprechen; welches andere Interesse könnte ich sonst haben, Ihnen zu raten, vor allem die Ratschläge Mercys zu hören? Er kennt den Hof und die Stadt; er ist klug und Ihnen ganz zugetan. In diesem Moment betrachten Sie ihn ebensosehr als Ihren Botschafter wie als den meinigen, obgleich das sehr gut zusammenpaßt.

Das Interesse unserer beiden Staaten erfordert es, daß wir uns ebenso eng verbunden halten wie in der Familie. Ihr Ruhm, Ihr Wohlergehen liegt mir ebenso am Herzen wie das unsere. Jene unglückseligen Zeiten der Eifersucht existieren nicht mehr zwischen unseren Staaten und Interessen; unsere heilige Religion und das Wohl unserer Staaten verlangen aber, daß wir durch das Herz und das gemeinsame Interesse innig verbunden bleiben und die Welt von der Festigkeit dieses Bandes überzeugt sei. Ich werde meinerseits nichts außer acht lassen, und meine alten Tage können nur ruhig dahingehen, wenn ich Sie beide, meine teueren Kinder, glücklich sehe. Ich bete darum und werde dafür inständigst beten lassen.

Indem ich Ihnen meinen Segen gebe, bin ich immer...

P. S. Ich hoffe, daß von der unglücklichen Barry nicht mehr die Rede sein wird, für die ich niemals mehr übrig hatte, als es Ihr Respekt vor Ihrem Vater und Souverän erforderte. Ich hoffe, ihren Namen nur mehr zu hören, wenn man mir mitteilt, daß der König sie mit Großmut behandelt und ihr mit ihrem Mann einen Aufenthalt fern vom Hof angewiesen hat, wobei er ihr Los, soweit es sich schickt und die Menschlichkeit es gebietet, mildert.

109 *Maria Theresia an Marie Antoinette*

Schönbrunn, 16. Juni 1774

Ich wäre nicht imstande, Ihnen meine Genugtuung und besondere Freude über alles, was man aus Ihrem Lande hört, auszudrücken. Die ganze Welt ist in Ekstase, und das mit gutem Grund: denn Ihr Land hat einen König von zwanzig und eine Königin von neunzehn Jahren, und alle ihre Handlungen sind voller Menschlichkeit, Generosität, Klugheit und großer Urteilskraft; und dabei werden Religion und Sitten, die so notwendig sind, um den Segen Gottes zu erhalten und die Völker zufriedenzustellen, nicht vergessen. Endlich habe ich meine Herzensfreude und bitte Gott, daß er Sie so erhalten möge zum Wohle Ihrer Völker, für die Welt, für Ihre Familie und für Ihre alte Mama, der Sie das Leben wiedergeben. Ich sage Ihnen nichts über die Auswahl der Minister, die jedermann billigt. Ich bin sehr froh über die Entlassung von d'Aiguillon und de la Vrillière ohne geheime Haftbefehle; das ist ein hartes Verfahren und bis heute nur noch in Frankreich üblich, und ich ziehe es vor, meine teuren Kinder, Sie immer geliebt, geachtet und voller Güte zu sehen. Wie schön ist es, die Völker glücklich zu machen, und wäre es nur für kurze Zeit! Wie liebe ich in diesem Augenblick die Franzosen! Welche schöpferischen Kräfte hat eine Nation, die so lebhaft fühlt! Man muß ihr nur Beständigkeit und weniger Leichtfertigkeit wünschen; wenn sie aber ihre Sitten ändert, wird sich auch das wandeln...

Ihre Nachrichten bringen mir sehr großen Trost; wenn Sie

das aber ermüden sollte, haben Sie nur ein Wort zu sagen, und ich werde wieder nur einmal im Monat schreiben. Handeln Sie mir gegenüber nicht nur wie gegenüber Ihrer zärtlichen Mutter, sondern wie gegenüber Ihrer vertrauten Freundin.

110 Maria Theresia an ihre Schwiegertochter Maria Beatrice

18. Juli 1774

Madame, meine liebe Tochter,

das liebe Bild meiner Enkelin, das ich mir so lange gewünscht habe, ist eben eingetroffen; ich habe es gegenüber von meinem Ruhebett, um es mir gut einzuprägen. Jedoch finde ich keine Ähnlichkeit weder mit dem Vater noch mit der Mutter, hingegen ist das Gemälde abscheulich, und ich bin denen dankbar, die Sie gehindert haben, mir das Ihrige zu senden, wenn es ebenso ist. Allein ich lasse nicht locker und wünsche es zu besitzen, aber Ihnen ähnlich.

Man hat der Kleinen eine schreckliche Mütze aufgesetzt. Nichts ist niedlicher als der Kopf, die Stirn und die Haare der Kinder, eine ganz runde Mütze ohne all diesen Putz von Bändern und Spitzen steht ihnen am allerbesten. Entschuldigen Sie den Vergleich, aber sie trägt ihre Mütze wie die Perrücke ihres verehrungswürdigen Großvaters. Das Hemd bedeckt ihren kleinen Körper nicht besonders gut, der, wie Sie sagen, eine unnatürliche Fleischfarbe hat; zuletzt ist der Maler abscheulich, aber das Modell reizend, lieb, interessant und bereitet mir große Freude, aber gleichzeitig vermehrt es den Wunsch, daß es einen Gefährten bekommt...

Ich umarme Sie in Gedanken, wobei ich die Realität mit wahrem Eifer erwarte, und bin Ihre treue Mutter.

Maria Theresia

P. S. Sie erhalten durch den Kutscher kleine Puppen für die kleine Therese; sie haben einen guten Effekt bei meinen anderen lieben Kindern gehabt und sie amüsiert.

111 Maria Theresia an Marie Antoinette

Schönbrunn, 2. Juni 1775

Ich habe mich über alles sehr gefreut, was Sie mir über die Haltung des Königs und seine Verfügungen gegenüber dem Parlament anläßlich dieses unglücklichen Aufruhrs mitteilten. Ich bin wie Sie davon überzeugt, daß irgend etwas dahintersteckt. Dieselbe Sprache, wie Sie sie mir mitteilen, haben auch unsere Leute in Böhmen geführt, mit dem Unterschied, daß Ihre Leute sie wegen der Brotteuerung und die unseren wegen der Frondienste führten. Sie haben auch behauptet, daß eine Verordnung existierte, die sie abschaffte. Dieser Aufruhrgeist beginnt sich überhaupt überall auszubreiten: das ist also die Folge unseres aufgeklärten Jahrhunderts. Ich seufze oft darüber, aber die Verderbnis der Sitten, diese Gleichgültigkeit gegenüber allem, was unsere heilige Religion betrifft, und diese unablässige Vergnügungssucht sind die Ursachen aller dieser Übel. Ich gestehe Ihnen, daß ich mit großem Kummer in den Zeitungen gelesen habe, daß Sie mehr denn je an allen Arten von Ausflügen im Bois de Boulogne vor den Toren von Paris mit dem Grafen von Artois teilnehmen, ohne daß der König dabei wäre. Sie sollten besser als ich wissen, daß dieser Prinz keineswegs geachtet wird, und Sie so an seinen Fehlern Anteil haben. Er ist so jung, so leichtsinnig: das kann man noch einem Prinzen hingehen lassen; aber diese Fehler sind recht groß bei einer Königin, die älter ist und von der man eine ganz andere Meinung hatte. Verlieren Sie nicht dieses unschätzbare Gut, das Sie so vollkommen besaßen. Eine Fürstin muß sich durch ihre geringsten Handlungen die Achtung erwerben und nicht das Putzdämchen spielen, weder durch ihren Putz noch durch ihre Amüsements. Man zerpflückt uns zu sehr, als daß wir nicht immer auf unserer Hut sein sollten.

Es gibt für mich einen noch viel traurigeren Punkt: alle Briefe aus Paris berichten, daß Sie getrennt vom König schlafen und in geringem Maße sein Vertrauen genießen. Ich gestehe, daß mich das um so mehr überrascht, als Sie tagsüber immer auf Vergnügungen aus und ohne den König sind, und wenn er nun zu Ihnen wegen der Nachfolge nicht mehr schlafen kommt, wird man also darauf verzichten müssen; so wird auch diese Liebe und die Gewohnheit, zusammen zu leben, bald ein Ende finden; und ich sehe für Sie nur Unglück und Kummer in der glänzendsten Stellung voraus, von der mir Rosenberg versichert hat, daß es nur von Ihnen abhängt, sie zu behaupten, da der König Sie liebt und schätzt. Ihre einzige Aufgabe muß darin bestehen, sich während des ganzen Tages so oft als möglich bei ihm aufzuhalten, ihm Gesellschaft zu leisten, seine beste Freundin und Vertraute zu sein und zu trachten, sich über alle Dinge zu unterrichten, damit Sie mit ihm überlegen und ihm helfen können; damit er auch niemals anderwärts mehr Annehmlichkeiten und Sicherheit als in Ihrer Gesellschaft finde. Wir sind auf dieser Welt, damit wir anderen Gutes erweisen; Ihre Aufgabe ist eine der wichtigsten; wir sind nicht um unsertwillen und um uns zu amüsieren auf der Welt, sondern um den Himmel zu gewinnen, wohin alles strebt und den man nicht umsonst bekommt: man muß ihn verdienen. Verzeihen Sie diese Predigt; aber ich gestehe, daß dieses lit à part, diese Reitausflüge mit dem Grafen von Artois mein Herz um so mehr bekümmert haben, als ich die Folge davon kenne, und ich könnte sie Ihnen nicht lebhaft genug vor Augen führen, um Sie vor dem Abgrund zu retten, in den Sie sich stürzen würden. Schreiben Sie die Besorgnis meiner Liebe zu, halten Sie sie aber nicht für überflüssig.

112 Maria Theresia an Maximilian

17. Juli 1775

Mein lieber Sohn,

ich schreibe Ihnen immerzu, obwohl Sie dies hier kaum mehr in Rom antreffen werden. Ich bin sehr erfreut von dem, was Sie mir von unserem Heiligen Vater sagen, denn es gibt eine große Clique, die ihn für einen Menschen von wenig Welt gelten lassen will, eigensinnig und tollpatschig, aber Herzan, der Kardinal und Bernis selbst, die ihn indes sehr viel besser kennen, denken anders darüber und ich bin erfreut, daß Sie von ihrer Partei sind. Daß Ihre Gesundheit sich hält, beruhigt mich, ich gestehe, daß die große Hitze mich beunruhigt hat und ich sehe, daß dieser Ausschlag, den Sie haben, eine Art Krätze sein wird, die alle Deutschen bekommen; das ist nicht gerade angenehm in Rom, wo Sie glänzen müßten...

Ich bin sehr zufrieden mit Ihrem Bruder und der Schwägerin, die, sehr charmant, ein großer Schatz für Ihren Bruder ist; sie lieben sich wie Marie und Albert; Sie wissen, wie mich dies tröstet; Gott möge die Fortsetzung geben, daß die Beispiele und gegenteiligen Reden nichts verderben. Ihr Bruder ist als wäre er nie von hier fortgegangen, alles gefällt ihm. Meine Erkältung bessert sich, es ist nur noch eine große Erschöpfung da, die mich behindert; keinen Appetit, keinen Schlaf; man muß Geduld haben... Die arme Marianne wird zur Ader gelassen aus dem genau gleichen Grund. Seit Mittag regnet es, ich fürchte *einen Landregen*, das wird traurig werden gerade jetzt. Ich erzähle Ihnen bis Sie dies beinahe in Florenz erhalten; Sie umarmend bin ich immer

Ihre treue Mutter

113 Maria Theresia an Marie Antoinette

Schönbrunn, 30. Juli 1775

Madame, meine teuere Tochter,

der Kurier mit Geldern für die Niederlande geht einen Tag früher ab, weil ich Ihnen sagen wollte, wie sehr mir das so herrliche Geschenk mit Ihren Haaren, den Haaren meiner teuren Kinder, Freude gemacht hat: es ist aufs beste gearbeitet und macht den Pariser Handwerkern und meiner teuren Tochter Ehre, die ihre alte Mama damit hat besonders erfreuen wollen.

Von welch kurzer Dauer aber war diese Freude! Ich kann Ihnen nicht verhehlen, daß ein an Rosenberg geschriebener Brief bei mir die größte Bestürzung hervorgerufen hat. Was für eine Redeweise! Was für eine Leichtfertigkeit! Wo ist dieses so gute und so generöse Herz der Erzherzogin Antoinette? Ich sehe da nur Intrige, niedrigen Haß, Verfolgungssucht und Spöttelei; eine Intrige, in der eine Pompadour, eine Dubarry eine Rolle hätten spielen können, aber keineswegs eine Königin, eine große Prinzessin, und dazu eine Prinzessin voller Güte und Anstand aus dem Hause Lothringen und Österreich. Ihre zu raschen Erfolge und Ihre Schmeichler haben mich seit diesem Winter, in dem Sie sich in die Vergnügungen und den lächerlichen Aufwand von Putz gestürzt haben, immer für Sie zittern lassen. Diese Jagd von Vergnügen zu Vergnügen ohne den König, und obwohl Sie wissen, daß er daran keine Freude hat und Sie nur aus reiner Gefälligkeit begleitet oder Sie alles tun läßt, das alles hat mich veranlaßt, in meinen Briefen meine berechtigten Befürchtungen auszusprechen. Doch sehe ich sie nur zu sehr durch diesen Brief bestätigt.

Was für eine Sprache! Der arme Mann! Wo ist die Achtung und Dankbarkeit für seine ganze Nachgiebigkeit? Ich überlasse Sie Ihren eigenen Überlegungen und sage Ihnen darüber nicht mehr, obwohl es da noch genug zu sagen gäbe.

Ich will nicht hervorheben, daß Sie das Geheimnis über

die Wahl der Lamballe vor mir bewahren wollten. Ich habe Ihnen bereits geschrieben, was nach meiner Meinung für Ihr Wohl gut ist. Wir haben hier zwei piemontesische Schwägerinnen, von denen die eine für die Nachfolge sorgt, während die andere das artigste und reservierteste Benehmen hat, das von allen vernünftigen Leuten und allen Ausländern gelobt wird, und jetzt Ihre Obersthofmeisterin, die wieder eine Piemontesin ist? Können Sie glauben, daß sie Ihnen mehr als ihrem eigenen Hause und Volke zugetan sein wird? Ich würde sie nicht achten, wenn sie es wäre. In Ihrem alleinigen Interesse habe ich Ihnen daher geraten, mit Bedacht vorzugehen. Doch hätte ich Sie niemals bei der Wahl jener, die freien Zutritt zu Ihnen haben, gehindert und täte es auch niemals. Wenn ich aber Nachteile davon voraussehe, werde ich nicht schweigen können, weil ich Sie zu sehr liebe, und ich sehe sie (diese Unannehmlichkeiten) mehr als je voraus, weil ich Sie so leichtfertig, so heftig und so ohne jede Überlegung sehe.

Ihr Glück könnte sich nur zu sehr ändern, und Sie könnten sich durch eigene Schuld in das größte Unglück stürzen. Das ist die Folge dieser schrecklichen Vergnügungssucht, die Ihnen zu keiner Beschäftigung Zeit läßt. Welche Bücher lesen Sie? Und Sie wagen es, stets in den wichtigsten Staatsgeschäften und bei der Wahl der Minister mitzureden? Was tut der Abbé? Was macht Mercy? Es scheint mir, daß beide Ihnen unangenehm geworden sind, weil sie keine niederen Schmeichler sind und Sie lieben, um Sie glücklich zu machen und nicht, um Sie zu amüsieren und aus Ihrer Schwäche Nutzen zu ziehen. Eines Tages werden Sie das erkennen, aber dann wird es zu spät sein. Ich wünsche nicht, dieses Unglück zu überleben und bitte zu Gott, meine Tage ehestens zu beenden, da ich Ihnen nicht mehr nützlich sein kann und es nicht zu ertragen vermag, mein teueres Kind, das ich bis zu meinem letzten Atemzug zärtlich lieben werde, zu verlieren und unglücklich zu sehen.

114 Marie Antoinette an Maria Theresia

Versailles, 12. August 1775

Madame, meine geliebte Mutter,

ich würde es niemals wagen, meiner erlauchten Mutter zu schreiben, wenn ich mich halb so schuldig fühlte, als Sie es glauben. Mit Pompadours und Dubarrys verglichen, mit den schrecklichsten Worten belegt zu werden, verdient Ihre Tochter nicht. Ich habe einen Brief an einen verdienstvollen Mann geschrieben, der Ihr Vertrauen genießt, und dem ich auf Grund so achtungswürdigen Zeugnisses geglaubt habe, das meine schenken zu können. Da er dieses Land besucht hat und die Bedeutung kennt, die man hier gewissen Aussprüchen beimißt, konnte ich keine Unannehmlichkeiten befürchten. Meine teuere Mama ist darüber anderer Meinung; es ist deshalb an mir, mich zu schämen und zu hoffen, daß Sie bei anderer Gelegenheit mich günstiger, und ich wage es zu sagen, wie ich es verdiene, beurteilen werden.

Die Gräfin von Artois hat am 6. um 3.45 Uhr unter glücklichsten Umständen wie möglich entbunden: sie hat nur drei große Schmerzanfälle gehabt, und im ganzen haben die Wehen nur zwei Stunden gedauert. Ich bin während dieser ganzen Zeit in ihrem Zimmer gewesen. Es ist überflüssig, meiner teueren Mama zu sagen, wie sehr ich gelitten habe, einen Erben zu sehen, der nicht von mir ist. Ich habe es indessen über mich gebracht, es für Mutter und Kind an keiner Aufmerksamkeit fehlen zu lassen. Möchte meine teuere Mama geruhen, die Achtung und Liebe einer Tochter zu genehmigen, die darüber untröstlich ist, Ihnen mißfallen zu haben?

115 Maria Theresia an ihre Schwiegertochter Maria Beatrice

24. Oktober 1775

Meine liebe Tochter,

Ihre vollkommene Eintracht ist mein Entzücken und mein Trost, und ich bitte den lieben Gott, sie ohne die geringste Störung immer andauern zu lassen. Es wird Ihnen gelingen, wenn Sie versuchen, Ihren Gemahl weiter an sich zu fesseln, so wie Sie es bisher getan haben. Das geeignetste und angenehmste Mittel, um diesen Zweck zu erreichen, ist, stets die gleiche sanfte Gemütsstimmung zu haben, von Zeit zu Zeit vernünftige Vergnügungen zu verschaffen, mehr Menschen um sich zu sehen, vor allem Fremde von Stand, und den kleinen Leuten und Schöngeistern aus dem Wege zu gehen, deren Sitten verderbt sind, diesen Zuträgern von Stadtklatsch, diesen schlechten Spaßmachern. Auch täten Sie gut, Ihren Gemahl zur Lektüre zu veranlassen, selbst zur gemeinsamen, damit sein Geist gebildet und die Langeweile zerstreut wird, ihn zum Spazierengehen zu ermuntern, um seine Gesundheit zu kräftigen, und Ordnung in Ihre Angelegenheiten zu bringen, indem Sie sich eine geordnete Lebensweise zur Regel machen.

Um aber damit zum Ziel zu kommen, muß man sich überwinden, sich über die gewöhnlichen und täglichen Dinge zu entscheiden, ohne in dieser Hinsicht irgend etwas unbestimmt zu lassen. Auch muß man an dem festhalten, wozu man sich einmal entschlossen hat, ohne das geringste zu verändern, und sich sogar ein Vergnügen daraus machen. Ich habe mich mein ganzes Leben lang bei diesen Grundsätzen wohl befunden; ich habe es ohne Langeweile verbracht und alle Vergnügungen genossen, obgleich sie eigentlich fade waren. Das habe ich der Mühe zu verdanken, die ich mir gegeben habe, meine Angelegenheiten in Ordnung zu halten und mich mit dem Vergnügen der andern zu beschäftigen und mich darum zu bemühen.

Man kann das Vergnügen der Maskenbälle, Schauspiele,

Promenaden genießen; aber stets mit der angemessenen Haltung, die Sie so vorzüglich verstehen, um denen zu imponieren, die sich einfallen lassen sollten, sich zuviel herauszunehmen. Ohne in die Logen der andern zu laufen, ist es passender, die, welche man sehen will, in die eigenen kommen zu lassen...
Indem ich Sie zärtlich umarme, bin ich immer
Ihre treue Mutter und Freundin

Maria Theresia

116 Maria Theresia an Ferdinand

21. Dezember 1775

Monsieur, mein lieber Sohn,

meine Komplimente unserer lieben Erzherzogin; alles das, was sie mir anzeigt in bezug auf ihre Kinder und ihre Sorgfalt für die entsprechende Handarbeit erstaunt mich. Ich bin sicher, daß sie das sehr gut erfüllen wird, wie alles, was sie unternehmen will. Überdies aber bin ich nicht dafür, daß die Frauen sich zu stark mit Handarbeiten beschäftigen, sie amüsieren dann ihre Ehemänner um so weniger und das ist ihr einziges und großes Ziel. Ich umarme Sie alle beide.

117 Maria Theresia an Joseph

im Dezember 1775

Unter vielen Generalsätzen, die alle mir gar zu reell sind, sind doch die drei wichtigsten: freies Religions-Exerzitium, das keinem katholischen Fürsten erlaubt ist ohne schwerer Verantwortung einzuführen, die Vernichtung der jetzigen

Großen unter dem besonderen Vorwand, den größeren Teil zu erhalten, wovon ich weder die Not noch weniger die Billigkeit einsehe, die so oft repetierende Freiheit in allem, so mich mehr besorgen als hoffen macht. Ich bin zu alt, mich zu solchen Principiis jemals zu fügen, wünsche aber und bitte Gott, daß mein Nachfolger diese niemals nur probiere. Weder er noch seine Nachfolger würden dadurch glücklicher.

118 *Joseph an Maria Theresia*

24. Dezember 1775

So wie die wahre Pflicht, die mich gegen Gott, mein Vaterland und I. M. verpflichtet, allzeit das reinste und einzige Augenmerk meiner Handlungen und Ratschlüsse ausgemacht hat, so finde mich endlich verbunden, zu Dero Füßen diese meine wohlüberlegten Gedanken zu bringen. Ich sehe in so vielen Gelegenheiten ohne mindestem Vorurteil, Furcht noch anderer Leidenschaft, daß ich ein schier unüberwindliches Mißtrauen von I. M. seiten in denjenigen Meinungen, so ich hege, mir entweder durch meine Principia verdient, oder durch meine Schreib- und Redeart zugezogen habe. Da ich mir wahrhaft nichts vorzuwerfen habe, so sehe ich dies alles als ein Schicksal mit gelassener und stiller Unterwürfigkeit an; dessen Folgen aber sind diejenigen, die mich zur Rede und diesem Schritt zwingen...

Meine Principia ändern? Das täte ich von Herzen gern, wenn man mich nur eines andern überführt...

Kurz, entheben mich Ihre Maj., Ihren Sohn, einen jungen Menschen ohne Erfahrung, von der grausamen Last, so nirgends in der Welt gebräuchlich, nicht einmal bei Particuliers, der Stelle eines Corregens. Eine Frau wie I. M., die so viele Jahre glorreichst regiert hat, braucht und kann kein solches *Ens* brauchen. Alles geht schlechter seitdem, und ich leide in allem Anbetracht dabei. Lassen mich I. M. sein ewig

   Ihren gewiß treuen

Diener und Sohn

119 *Maria Theresia an Joseph*

24. Dezember 1775

Zwischen uns waltet ein großer Unstern; mit dem besten Willen verstehen wir uns nicht. Es ist möglich, daß ich vom Schmerz zu niedergeschlagen bin, um das Vertrauen und diese Offenherzigkeit mir gegenüber zu erkennen, die ich zu verdienen geglaubt hätte; das macht den Verdruß meines Lebens aus. Ich darf wohl sagen, daß ich mich seit sechsunddreißig Jahren nur mit Ihnen beschäftigt habe. Sechsundzwanzig davon sind glücklich gewesen, was ich von der Gegenwart nicht mehr sagen kann, da ich den allzu gelockerten Grundsätzen in Religion und Sitten nie werde zustimmen können. Sie zeigen zu große Abneigung gegen alle alten Gebräuche und die ganze Geistlichkeit sowie zu freie Grundsätze in Moral und Sitten. Ihre mißliche Lage beunruhigt mein Herz mit vollem Recht, und läßt mich für die Zukunft zittern. Alles das ist nur zu sehr in die Öffentlichkeit gedrungen, und man versteht, Nutzen daraus zu ziehen. Die heutige Nacht und diese Tage sind zu heilig, um sich mit einem Entschluß, so wie Sie ihn von mir verlangen, zu beschäftigen; nach dem neuen Jahr sollen Sie ihn erfahren. Sie mögen mir glauben, daß mein Herz mehr wie betrübt ist, wenn ich sehe wie wenig das Ihre damit im Einklang ist und wie sehr Sie an Ihren alten Vorurteilen hängen. Möchten Sie auf diesem Wege glücklicher werden als ich es bin.

120 *Maria Theresia an Maria Christine*

25. März 1776

Meine liebe Tochter,

ich habe diese zärtliche und liebe Mimi in all Ihren Briefen und Billets gerne wiedererkannt, als sie daran waren von Florenz aufzubrechen. Ich habe sie alle erhalten und alle haben mir große Freude bereitet, aber auch einige Gedanken geweckt. Wenn Sie so lebhaftes Bedauern verspürten, als Sie die Familie in Florenz verließen, Sie, die mit ihr zusammen in drei Wochen zurückkommen sollten, Sie, die sich in ihrem Alter zu ihnen zurückziehen können, wann Sie nur wollen, was soll ich erst fühlen, die ich sie für immer aufgegeben habe, denn es wäre töricht anders darüber zu denken; ich, die ich sie nicht zwei Monate sehe, sondern drei Wochen und nur wenige Stunden am Tag, denn ich benötige Erholung für Seele und Körper, für meine Arbeitslast und das gleichzeitige Zufriedenstellen der Leute, die mir seit wenigstens 35 Jahren dienen, indem ich sie anhöre und ihnen helfe; ohne dies wären sie arme niedergedrückte Menschen. Was all die Veränderungen betrifft, so fürchte ich die Hitze von Triest am meisten, die mir derart zusetzt, daß ich zu nichts mehr fähig bin.

Nach Ihren Beschreibungen und denen des Kaisers kann ich mir ein perfektes Bild der Familie machen; was das betrifft, so brauche ich nichts mehr selbst zu sehen. Wenn sie mit mir sprechen will, soll sie einen Monat oder länger hierherkommen; ich hätte sehr viel mehr Zeit mich ihr darüber zu erklären als dort. Wenn der Familie dieses schreckliche Wien nicht behagt, soll sie nach Laxenburg kommen, ohne dort einzuziehen und sich zu zeigen oder nach Schloßhof, Eckartsau, ohne daß die Familie für mehr als einen kurzen Besuch dort wäre.

Sie werden sicherlich am Osterfest einen Kurier von mir erhalten, um Ihnen die Dinge für Neapel zu bringen; aber wenn er nicht zum Fest dort wäre, würde ich Sie bitten, ein paar Tage länger in Rom zu verweilen, um ihn zu erwarten; ich möchte, daß Sie ihn vor der Ankunft in Neapel empfangen würden. Es macht mir das größte Vergnügen in allen Zeitungen über Ihren Aufenthalt in Rom etwas zu vernehmen, ganz verschieden von dem in Florenz, aber dennoch zu Ihrem Ruhm und Ihrer Genugtuung. Indem Sie sich alle beide so aufführen, glaube ich nicht, daß sie dort verlieren; wenn Sie sich den Römern anpassen, so wird das vielleicht eine *seccatura* sein, aber beim Reisen muß man sich nach den Nationen richten, bei denen man sich aufhält: *ländlich, sittlich*.

Meine herzlichen Grüße Ihrem lieben Gatten, der Batthyány und Ihren beiden Herren; ich umarme Sie.

121 Maria Theresia an Ferdinand

26. August 1776

Mein lieber Sohn,

ich bin erbaut von Ihren Briefen und davon, daß Sie mir in der traurigen Lage, in der Sie sich befinden, täglich schreiben. Der liebe Gott verlangt da eine harte Probe von Ihnen. Hoffentlich bleibt es nur eine Prüfung, ich fürchte indessen mehr, als ich hoffe. Wenn der Fall eintreten sollte, so bitte ich Sie, erzählen Sie Ihrer lieben Gemahlin nichts davon, was man in dem Kinde gefunden hat; diese Art von Eindrücken taugen nichts für Frauen, die ein Kind unter dem Herzen tragen. Trachten Sie, sobald Sie können, und wie es der Zustand von Madame erlaubt, auf das Land zu gehen und Gesellschaft mitzunehmen. Sehen Sie Menschen, schließen Sie sich nicht ab; der kleine Engel braucht unsere Klagen nicht, und der kleine Heide hat unsere ganze Sorgfalt nötig, und die Erhaltung der Mutter ist für uns das Wichtigste, besonders für mich, mein lieber Sohn Ferdinand. In Ihrer Feinfühligkeit werden Sie erkennen, wie sehr die Eltern zu beklagen sind. Lassen Sie sich nicht gehen; Sie müssen sich aufraffen, sich nicht dem Schmerz überlassen; außerdem aber rate und erlaube ich Ihnen zu weinen, ohne sich dessen zu schämen, denn das ist am Platz, und vernünftige und gefühlvolle Menschen werden es stets schicklich finden.

Ich umarme Sie, mein lieber Sohn, und gebe Ihnen meinen Segen. Sein Geburtstag hat ihm Unglück gebracht. Adieu!

122 Maria Theresia an Marie Antoinette

Wien, 31. Oktober 1776

Madame, meine teuere Tochter,

ich hoffe, daß dieser Brief, wie Sie es wünschen, vor dem 10. ankommen wird, damit Sie Zeit haben, den Ihren vor Ihrer Rückkehr aus Fontainebleau zu expedieren; sonst würde man einen ganzen Monat verloren haben; ich gestehe, daß ich die Ankunft dieser Kuriere mit einer sehr zärtlichen Ungeduld erwarte. Ihre Entschuldigungen hinsichtlich der Vergeßlichkeit wegen meines Namensfestes sind ohne Groll akzeptiert. Aber, meine teuere Tochter, ich wünsche, daß Sie nicht nur das eine Mal im Jahr an mich denken, sondern alle Monate, Wochen und Tage, und daß Sie meine Liebe, meine Ratschläge und Beispiele nicht vergessen.

Ich gestehe, mir tun dieses dauernd turbulente Leben, diese Promenaden und Rennen weh, wie man solcherart bei den anderen, viel älteren Königinnen als Sie nicht gesehen hat, obgleich sie ebenfalls jung und von ihren Gatten begleitet waren. Dieser Punkt schmerzt mich um so mehr, als das alles ohne den König geschieht und Ihr Wille allein maßgebend ist und seine allzu große Nachgiebigkeit, die einmal aufhören kann, insbesondere dann, wenn außerordentliche Ausgaben dazukommen. Bei diesen Gelegenheiten möchte ich, daß Sie an mich denken. Und ich bin sicher –

denn ich kenne Ihr Herz, sofern es sich nicht infolge der Schmeicheleien und Frivolitäten geändert hat –, daß der Gedanke allein an den Schmerz, den mir Ihr Leichtsinn verursachen würde, Sie zurückhalten müßte. Dieser Leichtsinn wird von selbst aufhören, aber vielleicht zu spät für Ihr Glück und Ihre Ehre, die meine einzige Sorge sind und es bleiben werden, solange ich lebe.

123 Marie Antoinette an Maria Theresia

12. November 1776

Madame, meine geliebte Mutter,

die Güte meiner teueren Mama anläßlich meines Geburtstags und Ihre äußerste Nachsicht für meine Vergeßlichkeit sind für mich ein sehr empfindlicher Vorwurf. Wie könnte ich nur einen einzigen Augenblick vergessen, was alles meine teuere Mama für mich gemacht hat? Ihr Vorbild wird immer meinen Stolz bilden, und ich wäre zu glücklich, ihm auch nur annähernd ähneln zu können…

124 Maria Theresia an Marie Antoinette

Wien, 2. Januar 1777

Madame, meine teuere Tochter,

dieses Jahr beginnt so glücklich für Sie, daß Sie sich, wie ich hoffe, noch lange der Folgen dieses glücklichen Beginns erfreuen werden. In einem Monat werden Sie den Kaiser sehen; das ist ein für Sie sehr bedeutsamer Zeitabschnitt. Sie kennen sein Herz und seine Klugheit. Vom ersteren können Sie alles erwarten: es wird nichts zu wünschen übriglassen, weil es ihm eine wirkliche Freude macht, Sie zu sehen; aus der Klugheit könnten Sie aber großen Vorteil ziehen. Ich hoffe, daß Sie zu ihm mit jenem Vertrauen und jener Liebe sprechen werden, die er verdient und die für alle Zeit die Bande nicht allein zwischen unseren Höfen und Familien enger knüpfen, sondern auch die innigste Freundschaft zwischen den Herrschern befestigen sollen. Es ist das einzige Mittel, um unsere Staaten wie unsere Familien glücklich zu machen. Ich hoffe, daß es dem König recht sein wird, daß nach der ersten Verlegenheit Freundschaft und Vertrauen an ihre Stelle treten. Hoffentlich werden das Wasser und die Pillen Ihre Gesundheit wieder kräftigen, der Karneval sie nicht schädigen und dieser Besuch für Sie das beste Heilmittel sein. Denken Sie an Ihre Mama, wenn Sie zusammen sind. Ich genieße schon von dieser Stunde an dieses Glück, und glauben Sie mir, daß ich immer ganz die Ihre bin.

P. S. Sie werden in aller Aufrichtigkeit mit Ihrem Bruder über Ihren ehelichen Zustand sprechen. Ich bürge für seine Diskretion und dafür, daß er wohl imstande ist, Ihnen gute Ratschläge zu geben. Dieser Punkt ist von der größten Bedeutung für Sie.

125 Maria Theresia an Ferdinand

13. Februar 1777

Monsieur, mein lieber Sohn,

sie sind mitten in Ihrem Karneval, und wir stehen am Beginn unserer Bußübungen; der Anfang fällt mir immer am schwersten. Außerdem mißfällt mir die allgemeine europäische Lage; überall bilden sich Wolken. Unsere böhmischen Angelegenheiten machen mir großen Kummer, um so mehr, als der Kaiser und ich über die Mittel nicht einig sind. Die Bedrückung dieser armen Leute und die Tyrannei sind bekannt und festgestellt; man müßte also gerechtere Prinzipien

Jean-Étienne Liotard, Maria Elisabeth (1743–1808)

festsetzen. Ich war im Begriff, sie auszuführen, als plötzlich diese Grundherren, wozu nebenbei bemerkt alle Minister gehören, bei dem Kaiser Zweifel zu erwecken verstanden und mit einem Schlag die ganze Arbeit von zwei Jahren zunichte machten. Ich wünsche, daß die Mittel, zu denen man sich jetzt entschlossen hat, dazu beitragen möchten, Ruhe und Gehorsam wiederherzustellen, aber ich habe große Angst, daß man zu *Tätlichkeiten* schreiten muß; Menschen ohne alle Hoffnung haben nichts zu verlieren und sind zu fürchten. Ich wollte zu gleicher Zeit, indem ich Gehorsam verlangte, ihnen Erleichterung gewähren. Man sagt, das sei zu viel, weil sie es jetzt nicht verdient hätten. Das gebe ich zu, aber Notwendigkeit kennt kein Gebot...

Elisabeth leidet wieder an den Zähnen. Ich an ihrer Stelle wäre sehr beunruhigt darüber, aber ihr Leichtsinn hilft ihr über alles hinweg. All ihre Zähne sind durch ihre eigene Schuld verdorben, aber ich soll ja niemals ohne Sorgen sein. Ich umarme Euch alle beide.

126 Maria Theresia an Ferdinand

8. Mai 1777

Monsieur, mein lieber Sohn,

die Nachrichten aus Paris sind stets die tröstlichsten und glänzendsten, allein ich kann nur vom Hörensagen darüber reden. Der Kaiser schreibt gar keine Einzelheiten und sagt, daß ich bei seiner Rückkehr alles in seinem Tagebuch finden würde. Die Königin schreibt nie mehr als ein paar Zeilen, allerdings ist sie eher zu entschuldigen. Mercy ist krank, und die beiden Herren des Kaisers wagen an niemand zu schreiben. So bin ich also nur durch die Zeitungen unterrichtet. Der Kaiser scheint mit seiner Schwester sehr zufrieden zu sein; ich weiß nicht einmal, wie lange er noch in Paris bleibt und was er nachher zu tun gedenkt. Ich gestehe, man muß losgelöst sein von der Welt und an solche Dinge gewöhnt sein, um diese Unwissenheit zu ertragen, deren Größe niemand ahnt.

Meine Gesundheit bessert sich langsam; nur bin ich außerordentlich schwach und echauffiert und glaube, daß schließlich ein Aderlaß notwendig werden wird. Im übrigen befinde ich mich wohl, bin aber nicht vergnügt. Ich umarme Sie.

127 Joseph an Maria Theresia

im Juni 1777

In der Frage, über die I. M. mit mir zu sprechen geruhen, überzeugen mich die offenen Kundgebungen der Religionslosigkeit in Mähren immer mehr von der Richtigkeit meiner Grundsätze: Glaubensfreiheit und es wird nur eine Religion geben, die alle Bewohner gleichmäßig dem Wohle des Staates zuzuführen. Ohne diese Methode wird man nicht mehr Seelen retten und viel mehr nützliche und notwendige Leiber verlieren. Halbheit paßt nicht in meine Grundsätze. Die volle Kultfreiheit ist nötig oder die Macht, alle diejenigen außer Landes zu schaffen, die nicht glauben, was man selbst glaubt und nicht dieselben Formen anwenden, um denselben Gott anzubeten und demselben Nächsten zu dienen. Kurz, damit ihre Seelen nach dem Tode nicht der Verdammnis überliefert werden, sie vertreiben und jeden Vorteil sich entziehen, den man während ihres Lebens aus vortrefflichen Landwirten, aus guten Untertanen ziehen kann, welche Macht maßt man sich da an? Kann diese so weit gehen, sich ein Urteil über die göttliche Barmherzigkeit anzumaßen, die Leute gegen ihren Willen retten, kurz dem Gewissen befehlen zu wollen? Ihr weltlichen Herrscher, wenn nur der Staatsdienst besorgt wird, die Gesetze der Natur und der Gesellschaft beobachtet werden, wenn euer höchstes Wesen nicht entehrt wird, sondern Ehrfurcht und Anbetung findet: was habt ihr euch in anderes zu mengen? Der heilige Geist muß die Herzen erleuchten, euere Gesetze werden stets nur seine Wirkungen vereiteln. Das ist meine Anschauungsweise, I. M. kennen sie. Feste Überzeugung wird, fürchte ich, mein Leben lang mich hindern, sie zu ändern.

128 *Maria Theresia an Joseph*

5. Juli 1777

Dieser Brief wird Sie in der Schweiz treffen; die Leute dort wissen den Wert Ihrer Anwesenheit nicht zu schätzen. Dort, in dem Asyl aller Narren und Verbrecher, lebt ein Paar von Frauen, mit dem Sie hoffentlich nicht zusammentreffen werden. Diese Frauen wären unverschämt genug, es sich herauszunehmen, und ich muß zu meinem großen Kummer sagen, daß im Punkt der Religion nichts mehr zu verderben ist, wenn Sie allen Ernstes auf dieser allgemeinen Toleranz zu bestehen gedenken, die, wie Sie sagen, Ihr unveränderliches Prinzip ist. Ich will nicht aufhören, Gott zu bitten und würdigere Menschen, als ich bin, darum bitten zu lassen, daß er Sie vor diesem größten Übel bewahren möge, was je die Monarchie erlitten hätte. In dem Glauben, Bauern zu haben, indem Sie sie erhalten und sogar herbeizuziehen trachten, werden Sie Ihren Staat zu Grunde richten und die Ursache des Verlusts so vieler Seelen sein. Was hilft es Ihnen, die wahre Religion zu besitzen, wenn Sie sie so wenig achten und lieben, daß es Ihnen nichts ausmacht, ob Sie sie bewahren und verbreiten? Alle Protestanten sind nicht so gleichgültig. Ich möchte im Gegenteil wünschen, daß man ihrem Beispiel folgte, da kein Staat diese Gleichgültigkeit billigen kann. In dieser elenden Schweiz werden Sie es ja sehen; man beobachtet und probiert täglich, was sich im Reich, in England, Sachsen, Baden, Holland usw. außer in Preußen zuträgt; aber ist das Land darum glücklicher? Hat es seine Bauern, diese für das Glück des Staates so notwendige Menschenklasse? Es gibt kein Land, das weniger glücklich und rückständiger darin wäre als diese Provinzen. Vertrauen, unwandelbare Lebensregeln sind nötig; wo wollen Sie die finden oder bewahren?

129 *Joseph an Maria Theresia*

Freiburg, 20. Juli 1777

Teuerste Mutter,

bei mir will das Wort Toleranz nur sagen, daß ich in allen bloß irdischen Dingen jedermann ohne Unterschied der Religion anstellen würde, ihn Güter besitzen, Gewerbe ausüben, Staatsbürger sein ließe, wenn er hierzu befähigt und dem Staate und seiner Industrie zum Vorteile wäre. Diejenigen, welche unglücklicherweise einem falschen Glauben anhängen, sind viel entfernter von ihrer Bekehrung, wenn sie in ihrem Lande verbleiben, als wenn sie in ein anderes übersiedeln, wo sie die überzeugenden Wahrheiten des katholischen Glaubens hören und sehen. Ebenso macht die ungestörte Ausübung ihres Kultus sie zu viel besseren Untertanen und läßt sie die Religionslosigkeit vermeiden, welch letztere für die Verführung unserer Katholiken weit gefährlicher ist, als wenn man jene ihren Kultus ungehindert beobachten läßt...

Teure Mutter, ich küsse Ihnen untertänigst die Hände mit dem allergrößten Respekt.

130 Maria Theresia an Marie Antoinette

3. Oktober 1777

Madame, meine teuere Tochter,

zwei Ihrer Briefe, der eine vom 1. und der zweite vom 22. des vorigen Monats, haben ein wenig die große Freude geschmälert, die mir Ihr Brief vom 30. August bereitet hat. Ich bin über die Unregelmäßigkeit Ihres Unwohlseins nicht verärgert, da Sie doch öfter an eine solche Verzögerung gewohnt sind. Das ist ein Zeichen, daß sich die Natur verändert, und man muß hoffen, daß der liebe Gott, der uns nach so vielen Jahren diesen wichtigen Punkt gewährt hat, uns auch den Rest gewähren wird. Ich bedaure, daß der König es nicht liebt, zu zweit zu schlafen; ich halte diesen Punkt für sehr wesentlich, nicht etwa um Kinder zu haben, sondern um inniger verbunden, ungezwungener und vertrauter zu sein, weil man so alle Tage ungestört zusammen einige Stunden verbringt. Sie haben aber recht, ihn deswegen nicht quälen zu sollen, doch sollen Sie diesem Umstand Ihr Augenmerk zuwenden und nach und nach die Dinge zum gewünschten Punkt zurückführen. Um aber dorthin zu gelangen, meine teuere Tochter, muß man sich Zwang antun, zu den Stunden, die dem König passen, schlafen gehen und dasselbe beim Aufstehen tun.

Ich habe ein doppeltes Interesse, es zu wünschen. Das würde Sie von den durchwachten Nächten fernhalten und von diesen Spielen, die schädlich sind, und über die Sie mir in Ihren drei letzten Briefen nichts sagen; ich gebe mich aber damit zufrieden, sofern Sie nur ernstlich darüber nachdenken und sich nach und nach davon zurückziehen. Ich kann Ihnen nicht genug die Mißbilligungen und Vorwürfe wiederholen, die Ihnen das im Auslande zuzieht. Das bereitet mir Kummer, da ich Sie so innig liebe.

Ich freue mich sehr über den Brief von Lassone und bin sehr beruhigt, Sie in so guten Händen zu wissen. Ich möchte, daß er jeden Monat bei Eintritt Ihres Unwohlseins an Störck schreibt, oder sogar direkt an mich, denn ich verlasse mich in diesem Punkt nicht auf die Genauigkeit meiner jungen Königin, die oft das Wichtigste vergißt. Man muß sich Schonung auferlegen, ohne sie auf die Spitze zu treiben oder es zu offenkundig zu tun. Ich verbiete Ihnen nicht zu reiten, wenn Sie es auf englische Art tun, aber reiten Sie nicht lange, und erhitzen Sie sich noch weniger dabei. Die Erschütterungen des Wagens sind, wenn er schnell fährt, viel gefährlicher, besonders wenn man dabei erschrickt, zu Sturz kommt, oder wenn etwas anderes geschieht. Das Herz meiner teueren Tochter ist so empfindlich, daß es bis zu Tränen bewegt würde, wenn irgendein Unglück den Geringsten Ihrer Leute zustieße. Ich danke Gott dafür und möchte nicht, daß Sie sich in diesem Punkte ändern, doch sollen Sie die Gelegenheiten vermeiden. Eine erste Schwangerschaft ist immer für alle nachfolgenden von großer Bedeutung. Wenn man mit Fehlgeburten beginnt, ist damit alles gesagt, und deshalb muß man das vermeiden. Bei Ihrer Konstitution muß ich nicht befürchten, daß Sie dazu neigen; aber einmal an Fehlgeburten gewöhnt, gibt es dagegen keine Abhilfe. Denken Sie an unsere anbetungswürdige Prinzessin, die erste Gemahlin des Kaisers, wieviel Fehlgeburten sie in so kurzer Zeit gehabt hat.

Ich freue mich über das, was Sie mir hinsichtlich Ihres Bruders Ferdinand sagen. Daran erkenne ich wieder einmal meine teuere Antoinette. Er wird am 28. hier eintreffen; seine Erkrankung ist nicht so gefährlich, doch gestehe ich, daß sie mir keine Ruhe läßt; ich werde Sie aber genau darüber informieren. Der Sohn unserer teueren Königin von Neapel hat mir große Freude gemacht. Wenn ich nur einen von Ihnen sähe! Ich wage nicht, das auszudenken. Unsere teuere Charlotte dagegen befindet sich in einem schrecklichen Zustand, der sie gesundheitlich zugrunde richten könnte; sie leidet ohnedies unter den Nerven, und ihre zu große Lebhaftigkeit und Empfindlichkeit drücken sie nieder; aber diesmal hat sie Grund zur Niedergeschlagenheit: fünf kleine Kinder (sie selbst drei Wochen im Kindbett) müssen aus Neapel fliehen, um den König zu retten, der diese fürchterliche Krankheit nicht gehabt hat, an der in seinem Hause sein Bruder eben gestorben ist. Sie will ihre drei älteren Kinder impfen lassen. Meiner Ansicht nach scheint mir der gegenwärtige Augenblick nicht der passendste zu sein. Ich habe die größte Angst um den König; wenn er die Pocken bekommt, stirbt er daran, da er sehr erhitztes Blut hat und diese schreckliche Krankheit im Hause Bourbon nur zu gefährlich ist.

Der Kaiser ist endlich von seinen ewigen Feldlagern in guter Gesundheit zurückgekehrt. Ich umarme innig meine teuere kleine Frau, die ich sehr liebe.

131 Maria Theresia an Marie Antoinette

1. Februar 1778

Madame, meine teuere Tochter,

Ihr Brief vom 15. hat mir wegen der Wiederkehr Ihres Unwohlseins keine Freude gemacht; es ist aber nichts verloren, vorausgesetzt, daß keine Pause oder Trennung wie in Fontainebleau eintritt und der Karneval nicht dazu beiträgt. Auf die Dauer würde die Schuld auf Sie fallen, worüber ich mehr als jemals in diesen acht Jahren verärgert wäre. Man soll nicht zu sehr daran denken, denn oft führt es zu Hemmungen. Ihre Schwester, die Königin, ist, wie ich es sehr befürchte, von neuem schwanger; das tut mir leid, denn es kommt Schlag auf Schlag, und sie leidet viel unter ihren Schwangerschaften...

Unsere Allianz ist das für unsere Länder einzig natürliche, zweckmäßige und durch so zarte Bande und die gleiche Denkweise gefestigte Bündnis und liegt mir sehr am Herzen, weil es für die Religion, das Wohl und Glück von Tausenden von Personen so notwendig ist; und ich hoffe, daß Sie aus allen Darlegungen Mercys mit der Zeit die Nützlichkeit und den Vorteil davon einsehen werden.

Ich bin immer ganz die Ihrige.

132 Maria Theresia an Joseph

12. April 1778

Mein lieber Sohn,

Ihre Abreise hat alle traurig gemacht und überall eine unglaubliche Leere hinterlassen; stellen Sie sich vor, was eine Mutter in meinem Alter empfinden muß. Man entreißt mir zwei Söhne und einen Schwiegersohn. Wie oft habe ich doch an diese armen Frauen denken müssen, denen man mit Gewalt ihre Kinder fortnimmt, während die meinen freiwillig gehen und soviel wie möglich geschützt sind, und doch fehlen Sie mir so sehr, um mich zu stützen. Was für ein abscheuliches Geschäft ist doch der Krieg; er ist gegen die Menschlichkeit und das Glück! Ich wünsche, daß Sie mit den Truppen und Anordnungen zufrieden sein mögen.

Ich umarme Sie zärtlich.

133 Maria Theresia an Ferdinand

14. Mai 1778

Monsieur, mein lieber Sohn,

daß Sie wieder Medizin nehmen mußten, finde ich übel, besonders noch bei dieser furchtbaren Hitze. Das erinnert mich an die Rennen, die Sie mitmachen wollen, und beunruhigt mich auch wegen der großen Ausgezehrtheit von Madame. All das erfordert, mein lieber Sohn, daß Sie sich fügen. Ich sage dieses Wort, denn die Gewohnheit ist schon dagegen; sonst ist Ihre Gesundheit hin, Ihre Jugend wird eine Last, und Ihre Tage werden voller Bitterkeit sein. Es wäre besser, wenn Sie abends statt der Suppe anderes zu sich nähmen, Salat, Spargel, Gemüse, Milch oder Obst, keine Suppe und kein Fleisch.

Ich rechne jede Stunde mit der Nachricht vom Tod Maximilians, Leopolds fünftem Sohn. Die armen Eltern tun mir sehr leid, zumal sie über das natürliche Maß hinaus keine anderen Sorgen und Freuden kennen als ihre Kinder.

Die Nachrichten aus Böhmen sind stets die gleichen, ich glaube, daß angesichts der außerordentlich großen Zahl von Truppen, besonders an Kavallerie und Artillerie, vor Juni, wo man fouragieren kann, keine größere Operation möglich ist. Um so schlimmer für das Land, das solches auszustehen hat, denn alles wird sich auf unserem Boden abspielen, weil wir nicht die Angreifer sein wollen. Einen Hoffnungsschimmer gibt es noch, sehr schwach zwar, nämlich mit Berlin zu verhandeln. Es gehen hier recht übertriebene Gerüchte um, und man erzählt sich, daß die Lage bei den Preußen verzweifelt sei, ohne Hilfsquellen, und daß wir in einem Feldzug Schlesien wiedergewinnen würden. Es ist wahr, daß unsere Truppen sehr angriffslustig sind, nichts von Desertion, hingegen Ungeduld, sich zu messen, aber die Generäle und Offiziere, die den Krieg kennen, reden nicht so. Die Truppen stehen unter den Augen Ihres Herrn, der alles mit Ihnen teilt, daher die Kampflust, aber das Glück ist sehr veränderlich und war nie recht beständig auf unserer Seite. Ich gestehe, ich würde einen erträglichen Frieden einem ruhmvollen Krieg vorziehen. Das mag wohl ein wenig die Denkweise einer Einundsechzigjährigen sein, aber sie ist gar nicht so schlecht: weniger ruhmreich, aber sicherer.

Meine Grüße an Madame, die mir einen entzückenden Brief geschrieben hat... Die Schwangerschaft der Königin hält an, es ist jetzt zwei Monate her, sie muß sich sehr schonen.

Ich umarme Sie beide.

134 Marie Antoinette an Maria Theresia

Marly, 29. Mai 1778

Madame, meine geliebte Mutter,

alles Wohlwollen und die Freude, die mir meine teuere Mama über meinen gegenwärtigen Zustand bezeigt, erfüllen mich mit Dankbarkeit und lassen mich, wenn möglich, diesen meinen Zustand noch wertvoller empfinden. Es geht mir weiterhin ausgezeichnet, und ich habe nicht die geringste Unpäßlichkeit. Seit zehn Tagen befinden wir uns in Marly. Das ist ein reizender Ort...

Ich kann meiner teueren Mama nicht sagen, wie sehr ich von Ihrem Brief gerührt bin; das Vertrauen, das Sie mir entgegenbringen, rührt mich sehr. O Gott, wie möchte ich mein ganzes Blut hingeben können, damit Sie glücklich werden und alles Glück und alle Ruhe genießen, die Sie so sehr verdienen! Ihre Kinder werden es niemals an etwas fehlen lassen: ich beurteile ihre Herzen nach dem meinen; man müßte sehr undankbar sein, um nicht alles für eine so zärtliche Mutter wie die unsere zu opfern. Das ist wenigstens meine Art zu denken und jene aller anderen, dessen bin ich gewiß. Aber ich fühle, daß ich gerührt werde und nicht fortsetzen kann. Gestatten Sie mir, meine teuere Mama, Sie innig zu umarmen?

135 Maria Theresia an Marie Antoinette

Schönbrunn, 1. Juni 1778

Madame, meine teuere Tochter,

...möge Gott Sie und Ihr teueres Kind beschützen und Ihnen einen Sohn, wo nicht eine Tochter geben, die Ihnen in allem ähnelt und Ihnen denselben Trost spendet, den Sie mir verschaffen! Ich bin mit der Wahl des Geburtshelfers außerordentlich zufrieden; sein Name nimmt mich für ihn ein und ist mir ein gutes Vorzeichen, aber besonders die Zustimmung von Lassone ist es, der mit Recht mein Vertrauen genießt; ich bin sehr beruhigt, Sie in so guten Händen zu sehen und zu wissen, daß Sie sich so willig allen seinen Anordnungen fügen. Nichts ist zuviel, besonders bei einer ersten Schwangerschaft.

Die Wahl der Leute, die dieses teuere Kind zu pflegen haben werden, ist ein anderer Gegenstand Ihrer Aufmerksamkeit und meiner Sorge. Durch zuviel Pflege kann man genug Schaden stiften, und ich möchte, daß die Frauen nichts anzuordnen, sondern den Weisungen des Arztes wie bei uns zu folgen hätten, und womit ich sehr zufrieden gewesen bin. Ich fürchte nur die Kabalen und Empfehlungen; und bei den Kindern hängt besonders im ersten Jahr alles von der angewendeten Pflege ab: ich spreche von vernünftiger und naturgemäßer Pflege, sie nämlich nicht zu sehr in ihren Windeln einzuschnüren, sie nicht zu warm zu halten und sie nicht mit Brei und Essen zu überfüttern; und vor allem ist eine gute und gesunde Amme nötig, wobei man in Paris vorsichtig sein muß; und von den Leuten vom Lande gilt wegen der Sittenverderbnis ungefähr das gleiche...

Profitieren Sie von meinem alten, grauen Kopf, um meine zärtlichsten Ratschläge für das Wohlergehen unserer beiden Reiche, beider Familien und meiner teueren Kinder, die ich liebe und innig umarme, zu empfangen.

136 Maria Theresia an Ferdinand

9. Juli 1778

Monsieur, mein lieber Sohn,

ich habe Nachrichten vom Kaiser vom 6.; er ist bei der Armee des Prinzen angekommen, der immer noch leichtes Fieber hat. Nicht der König ist am 4. in Nachod eingerückt, sondern der General Wunsch, und zwar mit zwanzigtausend Mann, die diesseits von Nachod kampieren. Am frühen Morgen des 7. muß der König in drei Kolonnen über Trautenau eingerückt sein und der Prinz Heinrich von der Lausitz her. Er macht dasselbe Manöver wie immer, und da er uns in Kavallerie um wenigstens fünfunddreißig Eskadrons überlegen ist, wird er uns genug zu schaffen machen, und ich muß gestehen, mein ganzer Mut ist verbraucht; in Gott allein setze ich noch meine Hoffnung. Wir werden am Sonntag, wie in anderen Kriegszeiten, die Prozession und drei Tage Gebete an den heiligen Stephan haben, und am Samstag danach ein Tag Fasten und Gebete. Es wird passend sein, daß man auch ein paar Gebete in Mailand und in den Städten abhält... Es ist nicht mehr angebracht, daß man all die Feste und Bälle im Monat August für die Eröffnung des Theaters stattfinden läßt. Ich will die Oper gestatten, aber kein anderes öffentliches Fest...

137 Joseph an Maria Theresia

Ertina, 15. Juli 1778

Liebste Mutter,

in diesem Augenblick erhalte ich Ihren außerordentlichen Kurier. Nichts auf der Welt hat mich mehr überrascht als diese Nachricht! Wie hat man Ihnen zu einem solchen Schritt gegenwärtig raten können und welche Folgen wird er haben für Ihre Ehre und das Ansehen der Monarchie, kurz für alles, was Wert hat in der Welt? Es ist unmöglich, daß nicht der König von Preußen, durch dieses Vorgehen aufgeblasen, lächerliche, unerträgliche Vorschläge macht. Damit hat man zugestanden, daß die ganze Streitmacht der Monarchie nichts bedeutet und daß wir, wenn er etwas will, verpflichtet sind, ja zu sagen. Das ist unmöglich und es wäre hundertmal besser, in diesem Feldzug bis Kuttenberg und

Czaslau zurückzuweichen und Prag aufzugeben, als derartiges vorzuschlagen. Da der Krieg begonnen hat, die Bauern ausgeplündert wurden und die Heere noch ungeschwächt sind, schon im vorhinein sich beugen und sich unterwerfen, ich gestehe, ich finde den Entschluß so schädlich als möglich, und wenn ich Zeit hätte, hätte ich sicherlich Thugut entgegengeschickt, um ihn aufzuhalten. Dieser Schritt beweist außerdem, daß I. M. mit meinem Vorgehen ganz unzufrieden sind, es mißbilligen und verdammen. Welcher Entschluß bleibt mir, als alles hier stehen zu lassen und ich weiß nicht wohin zu gehen, nach Italien, ohne Wien zu berühren, um Komödie zu spielen und die Sache auch nur ein wenig wahrscheinlich zu machen? Kurz, unmöglich kann I. M. diesen Schritt überdacht haben, er ist niederschmetternd. Für mich kann es kein größeres Glück geben, als wenn die Antwort des Königs diesen Schritt wirkungslos macht. Aber sollte es denn möglich sein, daß meine Briefe diesen Gedanken veranlaßt haben? Ich habe I. M. die Möglichkeiten der Gefahr dargestellt, damit man gleich jetzt daran denkt, alle Hilfsquellen auszunützen und jedes Mittel anzuwenden. Ich habe das Verlangen nach Frieden geäußert, aber durch fremde Vermittlung; ein ähnlicher Gedanke wäre mir nie gekommen. Nun bin ich in der schrecklichsten Lage. Die Ehre der Monarchie, Ihr und mein Ansehen sind durch den Schritt kompromittiert. Wenn ich das eine und das andere retten will, bin ich in die traurige Notwendigkeit versetzt, unsern Meinungszwiespalt öffentlich kundzutun und die persönliche Schwäche I. M. geltend zu machen, um die Festigkeit des Staates zu wahren. Das ganze Geld ist hinausgeworfen und unser Staatskredit geschwächt, während Preußens Macht und Despotismus um das Doppelte wachsen. Ich überlasse es Ihnen, sich meine Gefühle vorzustellen und kann noch nicht sagen, was ich tun werde. Ich lege mich mit dem tiefsten Respekt zu Ihren Füßen...

138 Maria Theresia an Joseph

25. Juli 1778

Mein lieber Sohn,

ich bitte Sie, mir von jetzt ab mit dem Gardisten, der Samstag abgesandt wird, etwas detailliertere Journale durch Ihre Kanzlei schicken lassen zu wollen, als die von Hadik, die sich nur für die Zeitungen eignen, weil ich sie Leopold und der Königin von Frankreich schicken möchte, denn ich habe vor, ihr alle Wochen eine Stafette zu senden, um ihr diese Aufmerksamkeit zu erweisen, die sie gerade eben auf jede Weise verdient, da sie selbst so betrübt ist, daß Mercy ihr Mut zusprechen mußte, und die Erwartung, immer wahrheitsgetreue Nachrichten zu bekommen, ist ihre einzige Bitte und hat sie allein wieder beruhigt. Sie wissen selbst, wie viel Unwahres gegen uns ausgesprengt wird; gegenwärtig haben wir niemand, der für uns eintritt; diese unausstehlichen politischen Verhältnisse, die Sie selbst als Militär unserm grausamen Feind gegenüber nicht haltbar finden, müssen uns zum Entschluß bringen.

Sie irren sich, wenn Sie glauben, daß wir mit der Zeit noch gewinnen werden, da wir Provinzen verlieren, und zudem die größten in bezug auf Hilfsquellen an Menschen und Lebensmitteln. Da wir schon am Anfang all unsere Hilfsquellen in Anspruch nehmen, können wir nicht auf drei Feldzüge rechnen. Wir würden uns selbst damit täuschen. Sie werden diese Woche sehen, wie wegen des Einrückens des Königs in Böhmen die Börsen geschlossen werden müssen. Wie soll das werden, wenn wir uns noch weiter zurückziehen? Ich bin vollkommen einig mit Ihnen, daß es die Verhältnisse des Landes nicht anders möglich machten, aber da man das weiß, hätte man die Sachen nicht so weit kommen lassen dürfen. Niemals hatte ich eine größere Armee als 100000, und man hoffte, daß man mit 70000 mehr für diese Lage Abhilfe schaffen könnte! Da man sieht, daß es nicht so ist, muß man um so mehr dahin drängen, das schlimmste Unglück für den Staat, unser Haus und die Menschheit zu beenden. Man muß den Mut haben, sich zu einem Opfer zu verstehen, und sich Rechenschaft geben. Wir waren eine Großmacht, jetzt sind wir es nicht mehr. Man muß den Kopf beugen und jedenfalls die Trümmer retten und die Untertanen, die uns geblieben sind, glücklicher machen, als sie unter meiner unglücklichen Regierung waren, immer in dieser Idee, sich trotz unserer Verluste in diesem Vorrang behaupten zu wollen.

Beginnen Sie die Ihrige damit, Ruhe, Frieden und Glück denen zurückzugeben, die es wohl verdienen. Sie werden dann selbst das Glück der anderen genießen, sogar auf Kosten Ihrer persönlichen Größe. Ich kenne Ihr Herz und vertraue ihm; retten Sie Ihr Volk und Sie werden mehr Ruhm erwerben als durch alle Titel eines Eroberers. Thugut muß zum König zurückkehren, wenn Sie es gut finden, möchte ich ihn über Ihre Armee schicken, um Ihnen besser Aufschluß über unsere Pläne geben zu können, denn wir müssen im Prinzip unbedingt einig sein, mein lieber Sohn. In der Form richte ich mich ganz nach Ihren Wünschen; ich fürchte keine Schande wegen meines Schrittes, ich trage sie gern der Sache zuliebe und möchte Sie nicht daran teilhaben lassen, obwohl ich, um offen mit Ihnen zu reden, auch nicht einsehe, daß man bei Ihnen wieder darauf zurückkommen muß.

Thugut habe ich aufgefordert, seinen Bericht schriftlich zu machen; Kaunitz habe ich um seine Meinung befragt; auch hat er einige Punkte erwähnt, die ich vorher mit Ihnen entscheiden soll, damit er sie nachher bearbeiten kann. Das ist ein zu großer Zeitverlust. Daher habe ich sie ihm zurückgeschickt und gestern abend gleich über jeden seine Ansicht gefordert; ich werde Ihnen das Ganze zusammen schicken. Die Zeit drängt; ich bitte Gott, daß er Ihr Herz rührt, Sie erleuchtet; nie werde ich davon abgehen können, unsere Lage so anzusehen, daß ich um jeden Preis Frieden schließen möchte. Ihre Antwort erwarte ich ungeduldig, denn das Glück von Tausenden von Seelen hängt davon ab und das

Ihrige; das ist wohl genug, damit Sie meine Lage fühlen können.
 Ich umarme Sie.

139 Maria Theresia an ihre Schwiegertochter Maria Beatrice

30. Juli 1778

Madame, meine liebe Tochter,

heute schreibe ich an Sie statt an Ferdinand, da ich ihm letzten Montag geschrieben habe, um die Feste abzubestellen, die unglücklicherweise eben in der schwersten Staatskrise nicht am Platz sind. Bisher ist noch nichts Besonderes oder Entscheidendes geschehen, außer den besonderen Dingen, die die Zeitung enthält. Das muß aber anders werden, denn alle beide können nicht in derselben Art fortfahren; die große Hitze verursacht auch Dysenterie und Fieber. Das lange Verweilen im gleichen Lager hat auch seine großen Schattenseiten wegen der Zuträglichkeit der Luft, und obgleich der Prinz sein Fieber losgeworden ist, ist er recht abgeschlagen davon, auch ist ihm ein trockener Husten zurückgeblieben, der ihn sehr quält, und ich zittere für den Kaiser, der sich keine Ruhe gönnt. Alle sind in Sorge um ihn, doch er läßt sich nichts sagen. Es ist kein Glück, lang zu leben, denn man hat keinen Trost mehr.

Meine Gesundheit hält stand, ich magere nicht einmal ab, aber ich esse fast kein Fleisch und keine Suppe mehr, nur Obst und Gemüse, und schlafe zu allen Tages- und Nachtzeiten. Wenn ich mich abgespannt fühle, mache ich es wie die Hunde, die jederzeit schlafen können. Ich tue es nicht, um mich zu erhalten, sondern aus Liebe zu meinen Kindern, die mich noch erhalten haben wollen, und weil ich sie so zärtlich liebe, daß mir für sie kein Opfer schwer wird.

Gott möge nur Ihre Schwangerschaft beschützen, die mir unaussprechliche Freude macht, sicher so viel, wie die in

Frankreich, denn dieses Kind gehört zu unserem Haus, zu uns. Die Königin von Neapel ist auch schwanger, leidet aber sehr unter Erbrechen und den Nerven. Die Königin von Frankreich wird gegen Mitte Dezember niederkommen, die von Neapel im Januar, und Sie, meine teure Tochter, Ende Februar. Die Wintermonate werden sich also durch tröstlichere Ereignisse auszeichnen als die des Sommers.

Ich umarme Sie zärtlich.

140 *Maria Theresia an Joseph*

6. August 1778

Mein lieber Sohn,

vorgestern habe ich Ihre beiden Briefe vom 2. und 3. erhalten und gestern um ein Uhr den vom 4., der mich in den Stand setzt, Thugut zu expedieren, der heute nacht abreisen wird, allerdings ohne Hoffnung auf Erfolg. Nach den großen Veränderungen in Böhmen werden wir wohl auf alles eingehen müssen, was er uns vorschreibt, denn Sie können sich denken, daß nach dem, was ich zu Beginn des Kriegs sehe, mir niemals auch nur im geringsten der Gedanke kommen könnte, in Zukunft mehr zu erreichen, und gerade diese tapferen Leute, die so guten Willen haben, müssen erhalten werden wie der Staatsschatz und dürfen nicht geopfert werden, ohne den Staat zu retten oder ihm zu helfen. Wenn wir uns jetzt schlagen, ist nichts wie Verlust zu erwarten, aber darüber habe ich nichts zu sagen; Sie werden da handeln, wie Sie es ratsam finden. Ich beschwöre Sie, schonen Sie sich, das ist in diesem Moment das Wesentlichste, und alles ist verloren, wenn Sie wie ein Verzweifelter handeln; das fürchte ich auch am meisten, denn wir dürfen nicht darauf hoffen, bei dieser Verwirrung eine Schlacht zu gewinnen, was auch unsere Situation in nichts ändern könnte; man hätte sich nur geschlagen. Welch entsetzliche

Aussicht! Ich fürchtete stets von dieser Seite Laudons, daß Sie von dort hineingezogen würden...

Von den niederländischen Truppen läuft auch ein Gerücht um, daß sie aufgehalten worden sind, weil sie die Nachricht von einem Korps in der Nähe von Eger erhalten haben. Ich weiß es nur durch Briefe aus Bayern; man war überall sehr unzufrieden mit ihnen, da sie viele Ausschreitungen begangen und die Leute mißhandelt haben. Wenn der liebe Gott uns gegen alle Erwartung einen einigermaßen beträchtlichen Vorteil gewähren sollte, lassen Sie sich dadurch nicht blenden; schicken Sie vom Schlachtfeld aus Nugent zu ihm, um ihm den Frieden anzubieten, wobei wir alles in Bayern zurückgeben und die anderen Ansprüche auf den gesetzlichen Weg verweisen.

Ich beschwöre Sie, verwerfen Sie diesen Gedanken nicht; ich sehe die Dinge nicht rosenfarbig, aber ich habe eine Hoffnung, die mir oft wiederkommt, gestützt auf die Tapferkeit unserer Truppen, auf Ihre Gegenwart und die Liebe, die sie Ihnen entgegenbringen, aber hauptsächlich auf mein Gottvertrauen: daß er die heißen Wünsche der ganzen Bevölkerung für Sie erhören wolle, die aus allen Provinzen gleichermaßen widerhallen; es ist rührend, wie voll hier die Kirchen sind, und zwar täglich. Lassen Sie sich in einem solchen Augenblick nicht verblenden, geben Sie Ihren treuen Provinzen, selbst ganz Europa die Ruhe zurück, was in einem solchen Augenblick und von Ihnen veranlaßt sehr dienlich wäre; ich wäre dann vollkommen getröstet. Ich brauche es; *dieses ist ein starker Schlag für mich!* Wenn uns der liebe Gott in Vergeltung für unsere Sünden bestrafen und uns noch mehr demütigen will, *fiat voluntas tua;* dann hoffe ich, daß Sie den Kopf nicht verlieren, daß Sie nicht Ihre Person aufs Spiel setzen. Ich fürchte nur einen Augenblick der Verzweiflung; denken Sie dann an Ihre Seele, an Ihre Person; solange Sie am Leben sind, ist allem noch abzuhelfen. Im gegenteiligen Fall wäre alles verloren, und nur Ihr Patriotismus beruhigt mich. Durch Gottes Gnade kann und muß man alles ertragen; er ist uns nichts schuldig; wenn wir uns vor ihm demütigen, wird er Mitleid mit uns haben. Dann wird das Ende des Kriegs auf mein unglückliches Haupt fallen; und ich bin zu glücklich, wenn ich Sie und mein braves Land von den endlosen Unruhen befreien und allen Tadel auf meinen alten Kopf nehmen kann. Ich werde, selbst erniedrigt, mit Freuden in die Grube fahren, wenn ich nur Sie und den Rest unserer Länder errette, wenn ich auf Ihr Herz zählen kann, daß Sie mich beklagen und nicht hassen werden und daß Sie meine Liebe anerkennen, die ich Ihnen im Vorzug vor all meinen anderen Kindern geschenkt habe. Ich gebe Ihnen meinen Segen. Gott erhalte Sie, damit ist alles gesagt.

141 Maria Theresia an Joseph

25. August 1778

Mein lieber Sohn,

ich brauche Hilfe in der traurigen Lage, in der ich mich befinde, wo jeder mit vollem Recht verzagt ist. Ich habe daher nach der Toskana geschickt, um Ihren Bruder herzubitten, wenn auch nicht ohne schwere Sorge, da ich fürchte, die aktuellen Angelegenheiten und die Kälte von Herbst und Winter könnten für seine Nerven schädlich sein, aber dieses Mal mußte die Mutter sich den Staatsinteressen und Ihren Wünschen fügen, da ich nur danach strebe, Sie zu überzeugen, daß ich keine andere Rücksicht und Befriedigung kenne, als die, Ihnen behilflich zu sein und Ihnen meine Liebe zu beweisen, von der Sie nicht so überzeugt sind, wie ich es verdiene. Nicht die Wahrheit scheue ich, mag man sie mir auch noch so energisch sagen; aber zu sehen, daß man mir unzarte Gefühle zutraut, mich beargwöhnt und mich für eine Intrigantin hält, das ist mir, wie ich gestehen muß, von seiten eines geliebten Sohnes unerträglich und macht mich unfähig zu allem.

Es hängt allein von Ihnen ab, in mir die zärtlichste der Mütter und treueste Freundin zu finden.

Maria Theresia

142 Maria Theresia an Joseph

10. Oktober 1778

Mein lieber Sohn,

...Ihr Bruder wird Ihnen selbst über sein Übelbefinden berichten, aber er scheint mir seither ein besseres Aussehen zu haben. Ich könnte Ihnen nicht verhehlen, daß sein Aussehen mich weniger als seine Stimmung in Erstaunen versetzt hat. Ich finde ihn traurig, niedergeschlagen, schweigsam; beginnt er aber zu reden, dann ist es, als ob er träumte oder einschliefe; nicht ich allein finde ihn so. Ist es eine Art Besorgnis, ist es das Bedauern, hier sein zu müssen? Ich kann es nicht entscheiden, denn er wird ganz davon beherrscht. Man überläßt ihn vorerst sich selbst, um zu sehen, wo das hinaus will, aber dies gefällt mir nicht; an gar nichts nimmt er Anteil. Waren Sie zufrieden mit ihm oder haben Sie ihn ebenso gefunden? Er scheint mir, *was man gesagt hat* dazumal von unseren Kavallerieoffizieren, *ein rechter Degenknopf.* Aber ich bitte, ihm gegenüber nichts zu erwähnen, das würde ihn noch mehr verlegen machen.

Ich umarme Sie.

143 *Maria Theresia an ihren zehnjährigen Enkel Franz in Florenz*

17. Oktober 1778

Mein lieber Enkel,

ich danke Ihnen für Ihren Brief zu meinem Namenstag. Wenn ich es versäumte, Ihnen zu dem Ihrigen zu schreiben, so habe ich ihn nicht vergessen, denn niemand steht meinem Herzen so nahe wie Sie. Denn ich habe schon Ihren lieben Eltern, denen ich mein zärtlichstes Kompliment gemacht habe, aufgetragen, Ihnen meine Glückwünsche auszurichten, da ich vor lauter Arbeit nicht mehr dazu kam. Ich kann Ihnen nicht sagen, wie ich mich über ihr Hiersein freue, wenn es auch für Sie ein bißchen traurig ist, daß Sie von ihren Eltern getrennt sind. Alles, was man mir von Ihren Beschäftigungen berichtet und was ich selbst davon gesehen habe, die verschiedenen Sprachen, das Schreiben, Rechnen und Zeichnen, haben mich sehr befriedigt. Fahren Sie so fort, mein lieber Enkel, und Sie werden der Trost ihrer lieben Eltern und Ihrer alten Großmutter sein.

Maria Theresia

144 *Maria Theresia an Ferdinand*

14. Mai 1779

Monsieur, mein lieber Sohn,

man glaubt oder hofft, daß gestern in Teschen der Frieden unterzeichnet worden ist; das *Te Deum* wird erst zum Pfingstfest abgehalten werden können. Ich werde Ihnen keine Stafette mehr senden, da die Sache so gut wie unterzeichnet ist. Acht oder zehn Tage danach will sich der Kaiser nach Laxenburg begeben, vorausgesetzt, daß es im Vergleich zu den Monaten April und Mai nicht zu heiß ist und Ihr Bruder uns dahin begleiten kann. Das andere Bein fängt nun ebenso an wie das erste; das betrübt mich sehr, und ich stelle mir alle möglichen Unannehmlichkeiten vor. Er ist bewunderungswürdig und bedauernswert.

Sie sagen mir, daß Sie einen nächtlichen Ausflug gemacht haben, um ein neues Theater und eine Oper anzusehen. Wegen des letzteren habe ich nichts einzuwenden, denn Sie müssen sich dem italienischen Geschmack anpassen, und alles Glück hängt davon ab; aber ich möchte nicht, daß der Bau eines Theaters für Sie ein Gegenstand großer Wichtigkeit wäre. Sie sind mit dem Mailänder nur zu sehr beschäftigt, schon mehr als Unternehmer wie als Statthalter. Man sagt, daß Sie sich oft in dem anstoßenden Haus aufhalten, das man zu Ihrer Bequemlichkeit bewilligt hat, damit Sie dort arbeiten und Soupers geben können, aber niemals außerhalb der Zeiten des Schauspiels. Sie werden also in Zukunft davon absehen, sich außerhalb der Schauspielzeiten dort einzufinden; das ist nicht ehrenwert und macht keinen guten Eindruck. Sie wissen, ich will es nicht haben, daß man sich außerhalb der Vorstellungen mit den Theaterleuten und ihren Intrigen beschäftigt oder daß man zu den Proben geht. Man sagt, daß Sie sich in die geringste Kleinigkeit einmischen; bei alledem ist es nicht möglich, daß das Herz mit der Zeit nicht verdirbt, wenn man sich den Kopf mit all diesen Lappalien, die meistens sogar liederlich sind, anfüllt, und da Sie jetzt schon gegen alle Lektüre und, was noch schlimmer ist, gegen alle Andachtsübungen gleichgültig sind, machen dieses lockere Leben, ohne Gutes zu tun, diese freien, doppelsinnigen Reden, all diese skandalösen Geschichtchen, die Ihre große Neugierde Sie aufsuchen und in großen Zügen verschlingen läßt, den Geist schließlich verderbt und das Herz lasterhaft. Man sagt, daß Sie zu Fuß, von einem einzigen jungen Kammerherrn begleitet – die Vertrauten existieren nicht mehr – durch die Stadt laufen. Ich bin um so mehr erstaunt darüber, als das in Italien nicht Sitte ist und nur Gassenjungen so etwas tun.

Was für ein Auftreten für meinen Statthalter! Sie werden es in Zukunft unter irgend einem Vorwand nicht mehr tun und werden daran denken, daß Sie mein Sohn und mein Vertreter sind. Ich kann Ihnen gar nicht sagen, wie sehr alle diese leichtsinnigen Streiche, diese Leichtfertigkeiten, diese *rechte Unförme* mich betrüben. Sie sollen den Ton angeben und führen sich so auf! Bei der Bevölkerung gewinnen Sie nichts dadurch, denn die beurteilt uns nach unseren Handlungen. Wenn die Achtung verloren ist, wird sich die Zuneigung nicht mehr lange erhalten, und dann werden Sie Ihre Tage traurig und ohne Beistand verbringen. Die Schmeichler von heute bleiben Ihnen nur erhalten, solange deren Interessen es erfordern, und die vernünftigen Leute, die Sie jetzt durch Ihre Leichtfertigkeiten vor den Kopf stoßen, werden Sie meiden, und Sie würden schließlich die anderen verantwortlich machen für das, was nur Ihr eigenes Werk ist. Ich habe viel Welterfahrung und hatte stets das Glück, in meiner Umgebung ehrliche Menschen zu haben, die mir in den traurigsten Tagen und Ereignissen meines Lebens Hilfe brachten. Ich habe mich auch viel amüsiert, vielleicht ein bißchen zu viel, aber immer mit einer gewissen Ordnung und mit Anstand. Ich ging auf der großen Straße und war an meinem Hof niemals allein mit einem jüngeren Kammerherrn oder einem von denen, die zu allem ja sagen müssen. Sie verstehen es, die anderen zu entfernen, die sich dazu nicht einmal hergeben könnten, ohne zu erröten und Sie erröten zu machen. Diese Arten von Beschäftigungen füllen Sie aus und lassen Ihnen weder Zeit noch Fähigkeit für Ernstes.

Adieu.

145 *Maria Theresia an Ferdinand*

15. Dezember 1779

Monsieur, mein lieber Sohn,

dieses wird Sie kurz vor Ihrer Abreise erreichen. Als Enkel, als Familienvater und als Statthalter werden Sie genug Dinge haben, die Sie beschäftigen und Ihnen am Herzen liegen. Ich will mich also bei nichts aufhalten, und hoffe nur, daß Sie bei dem schlechten Wetter und den noch schlechteren Wegen Ihre Reise glücklich antreten werden. Ehe ich Sie in Florenz angekommen weiß, werde ich nicht ruhig sein. Treiben Sie unterwegs die Postillione und Pferde nicht an, und von Ihrer Abreise aus Mailand an müssen Sie sich mit großer Geduld wappnen und dürfen niemals den Prinzen hervorkehren. Sie sind nur ein kleiner Graf, der nichts zu fordern, aber alles zu empfangen hat. Laufen Sie beim Wechsel der Posten nicht durch das Haus in den Pferdestall, dadurch hindern Sie, daß man sich eilt, setzen sich nur Unannehmlichkeiten aus und veranlassen, daß man Geschichten macht, die uns in dieser untergeordneten Art niemals nützlich sind.

Ich fürchte nur, daß Sie, da Sie nur Albani bei sich haben, die ganze Reise und alle Wagen selbst anordnen möchten, und daß Sie das, unter dem Vorwand, dadurch gut bedient zu werden, zu Ihrer Beschäftigung machen. Ein Stallbursche, *Sattelknecht* oder Kurier wird diese Einzelheiten besser und angemessener besorgen, ich sehe aber in der Liste keinen Mann dafür angeführt. Das ist indessen ein Hauptpunkt, wenn Sie gut bedient sein und sich die Achtung der Länder, die Sie durchreisen, verschaffen wollen, daß Sie nicht den *Sattelknecht*, sondern den Kavalier vorstellen. Dasselbe gilt für die *Trinkgelder;* man soll sich nicht selbst damit belasten und in diesem Punkt keine Knickerei einführen; dasselbe gilt für die Almosen, denn man muß welche geben.

Es wäre ein großer Gewinn, wenn diese Reise bezweckte, daß Sie genau im Angeben der Stunden und Ordonnanzen würden; sonst herrscht beständig Verwirrung, und man bedient Sie schlecht. Nehmen Sie sich mit Ihren Reden in den verschiedenen Ländern und Herbergen, wo Sie sich befinden werden, in acht; alles wird wiedererzählt werden. Gedenken Sie der Reise nach Parma, wo man sehr wenig mit Ihrer Art zu reden zufrieden war, weil es schien, als wollten Sie sich über alles unterrichten und in alles eingeweiht werden, und Sie Ihre Meinungen und Urteile über alles äußerten; man war sehr wenig zufrieden. Damals habe ich Sie darauf aufmerksam gemacht, weder Sie noch sonst jemand hat das Recht in einem fremden Land Nachforschungen anzustellen. Man kann in der Absicht, sich zu informieren, Fragen stellen, aber keine Entscheidungen geben, weder billigen noch mißbilligen, weder Vergleiche ziehen noch Urteile fällen, noch vertrauliche Mitteilungen machen; weniger reden, und mehr zuhören, ein bißchen auf den Geist der Nation oder der Fürsten eingehen. Da diese Reise einzig zu Ihrem Vergnügen und Ihrer Belehrung dienen soll, soll man in nichts davon abweichen.

Von dem Moment an, wo Sie Mailand verlassen, stehen Sie auf dem großen Theater der Welt, und aller Augen sind auf Sie gerichtet. Ich möchte gern, daß Sie es erreichten, bekannt zu werden, wenn auch durch eine noch so gleichgültige Handlung, besonders da Ihr Wohnsitz und der Ihrer Familie in Italien ist. Für Sie ist das sehr viel wichtiger als für Ihre Geschwister, die es zu etwas gebracht haben. Von Ihnen wird man noch mehr verlangen, als von einem gemachten Mann. Sie müssen die Herzen der Fürsten und der Minister zum Wohl des Staates und Ihrer Familie gewinnen. Seien Sie sehr höflich und geduldig, hören Sie gut zu, aber sprechen Sie nicht viel, passen Sie sich den Sitten des Landes an, ohne den Anschein zu erwecken, als ob sie zu anstrengend für Sie seien, bleiben Sie lieber einen Tag oder einen Abend in Ihrer Wohnung, als daß Sie bei einer Versammlung oder sonstwo schläfrig werden.

Ich umarme Sie.

146 Maria Theresia an Marie Antoinette

Wien, 1. Januar 1780

Madame, meine teuere Tochter,

ich könnte nicht das Jahr besser beginnen, als indem ich Ihnen meine innigsten Glückwünsche übermittle; und die Hauptsorge ist noch immer ein Dauphin, und zwar noch für dieses Jahr. Die Generalin Krottendorf ist eben gestorben. Ich hoffe, daß ihre Besuche bei Ihnen aufhören werden.

Da ist nun meine Antwort für den König: ich freue mich sehr über Ihre gegenseitige Liebe und Freundschaft, ich zähle bei jeder Gelegenheit sehr darauf. Frankreich kann nicht ohne uns und wir nicht ohne Frankreich ruhig leben. Diese Allianz ist die natürlichste, passendste und uns teuerste... Daß unsere Öffentlichkeit und sogar unser Adel sehr für die Engländer eingenommen ist, ist eine Folge der früheren Vorurteile, genau so wie es bei Ihnen gegen uns der Fall ist; aber keiner in höherer Stellung oder etwa im Ministerium ist es sicherlich, und für den Sohn und die Mutter bürge ich; vorausgesetzt, daß man den ersteren in seinen gegenwärtigen guten Absichten unterstützt und sich das Verhalten Ihrer Gesandten im Reich nicht immer im Gegensatz zu dem der Gesandten des Kaisers befindet, was Anlaß zu ständigen Auseinandersetzungen ist und den Bösgesinnten die Tür öffnet, damit sie die Dinge verwirren und man sich dem König von Preußen an den Hals wirft. Ich bin nichts weniger als zufrieden mit der Lage in Amerika und auch nicht mit den Flotten. Im kommenden Jahr werden Sie das Doppelte der Kräfte gegen sich haben; die Hilfsquellen der Engländer sind unermeßlich und der Fanatismus unglaublich. Sie wissen, was ich als gute Französin und Mutter meiner teueren Königin wünsche: den Frieden.

Ich habe mich über die Reise Ferdinands schlecht ausgedrückt. Er wird eine Reise nach Italien, nach Florenz, Rom und Neapel machen. Aber diese Nachlässigkeit hat mir eine reizende Äußerung Ihrerseits verschafft, weil Sie ihn als glücklich bezeichneten, seine Reise hierher machen zu können. Ohne Schmeichelei von Ihrer und ebensowenig von meiner Seite kann ich Ihnen versichern, daß dieser Zug in Ihrem Brief mich innig gerührt hat, weshalb ich Sie ebenso innig umarme. Was Sie mir über Ihre Kleine sagen, entzückt mich. Ich freue mich sehr, daß sich Vermond bei Ihnen befindet; er hat mein ganzes Vertrauen, weil ich seine Anhänglichkeit kenne. Er muß so sein, wie er ist, damit er an einem großen und lärmenden Hofe ohne Ehrgeiz bleibt. Ihre Güte allein hält ihn fest. Wenn er mir dieses Buch, dessen Titel ich hinzufüge, verschaffen könnte: ich habe es durch keine Buchhandlung erhalten können. Ich habe zwei Bände und zwei fehlen mir.

147 Maria Theresia an Maria Christine

12. Mai 1780

Meine liebe Tochter,

der morgige Tag, der mich so bedrückt und meinen Ländern eine Last wurde, ist glücklich nur durch Ihre Geburt geworden. Ich danke Gott dafür und bitte ihn, Sie so zu erhalten, wie Sie sind, um eine Mutter glücklich zu machen, die Sie inniglich liebt. Die Hitze ist außerordentlich gewesen, und ich empfand sie doppelt meiner teuren Kinder wegen, die in Aufmerksamkeit für mich den Empfang über sich ergehen ließen. Der Tag selbst wird sehr anstrengend. Ich habe Hrzan gehabt, mit dem ich nicht zufrieden bin, Blumegen und Kolowrat. Werde jetzt für morgen einiges zurechtmachen und wiederhole meine Glückwünsche, Sie zärtlich umarmend.

148 Joseph an Maria Theresia

Lemberg, 19. Mai 1780

Teuerste Mutter,

...in diesem Moment, wo ich gerade dabei war, in die Kutsche zu steigen, ist der Kurier angekommen. Ich bin durchdrungen von der Güte und den gnädigen Ausdrücken, von denen der Brief I. M. erfüllt ist, und ich empfinde ihren ganzen Wert. Könnte ich sie durch meine Anstrengungen, meinen Eifer und durch die zärtlichste und unverbrüchlichste Anhänglichkeit nur auch verdienen! Fürchten Sie wirklich, teure Mutter, mir in den gütigen Briefen, die Sie sich würdigen zu schreiben, langatmig zu erscheinen? Die Antwort des Fürsten Kaunitz beweist seinen Wunsch, daß ich die Zusammenkunft nutzbringend gestalte. Gewiß werde ich die Gelegenheit hierzu nicht vernachlässigen, aber vor allem muß man damit beginnen, sie nicht schädlich zu machen, und dann erst kann man an die Vorteile denken...

Mein Bestes will ich tun, um in dieser delikaten Unternehmung Ihren Beifall zu verdienen. Ein gestern eingetroffener Brief von Cobentzl, über dessen interessante Details ich sehr zufrieden bin, unterrichtet mich, daß man in Petersburg damit rechnet, daß ich die Kaiserin bis Smolensk begleiten werde, wie ich es in der ersten Antwort vorgeschlagen habe. Von dort nach Moskau sind es nicht mehr als drei kurze Reisetage, und man wird es schon unter die Leute gebracht haben, daß ich vielleicht darauf zähle, dorthin zu fahren. Die Umstände werden es zeigen; ich kann mich nur nach ihnen richten, und man muß sein wichtiges Ziel nicht verpassen; der Rest ist Nebensache.

149 Maria Theresia an Maria Christine

29. Mai 1780

Meine liebe Tochter,

Sie werden der beigelegten Note entnehmen, was für eine Neuigkeit wir erhalten haben; ich bin deswegen völlig betäubt zwischen Furcht und Trost; ich stelle das ganze dem guten Gott anheim und bete nur für das Heil Ihres Bruders. Als ich heute dies in großen Zügen beim Frühstück mit Elisabeth besprach, schien sie mir darüber informiert zu sein. Wenige Minuten später begann sie zu weinen. Ich glaubte, wegen des Bruders, aber weit gefehlt: alle wären etabliert und sie allein würde verlassen und sei bestimmt, mit dem Kaiser allein zu bleiben, was sie niemals tun würde. Wir hatten alle Mühe, sie zum Schweigen zu bringen; es ist traurig, so wenig Vernunft mitanzusehen...

Ich umarme Sie.

150 Maria Theresia an Ferdinand

17. Juni 1780

Monsieur, mein lieber Sohn,

ich habe gestern und die ganze Nacht nichts getan als geschrieben: nach Italien, Mohilew und Brüssel. Und ich gestehe, mein Kopf ist leer und mein Herz schwer.

Ich werde mich nur bei drei wichtigen Punkten aufhalten: am vierten die Ankunft des Kaisers in Mohilew, er war sehr glücklich und zufrieden. Die Eile der zwei erlauchten Reisenden, dahinzukommen, hat sie drei Tage gewinnen lassen. Sie haben sich zur beiderseitigen Genugtuung gesehen, und da das Ziel dieser großen Reise nur gegenseitige Koketterie und Neugierde ist, glaube ich, daß sie ihren Zweck erfüllt hat, und will mich der Hoffnung hingeben, daß beide ihren

*Maria Christine, Gemälde um 1766/70 von unbekanntem Maler.
Innsbruck, Schloß Ambras*

Aufenthalt nicht verlängern, sondern froh sein werden, ihn beenden zu können. Das sind die Illusionen, die ich mir über Taten mache, die keinen anderen Zweck haben, als daß sie neu sind. Der Kaiser sagt mir nichts über seine Rückreise, und diese fürchte ich am meisten, da er sie über das obere Litauen machen will, ein Gebiet voll von Wäldern und Sümpfen, von Bären und Wegelagerern. Wenn die Kaiserin des Orients nichts dabei gewinnt, hat die des Okzidents nichts zu hoffen, und ich fühle mich, was diesen Punkt anbelangt, nicht sehr ruhig.

Adieu.

151 Maria Theresia an Marie Antoinette

Schönbrunn, 30. Juni 1780

Madame, meine liebe Tochter,

... Sie sagen, ich sei unerschöpflich in Aufmerksamkeiten; ich bin es mit Liebe, und nichts ist mir teurer, als mich mit meinen Kindern zu befassen. Das sind die einzigen glücklichen Augenblicke in meinem mühseligen Leben; die reizende Königin von Frankreich trägt nicht wenig dazu bei; aber wir brauchen einen Dauphin. Bis jetzt war ich diskret, aber mit der Zeit werde ich zudringlich werden. Es wäre eine Sünde, Kinder dieses Geschlechtes nicht mehr zur Welt zu bringen, denn man erzählt Wunder von der Gesundheit und dem Liebreiz Ihrer teuren Kleinen.

Sie wollen sich die Mühe nehmen, mir das Eau divine zu beschaffen. Alle bisher geschickten sind zu stark. Ich sende eine kleine Phiole meines früheren an Mercy, da Sie sich dazu so liebenswürdig erbötig machten: dieser Umstand wird es mir jedenfalls heilsam machen.

Ich umarme Sie innig.

152 Maria Theresia an Ferdinand

21. August 1780

Monsieur, mein lieber Sohn,

endlich ist der Kaiser glücklich um sieben Uhr hier angekommen, gerade recht zur Messe und dem Segen; er ist gesund, vergnügt und nicht so mager wie nach den anderen Reisen. Auf Details gehe ich nicht ein; er hat die Dinge ganz anders gesehen, als wir vor zwanzig und dreißig Jahren. Um so besser, die Zukunft wird es erweisen. Ich bin sehr materiell geworden, Tatsachen allein überzeugen mich. Er hat alle Porträts gesehen, unter anderen auch Ihres und das Ihrer lieben Gemahlin; er sagt, das erstere habe bei der Kaiserin Glück gehabt, sie finde es sehr schön. Vom Großfürsten sagt er Gutes, aber noch mehr von ihr, vom Gesicht wie vom Geist. Er sagt, sie behandle ihren Gemahl wie die Marie, verlasse ihn nie, und habe allen Einfluß auf ihn. Die beiden Knaben befinden sich wohl, die Kaiserin nimmt sich sehr ihrer an.

Die russische Küche ist sehr merkwürdig, weder frisches Obst noch Gemüse. Man bereitet fast für alle Gerichte Marmeladen, zum Beispiel eine aus Pflaumen und getrockneten Kirschen mit Äpfeln und Birnen, und darauf *Speckknödel*. Die Diners finden mit vielen Menschen um *puncto* ein Uhr statt, in anderthalb Stunden ist alles fertig, und man zieht sich zurück. Die Kaiserin soupiert niemals, wohl aber das junge Paar, aber mit seinem Hof; sie wohnen sogar getrennt, aber für die Außenwelt zusammen. Die schönsten Arbeiten in Kanälen, Marine und Maschinen hat er gesehen. Er scheint mir sehr zufrieden, und ich bin es auch, da ich ihn gesund sehe...

Ich umarme Sie alle beide in aller Eile.

153 Maria Theresia an Maximilian

22. September 1780

Monsieur, mein lieber Sohn,

ich habe gestern um elf Uhr Ihren Brief von Strenberg erhalten, der mich erfreut hat; ich gestehe, daß mich Ihre Abreise Mühe gekostet hat, denn in meinem Alter sind zwei Monate mehr als für Sie zehn Jahre. Das Wetter hat sie begünstigt, aber es scheint mir, daß Sie lange Zeit unterwegs waren. Ich bitte Sie, Ihren Herren auszurichten, nicht zu vergessen, daß Sie mir immer die Ankunft melden, damit sie im Journal, das von ihrer Abreise an angefangen worden ist, die Stunden, die Sie unterwegs waren oder angehalten haben, und das was sich während dieser Zeit gezeigt hat, eintragen, um ein Ganzes zu haben... Nichts Neues und alles wie gewöhnlich. Wir sind übereingekommen, unsere Briefe zu verbrennen; ich glaube, daß Sie die, die ich Ihnen schrieb, aufbewahren können, wenn ich Sie nicht ausdrücklich darum bete, sie zu vernichten.

Ich umarme Sie zärtlich.

154 Maria Theresia an Ferdinand

19. Oktober 1780

Monsieur, mein lieber Sohn,

...wegen der anderen sehr wichtigen Sache, wegen den Affären von Parma, wüßte ich Ihnen nicht zu verbergen, daß ich seit zwei Monaten für Ihre Schwester zittere. Sie müssen folgendes wissen: Nachdem sie mich unaufhörlich bestürmt hat hierherzukommen und mir immer geschrieben hat, daß dies bedeute, sie bei kleinem Feuer sterben zu lassen, da sie lieber wissen möchte, ob es Hoffnung gebe oder nicht, habe ich die Gelegenheit ergriffen, nachdem ich mich um Geld betreffend das *votum* für ihre Tochter in Loreto erkundigt habe, ihr anzudeuten, daß sie diese kleine Reise nicht machen kann, ohne daß ich dazu 2000 Zechinen beisteuern muß, und wieviel es hierherzukommen kosten würde. Und ich habe ihr eingestanden, daß der Staat, mit Schulden überhäuft, sich nicht an unnötigen Ausgaben beteiligen könne und daß es besser wäre nicht mehr daran zu denken; und wie sie und der Infant mich wiederholte Male belästigt haben, wegen 100 000 Zechinen, die etwa die Hälfte ihrer Schulden ausmachten, die sie kaum in ihrem Staat auftreiben, habe ich geglaubt kurzfristig abbrechen zu müssen und keine Hoffnung mehr zu lassen. Von diesem Moment an hat sie mir nichts mehr geschrieben, und 14 Tage danach hat sie sich über Fieber beklagt; dies hat mehr oder weniger bis jetzt gedauert. An einem Tag hält sie sich für sterbend, am anderen für gesund. Sie schreibt alle Post, wie gewöhnlich, ohne den Schriftzug zu ändern, indem sie sagt, daß sie, weil sie in der Hitze des Fiebers aufsteht, die Kraft nicht habe, es anders zu machen. Sie legt die Berichte von Camuti geöffnet bei. Schließlich hat dieser auf einem anderen Weg an Störck geschrieben, bevor der Kardinal abgereist ist, daß er nicht länger verschweigen könne, daß Ihre Schwester nichts einnimmt, nicht regelmäßig, wie sie es müßte, sich Schaden zufügt, indem sie heimlich ißt, wobei sie behauptet, daß sie nichts essen könne; und sie will unbedingt eine Köchin von hier haben, die ich aussuchen soll, doch wir haben am Hof keine jungen Lehrlinge mehr, und die zwei Alten könnten nicht auswandern.

Schließlich klagt mir der Infant, ihr doch zu schmeicheln, daß ich sie sehen möchte, wenn sie sich erholt hat, und er antwortet auf das, was man ihm sagt, daß er kein anderes Mittel habe, um ihr zu helfen… Ich gestehe Ihnen, da ich die Heftigkeit und Dickköpfigkeit Ihrer Schwester kenne, daß alles bei ihr zu befürchten ist, da sie keinen vernünftigen Menschen um sich hat und noch weniger jemanden, der ihr gebietet, was sie vonnöten hätte.

… Aber um sie hierherkommen zu lassen, ich gestehe es,

wüßte ich nicht, wie ich mich darauf einlassen sollte. Meine Situation ist zu kritisch, der Kaiser hat erklärt, daß er keinen einzigen Tag bleibt, wenn sie kommt.

Ich umarme Sie.

155 Maria Theresia an Marie Antoinette

Wien, 3. November 1780

Madame, meine teuere Tochter,

ich war gestern den ganzen Tag mehr in Frankreich als in Österreich und habe mir diese ganze glückliche Zeit wieder ins Gedächtnis zurückgerufen, die seither verstrichen ist. Die Erinnerung allein tröstet mich. Ich bin sehr froh, daß Ihre Kleine, die Sie so sanft nennen, wiedergenest, und über alles, was Sie mir über Ihre Lebensweise mit dem König berichten. Man muß auf die Folgen hoffen. Ich gestehe, daß ich nicht genau wußte, daß Sie nicht zusammen schliefen; ich vermutete es nur. Ich muß das, was Sie mir darüber sagen, für richtig halten; aber ich hätte gewünscht, daß Sie sich auf deutsche Art benommen hätten und eher für eine gewisse Intimität gewesen wären, die das mit sich bringt, wenn man zusammen ist.

Ich freue mich, daß Sie sich vornehmen, die ganze Repräsentation in Versailles wiederaufzunehmen: ich kenne die ganze Langeweile und Leere davon; aber glauben Sie mir, wenn es keine Repräsentation gibt, sind die Unannehmlichkeiten, die daraus entstehen, viel wesentlicher als die kleinen Unbequemlichkeiten des Repräsentierens, besonders bei Ihnen, mit einer so lebhaften Nation. Ich hätte ebenso wie Sie sehr gewünscht, daß der Winter den Reisen des Kaisers ein Ende setze; aber er ist vollauf damit beschäftigt, sich Anfang März nach den Niederlanden zu begeben und den ganzen Sommer draußen zu bleiben. Das steigert sich alle Jahre und vermehrt meinen Kummer und meine Unruhe; und in meinem Alter hätte ich Hilfe und Trost nötig und verliere alles, was ich liebe, einen nach dem anderen. Ich bin davon ganz niedergedrückt. Der Kaiser rechnet damit, nachdem er in Brüssel gewesen ist und das Land gesehen hat, sich nach Holland zu begeben und Ihnen vielleicht einen Besuch zu machen, was ich sehr einer Seereise, selbst wenn diese Reise länger dauern sollte, vorziehe.

Ich bin wegen Marianne in Sorge, die von einem Druck im Magen gequält wird, verursacht durch ihre schreckliche Verunstaltung, der sie zwingt, alles, was sie ißt, wiederauszuspucken; das geschieht zwar ohne Anstrengung, aber auf die Dauer könnte sie das nicht aushalten. Sie hat einen Schnupfen bekommen, was sie sehr inkommodiert; bei den ersten Beschwerden im Magen läßt sich nichts machen, da sie die gleiche Ursache haben. Ich sehe sie zu meinem Schmerz leiden, und fast beginnt sie ihr Mut, den Sie kennen, zu verlassen. Ich selbst leide seit vier Wochen unter einem Rheumatismus am rechten Arm, was die Ursache ist, daß dieser Brief weniger gut als gewöhnlich geschrieben ist, und was mich veranlaßt zu schließen, indem ich Sie meiner ganzen Liebe versichere.

156 Maria Theresia an Maria Christine

20. November 1780

Meine liebe Tochter,

beunruhigen Sie sich nicht, wenn Sie von einem Aderlaß hören; ich hätte ihn vor einem Monat vornehmen lassen sollen, verschob ihn aber, wegen dieser Idee der Wassersucht. Ich bin auf, und alles geht seinen gewohnten Gang; ich habe die ganze Post expediert, ohne Briefe aus Italien zu bekommen. Der Kaiser ist auf der Jagd; es ist also nichts zu befürchten, lassen Sie sich darum in Ihren Jagdplänen nicht stören; sollte ich mich morgen weniger wohl fühlen, so würden Sie eine Stafette erhalten. Erhalten Sie nichts, dann können Sie sich darauf verlassen, daß alles in Ordnung ist.

Ich umarme Sie.

157 *Maria Theresia an Maria Christine*

22. November 1780

Meine liebe Tochter,

Ihr freundliches Anerbieten habe ich vorausgesehen; Sie wissen aber, daß ich eine böse Kranke bin und gern allein bleibe. Wollen Sie uns aber hier, obwohl mir eigentlich keine von Euch nützlich sein kann, einen kurzen Besuch machen, der Ihre Dispositionen nicht stört, so werden Sie mit offenen Armen aufgenommen. Verbrennen Sie die beiliegenden zwei Briefe der Königin; ich schicke sie Ihnen, da ich im Zweifel bin, ob Sie sie schon gelesen haben. Die Brüsseler Druckschrift hat mir nicht gefallen; sie ist schwach.

Da ich schon nach Italien geschrieben und eine Medizin im Leibe habe, schließe ich, indem ich Sie umarme.

158 *Joseph an Leopold*

26. November 1780

Mein lieber Bruder,

Sie werden nicht wenig überrascht sein von der Ankunft dieses Eilboten; am Donnerstag vermutete ich noch nichts, als ich Ihnen schrieb. Der Katarrh I. M. hat sich verschlimmert. Als sie einmal zur Messe gehen wollte, sagt man, denn ich war nicht dabei, befiel sie ein Erstickungsanfall, der ziemlich lange anhielt, so daß die Vasquez und ein paar Frauen, die zugegen waren, einen Schreck bekamen. Selbst

Störck war deshalb in Unruhe, und aus Versehen veröffentlichte man einen Bericht, der schreckliche Einzelheiten erzählte.

Ich war gegen all dies, aber I. M. die Kaiserin, die von diesem Katarrh sehr belästigt und von ihrer Umgebung dazu getrieben wurde, bestand durchaus darauf, sich die Sakramente verabreichen zu lassen, und das geschah denn auch um fünf Uhr nachmittags. Aus diesem Bericht, den Veigl empfängt, werden Sie einige Einzelheiten ersehen; ich für meinen Teil glaube, offen gestanden, gottlob nicht daran, daß I. M. augenblicklich in Gefahr ist, aber ihr Zustand, ihr Alter macht die Sache für die Folgen und die Zukunft doch recht bedenklich. Der Atem, der, wie Sie ja wissen, schon lange schwer geht, ist durch diese Schleimansammlung noch mehr behindert, die Kräfte sind gut, der Kopf ausgezeichnet und ihre Gemütsstimmung immer stark; es ist sehr zu hoffen, daß sie diese Unpäßlichkeiten überstehen wird. Ich werde Ihnen jeden Tag ausführlich schreiben, und danach mögen Sie meinen seelischen Zustand ermessen, denn Sie kennen ja meine Liebe zu ihr, nach so einem Amt.

Adieu...

159 Maria Theresia an Leopold und seine Gattin Maria Ludovica

26./27. November 1780
nachts

Meine mehr als zärtlich geliebten
und geschätzten Kinder,

ich bin trostlos wegen des Kuriers, den man Ihnen gestern schicken mußte, denn ich kann den Eindruck nachempfinden, den er auf Sie gemacht haben muß, weil ich das volle Ausmaß Ihrer Anhänglichkeit mir gegenüber kenne. Stellen

Sie sich meine Unruhe vor; es gereicht mir zum Trost, daß Sie Christen und tugendhaft sind und stets das Glück in sich selbst finden. Gott erhalte Sie, ich gebe Ihnen beiden sowie Ihren lieben 10 Kindern meinen Segen

Maria Theresia

160 Joseph an Leopold

27. November 1780

Liebster Bruder,

hier ein Billet von der Kaiserin selbst. Diese Nacht fand ich sie schreibend; da ihr am wohlsten ist, wenn sie sitzt, so wechselt sie oft ihre Lage und geht aus dem Bett, um sich auf einen Stuhl zu setzen. Aus dem Bericht werden Sie sehen, wie es steht. Allem Anschein nach haben wir für den Augenblick nichts zu befürchten, aber alles für die Zukunft; die mühsame Atmung, die Sie bei I. M. seit Jahren kennen, könnte sich bei diesem Katarrh noch verschlimmern und vielleicht in Herzwassersucht ausarten. Das müssen wir vor allen Dingen zu verhüten suchen; ob das gelingen wird, ist noch sehr ungewiß; in einigen Tagen muß sich aber alles klären. Der Katarrh beginnt nachzulassen, aber das schlechte Befinden wird demgemäß nicht besser; das beunruhigt mich am meisten. Ich werde Ihnen genaue Mitteilungen machen; lassen Sie bitte das Beiliegende sofort mit einer Stafette nach Neapel schicken.
  Adieu.

161 Maria Theresia an Maria Anna in der Originalschreibweise

28. November 1780

Meine liebste Marianne,

obwohlen einverständlich mit des Kaisers Mayst. und Ibden in deiner Absicht nach meinem todt nach Klagenfurt sich zu rethiriren, eingehe ... so will jedoch dir wohlmeinend rathen, mit deiner Entschlüssung in den nächsten augenblicken nach meinem Tod gedenck zu halten, und wohl zu überlegen, was das beste für dich seyen möchte, und ob du nicht hier bey hof bleiben wollest; vor allen kan ich dir nicht genug anempfehlen, dein vollkommenes Vertrauen in des Kaisers Mayst. und lbden zu tragen, der in diesen umständen, als ein würdiger Sohn und zärtlicher befreunter sich bezeuget. Lebe vergnügt noch lange Jahre, fürchte und liebe god und bitte für deine getreue Mutter, welche dir nochmalens den mütterlichen Segen von ganzen Herzen erthaillet.

Maria Theresia

162 Joseph an Leopold

4. Dezember 1780

Teuerster Bruder,

ich bin so niedergeschlagen von den entsetzlichen Feierlichkeiten, die gestern stattfanden, daß ich Ihnen nur kurz schreiben kann; diese Bestattung ist die grausamste Sache, die man sich nur denken kann. Eine Anhänglichkeit von vierzig Jahren, der Gegenstand meines Lebens und meiner Dankbarkeit für all die mannigfaltigen Wohltaten, das zu verlieren, ist beinahe jenseits der Vernunft. So ist mein Lebenswerk, ja letztlich alles zerstört, und ich finde mich beinahe allein auf der Welt wieder; die Vorsehung hat mir Ehefrauen, Kinder, Vater und Mutter entrissen. Daß mir Ihre Freundschaft wenigstens bleibt, ist das, worum ich Sie ernsthaft bitte. Sie kennen den Umfang der meinigen seit unserer Kindheit, tausend Beweise mögen Sie seither davon überzeugt haben; dies wird die einzig wahre Hilfe sein, verbunden mit dem Druck, die Aufgaben meiner Bürde zu erfüllen, mein Leben zu ertragen.

Adieu.

163 Marie Antoinette an Joseph

10. Dezember 1780

Vom schrecklichsten Unglück niedergeschmettert, kann ich Ihnen nur in Tränen aufgelöst schreiben. O mein Bruder! o mein Freund! nur Sie bleiben mir also in einem Land, das mir stets teuer ist und bleiben wird. Schonen Sie sich, geben Sie auf sich acht; Sie sind es allen schuldig. Es bleibt mir nur übrig, Ihnen meine Schwestern zu empfehlen. Sie haben noch mehr als ich verloren; sie werden sehr unglücklich sein! Adieu! Ich sehe nicht mehr, was ich schreibe. Denken Sie daran, daß wir Ihre Freunde, Ihre Verbündeten sind; behalten Sie mich lieb.

Ich umarme Sie.

ANHANG

Anmerkungen

Aja / Ajo: Kinderfrau / Erzieher, denen die Betreuung und Erziehung der Kinder oblag
I.M.: Ihre Majestät
Anrede und Unterschrift sind nur angegeben, wenn sie überliefert sind. Da es damals Sitte war, die Korrespondenz vorwiegend auf französisch zu führen, wurde in der vorliegenden Ausgabe bei den Quellenangaben folgendermaßen verfahren: Sind Briefe und Dokumente im Original auf französisch (in sehr seltenen Fällen auf italienisch) geschrieben, so wird hier vermerkt: »dt. von . . .« (wie Nr. 2). Ist das Original auf deutsch verfaßt, so wird nur die Quelle angegeben (wie Nr. 1).

1

seine Bediente: Da die Kinder des Hochadels im 18. Jh. mehr von Bediensteten als von gleichaltrigen Kindern umgeben waren, sahen viele Eltern und Erzieher die Gefahr einer negativen Beeinflussung, die sogar die Ziele der Familienpolitik durchkreuzen konnte.
Abbé: Franz Joseph Weger
avertieren: benachrichtigen
[Arneth 1881, Bd. 4, S. 5 ff.]

2

[dt. von Perrig; Arneth 1870, Bd. 4, S. 522 f., Anm. 206]

3

Fürstin: die Aja Marie Karoline Fürstin Trautson
eine meiner Töchter versprechen müssen: als Äbtissin; erst am 2.2.1766 wurde Maria Anna zur Äbtissin des königlichen Damenstifts auf dem Hradschin ernannt.
[dt. von Perrig; Arneth 1881, Bd. 2, S. 353 f.]

4

Beichtvater: Pater Franz Richter
chargiert: beauftragt
Furcht vor nichts: ein erzieherischer Grundsatz, der sich schon in Platons »Staat« findet: Dort wird gewarnt, daß durch Furchteinflößung die Kinder nur noch schreckhafter werden. Aufgeklärte Pädagogen des 18. Jh. sahen das kindliche Selbstvertrauen durch abergläubisches Erzählen bedroht.
Bachofen: Katharina Bachoffen von Echt
traduzieren: übersetzen
Fabeln: John Locke sieht 1693 in den Äsopischen Fabeln »beinahe das einzige für Kinder geeignete Buch«; entsprechend beliebt sind Fabelsammlungen im 18. Jh., bis schließlich Jean-Jacques Rousseau ihren erzieherischen Wert im *Emile* (1760) relativiert.

Jause: österr. für Zwischenmahlzeit
[Arneth 1881, Bd. 4, S. 101 ff.]

5
fast ohne Hoffnung: Maria Anna überlebte die schwere Krankheit, litt aber seither an einer inneren Verwachsung, die zu einer Rückgratverkrümmung führte.
[dt. von Perrig; Karajan 1859, S. 37 ff.]

6
[Wachter 1968, S. 220]

7
[Wachter 1968, S. 220]

8
[Wachter 1968, S. 220]

9
Seine Majestät: Kaiser Franz Stephan
Ihren Tag: Namenstag Johannas am 30. Mai
Aja: Maria Walburga Gräfin Lerchenfeld
[dt. von Perrig; Arneth 1881, Bd. 3, S. 20]

10
Aja: Maria Walburga Gräfin Lerchenfeld
Blanc-Manger: Mandelpudding.
[dt. von Fred 1914, Bd. 1, S. 102]

11
Beichtvater: Jesuitenpater Franz Lechner
[dt. von Fred 1914, Bd. 1, S. 74 ff.]

12
Holitz: kaiserliches Jagdschloß Hol[l]itsch
Prälat: Benediktiner Berthold Sternegger.
[dt. von Perrig; Arneth 1867, Bd. 1, S. 14 ff.]

13
[Arneth 1881, Bd. 1, S. 55]

14
[dt. von Fred 1914, Bd. 1, S. 79 ff.]

15
[Arneth 1881, Bd. 1, S. 55 f.]

16
[dt. von Perrig; Arneth 1881, Bd. 4, S. 112 f.]

17
Schwägerin: Isabella
Schwester: Johanna war schwer an Pocken erkrankt.
[dt. von Pangels 1980, S. 391 f.]

18
[Wachter 1968, S. 224]

19
Gatten: Ferdinand IV. v. Neapel
verstorbene Königin in Neapel: Maria Amalia Walpurga v. Sachsen
[dt. von Perrig; Arneth 1881, Bd. 4, S. 116 ff.]

20
Salm: Karl Otto Graf Salm
Tendresse: Fürsorge, Zärtlichkeit
Attachement: Anhänglichkeit
wieder übergebe: Joseph bemerkt gegenüber Charlotte v. Lothringen, daß »die abstoßende Weisheit der schnurrbärtigen Matronen« die Erziehung der Erzherzoginnen nicht als »beste« erscheinen lasse (25.5.1766).
[Arneth 1881, Bd. 4, S. 119 f.]

21
[dt. von Wandruszka 1963, Bd. 1, S. 60]

22
Der Deputierte Franz von Churfeld war hoch verschuldet. Der 15jährige Leopold setzt sich bei seiner Mutter für ihn ein.
[dt. von Perrig; Arneth 1881, Bd. 1, S. 13, Anm. 1]

23
[dt. von Perrig; Arneth 1881, Bd. 1, S. 13]

24
[dt. von Perrig; Arneth 1881, Bd. 4, S. 121, Nr. XVII]

25
[dt. von Grossmann 1916, S. 27]

26
Bruder: Maximilian.
Aja: Maria Anna Gräfin Wildenstein
[Arneth 1881, Bd. 1, S. 57]

27
schmerzlichen Verlust: Isabella
[dt. von Krack 1912, S. 42 f.]

28
[dt. von Arneth 1876, Bd. 7, S. 103]

29
langweilen: Schon in einem vorangegangenen Brief betont er die Langeweile des Laxenburger Aufenthalts.
Iphigenie: frz. Ballett von Gasparo Angiolini (1731–1803)
Ihren Bruder: Anton Graf Thurn
Betrübnisse: Leopold litt häufig unter Depressionen
König: römischer König war der Titel seines Bruders Joseph
in der Stadt: Wien
num: zum Punkt
Acchia: Der Name bezieht sich vermutlich auf den Besuch verrufener Wiener Lokale.
König und seiner Frau: Maria Josepha
meiner Frau: Maria Ludovica
Ihre Frau: Gabriele Gräfin Thurn, Obersthofmeisterin
Botta: Marchese Antonio Botta d'Adorno war bis zu Leopolds Ankunft in Florenz Chef der Regierung.
für dieses Land: Toskana
kleinen Brüder: Ferdinand und Maximilian
Tarroca: Maria Theresia Gräfin Silva-Tarouca
Quaker: Quäker; religiöse Gemeinschaft, die Mitte des 17. Jh. in England gegründet wurde; an die Stelle des Gottesdienstes tritt bei ihnen die »schweigende Andacht« als meditative Versenkung.
Charlotte: Prinzessin v. Lothringen, Tante Leopolds
wir kommen Samstag: Pfingstsamstag (25.5.)
[dt. von Wandruszka 1963, Bd. 1, S. 101 ff.]

30
Genua: Graf Sternberg wurde der spanischen Infantin Maria Ludovica, Leopolds zukünftiger Frau, dorthin entgegengeschickt.
[Arneth 1881, Bd. 3, S. 71]

31
Neffe kommt: Der Wiener Hof weilte seit dem 15.7. in Innsbruck anläßlich der Vermählung von Leopold und Maria Ludovica am 8.8.; der Neffe war Moritz von Savoyen, Sohn Karls Emanuel III. von Sardinien. Franz Stephan plante, den Sohn seiner verstorbenen Lieblingsschwester Prinzessin Elisabeth Therese von Lothringen mit Maria Christine zu verheiraten; entsprechend rät Maria Theresia ihrer Tochter in einem späteren Brief, ihrem Vater keinen Anlaß zum Mißtrauen zu liefern, »denn er ist hellhörig«.
Schwester: Maria Anna
Prinzen: Albert und sein Bruder Clemens von Sachsen waren 1760 an den Wiener Hof gekommen.
[dt. von Rothe 1968, S. 86]

32
[dt. von Fred 1914, Bd. 1, S. 102 f.]

33
Die Datierung bei Beer (28.8.1765) ist problematisch, da Leopold, wie vorgesehen, am 30.8. nach Florenz reist.
neun Waisen: Joseph und Leopold rechnete sie als Verheiratete nicht mehr dazu.
Einsetzung von Leopold: als Großherzog in der Toskana
Bitterkeit: Auch gegenüber von Leopolds Begleiter Franz Graf Thurn spricht sie von der »peniblen Reise«.
[dt. von Perrig; Beer 1873, S. 432 f.]

34
Madame: Maria Ludovica
Florins: Gulden
Vigilien: Vorfeier am Vortag eines katholischen Festes
Fest des hl. Franz: 4. Oktober
8. Dezember: Geburtstag von Franz Stephan
Oktave: acht Tage nach katholischen Feiertagen
[dt. von Perrig; Arneth 1881, Bd. 1, S. 21 ff.]

35
meinen verstorbenen Eltern: Karl VI. und Elisabeth Christine
Ankunft van Swietens: am 7.6.1745
Lagusius: Johann Georg Hasenöhrl genannt Lagusius, war der erste Leibarzt Leopolds.
Dein gegenwärtiger Zustand: Leopold litt im August an einer schweren Darmerkrankung.
Thurn: Franz Graf Thurn
Gemahlin: Maria Ludovica
[dt. von Fred 1914, Bd. 1, S. 190 ff.]

36
ich beginne ...: Joseph beschreibt seinem Bruder Leopold in der Toskana seinen Arbeitsalltag als kaiserlicher Mitregent.
um in den Papieren I. M. selig zu suchen: die Suche nach einem väterlichen Testament
seinem Hause in der Stadt: das Privathaus in der Wallnerstraße in Wien, das Franz Stephan 1740 kaufte.
in diesen Tagen veröffentlicht: am 17. September
[dt. von Perrig; Arneth 1867, Bd. 1, S. 128 ff.]

37
Zwietracht: Das väterliche Testament sah den Transfer der in der Toskana befindlichen Verlassenschaftskapitalien nach Wien vor, wogegen sich Leo-

pold zum großen Ärger Josephs zunächst sträubte.
[dt. von Fred 1914, Bd. 1, S. 215]

38
Großmut des Kaisers: Franz Stephan
dem Ältesten: Joseph
[dt. von Fred 1914, Bd. 1, S. 88 ff.]

39
Vorschriften nicht befolgt: Die hier geäußerten Vorwürfe, die Franz Xaver Wolf Graf Rosenberg-Orsini am 28. nach Florenz überbrachte, erschütterten Franz Graf Thurn tief; er starb am 9. Februar.
Medici: Nach dem Tod des letzten Medici 1737, Großherzog Johann Franz, fiel die Leitung der Toskana Franz Stephan zu.
Korsika: Seit 1755 erschütterten Aufstände unter der Führung von Pasquale Paoli die von Genua mit Hilfe Frankreichs beherrschte Insel. 1765 hatte der englische Schriftsteller James Boswell mit einem Empfehlungsschreiben Rousseaus die korsischen Freiheitskämpfer besucht, um anschließend publizistisch ein positives Bild ihres Rebellenstaates zu entwerfen.
Nicht an Botta: Im Zusammenhang mit den Testamentsstreitigkeiten hatte er ein Demissionsgesuch eingereicht.
[dt. von Rothe 1968, S. 129 f.]

40
liebenswürdigen Bruder: Franz Graf Thurn
er ist heftig: Er hat »etwas Rauhes und Hartes«, schreibt sie an Thurn am 25. Juni.
den Brief zu verbergen: vom 12.1.1766
[dt. von Perrig; Arneth 1881, Bd. 4, S. 33 ff.]

41
Kindereien: »Er ist gewohnt, amüsiert zu werden«, schreibt sie am 25.6. an Thurn.
[dt. von Perrig; Arneth 1881, Bd. 4, S. 39 f.]

42
Gemahl: Franz Stephan starb am 18.8.1765.
Sohn: Leopold.
Glücks: Den 8.4. bezeichnet sie »als einen der glücklichsten Tage meines Lebens« (an Albert von Sachsen, 27.4.).
[dt. von Wolf 1863, Bd. 1, S. 60]

43
ihrem Mann alles Glück: ein Grundsatz, den Maria Theresia ihren Töchtern immer wieder einprägt, der sich schon in Fénelons Schrift »Über die Erziehung der Mädchen« (1687) findet und in der Mädchenerziehung Rousseaus wieder auftaucht.
vernünftig liebt: Der rationalistischen Moralphilosophie sowie dem Neu-

stoizismus des 17. Jh. zufolge konstituiert die der Vernunft verpflichtete Liebe die Tugend.
des Beichtvaters: Lechner
Obersthofmeister: Gabriel Graf Bethlen
Schwägerin: die verstorbene Isabella
[dt. von Wolf 1863, Bd. 1, S. 66 ff.]

44
[dt. von Rothe 1968, S. 99]

45
der Arzt: Johann Georg Hasenöhrl
deutsche Sprache: Er soll laut Maria Theresias Anweisung einmal pro Monat auf deutsch nach Wien schreiben (an Thurn, 13.9.).
[dt. von Perrig; Arneth 1881, Bd. 4, S. 40 f.]

46
Herzog: Franz III. von Modena
[dt. von Fred 1914, Bd. 1, S. 104 f.]

47
angekommen: Schloßhof
meiner Bonne: Dienstmädchen
[dt. von Wolf 1863, Bd. 1, S. 60 ff.]

48
Zweite Stafette: Brief Josephs vom 11.9., in dem er von einem glimpflich abgelaufenen Unfall mit seinem Pferd im Sumpf berichtet.
San Remo: Streit mit Genua um das Reichslehen San Remo
Harrach: Reichshofratspräsident Ferdinand Graf Harrach
Frieden von Aix: Aachener Frieden von 1748, der den österr. Erbfolgekrieg beendete
Karlsbad: Joseph war dort am 15.6., von wo aus er die Schlachtfelder des Siebenjährigen Kriegs besichtigte.
dieser Held: Friedrich II.
Sinzendorfs: Grafenfamilie
Elisabeth: Maria Elisabeth
[dt. von Fred 1914, Bd. 1, S. 217 ff.]

49
unaussprechlich liebt: Noch am 15.10. schreibt er ihr von seinem Ziel, »nur Gott, Sie und mein Vaterland zu lieben«.
[dt. von Arneth 1876, Bd. 7, S. 234]

50
die Reise: im September 1766
Senesen: die Sieneser
Maremmen: versumpfte Gebiete
Niederkunft: am 14.1.1767 Geburt von Marie Therese
[dt. von Wandruszka 1963, Bd. 1, S. 177f./S. 199]

51
[dt. von Wandruszka 1963, Bd. 1, S. 178]

52
Callenberg: Ferdinand hatte seine Mutter gebeten, sein Regiment, wenn sie es ihm entziehen wolle, dem Grafen Callenberg zu geben, oder ihm das Regiment Deutschmeister zu verleihen, wenn Prinz Carl von Lothringen darauf verzichten würde.
[dt. von Perrig; Arneth 1881, Bd. 1, S. 59f.]

53
[dt. von Arneth 1876, Bd. 7, S. 328f.]

54
Ihrem gegenwärtigen Zustand: Maria Christine hatte am 17.5. eine Fehlgeburt gehabt.
[dt. von Wolf 1863, Bd. 1, S. 74]

55
Brandis: Auch Leopold kritisierte deren schroffe, inkompetente Erziehung (an Maria Theresia, 10.5.1768).
Schwestern: Johanna und Josepha
Müßiggang ist gefährlich: Dieses Arbeitsethos gegen die Gefahren der Langeweile wird speziell auch in den Erziehungsschriften Fénelons und der von ihm beeinflußten Mme de Maintenon betont.
als erwachsen angesehen: Leopold nennt sie allerdings in einem Brief an Maria Theresia vom 7.5.1768 noch »kindlich«.
von Ihrer Schwester gänzlich getrennt: die 12jährige Maria Antonia
genau beobachten wird: ein Erziehungsgrundsatz, den schon im 17. Jh. Mme de Maintenon ihren Lehrerinnen des Instituts von Saint-Louis ausdrücklich einimpft.
die drei jüngsten: Ferdinand, Maria Antonia und Maximilian
[dt. von Fred 1914, Bd. 1, S. 357ff.]

56
[ital.; dt. von Perrig; Schipa 1938, S. 32]

57
genug Kummer: An Sophie Amalie Gräfin Enzenberg schreibt sie, daß sie

sich nach all den Schicksalsschlägen dieses Jahres »der Welt überdrüssiger als je« fühle (5.11.).
[dt. von Pangels 1980, S. 239]

58
was mich so sehr interessiert: »Sie ist mir am meisten unter allen Töchtern ähnlich«, schreibt Maria Theresia an Sophie Amalie Gräfin Enzenberg (23.3.).
es so viele Bücher gibt: Sie mag dabei an Johann Georg von Lauben »Kurzer Entwurf einer Erziehungs-Arth vor Prinzen und Prinzessinnen« (Wien 1761) oder die »Instruktion für meine Kinder« von Franz Stephan denken.
das Ihres Bruders: Leopold
Ihres Beichtvaters: Domherr Anton Bernhard Gürtler
Geniali: Geistesgrößen, Genies
impegno: ital., Eifer
noch im Besitz dieses Königreichs: 1713–1735 war Neapel unter österreichischer Herrschaft.
verstorbene Schwägerin: Isabella
[dt. von Fred 1914, Bd. 1, 361 ff.]

59
Ihre Schwiegermutter: die 1760 verstorbene Königin Maria Amalia, Gemahlin Karls III., Tochter Königs August von Polen
Tourneux: Nicolas Letourneux »L'année chrétienne«, Paris 1684, 13 Bde.; wegen jansenistischer Tendenzen von Papst Innozenz XII. verdammt.
Nicole: Pierre Nicole »Essais de morale et instructions théologiques«; auch Nicole neigte zu jansenistischen Anschauungen.
Katechismus von Montpellier: »Instructions générales« des Oratorianers François Aimé Ponget (Paris 1702).
daß auch der König Geschmack daran gewinnt: Ferdinand IV. von Neapel
König von Spanien: Karl III.
Schwester Marie: Maria Christine
in Ihrem Land hergestellt werden: ein Grundsatz merkantilistischer Wirtschaftspolitik
Erzählen Sie . . . nicht das Geringste: ein Erziehungsgrundsatz, den auch Graf Chesterfield in seinen Erziehungsbriefen (1739–1765; 1774 veröffentlicht) betont.
[dt. von Fred 1914, Bd. 1, S. 373 ff.]

60
Antonia: Maria Antonia
[dt. von Arneth 1876, Bd. 7, S. 365 ff.]

61
[dt. von Wandruszka 1963, Bd. 1, S. 231 ff.]

62
ex concilio: vom Beirat
qua Corregens: als Mitregent
[dt. von Krack 1912, S. 52f.]

63
[dt. von Fred 1914, Bd. 1, S. 223]

64
[dt. von Krack 1912, S. 53ff.]

65
Rollen: Urkunden, Verzeichnisse, Listen.
[dt. von Fred 1914, Bd. 1, S. 224f.]

66
zu Füßen gelegt: Über diese »vollkommene Unterwerfung« (Joseph an Maria Theresia, 29.1.) schreibt Maria Theresia an Franz Graf Rosenberg, daß ihr Sohn die Wahrheit liebe »ohne brummen« (Februar).
[dt. von Perrig; Arneth 1867, Bd. 1, S. 238ff.]

67
vom Gegenteil: Im Sommer mußte Maria Theresia sogar intervenieren, den Unterricht nicht ständig zu »versäumen«.
[dt. von Fred 1914, Bd. 1, S. 122]

68
[dt. von Perrig; Arneth 1867, Bd. 1, S. 265]

69
Maria Amalia hatte am 27. Juni 1769 den fast 5 Jahre jüngeren Ferdinand von Parma geheiratet. Am 1. Juli fuhr sie nach Parma.
unterrichteten Prinzen: Ihre Informationen waren zwar richtig, denn Ferdinand von Parma war von angesehenen Gelehrten unterrichtet worden, aber das Resultat war ein anderes: Ferdinand war völlig abgestumpft, eigensinnig, mit einer Vorliebe für rohe Scherze.
Ihrer Schwester: Maria Carolina
der Minister: Tillot, Marquis de Felino
alles vorhersehen: »Ich fürchte immerzu eine Katastrophe«, schreibt Maria Theresia in diesem Zusammenhang an Sophie Amalie Gräfin Enzenberg (24.6.).
[dt. von Fred 1914, Bd. 2, S. 1ff.]

70
den letzten Krieg: den Siebenjährigen Krieg
Werke: Vergeblich versuchte Friedrich II. nach seiner Thronbesteigung

(31.5.1740) das Erscheinen des in Den Haag anonym gedruckten »Anti-Machiavel« zu verhindern; 1760 mußte er französische Raubdrucke seiner 3 Bände »Œuvres du Philosophe de Sans-Souci« (1752) zur Kenntnis nehmen, die er nur für enge Freunde vorgesehen hatte.
Voltaire: 1750–53 an Friedrichs Hof in Berlin
[dt. von Krack 1912, S. 74ff.]

71
meinen lieben Mann: Ferdinand IV.
König von Spanien: Karl III.
nächtlichen Straßenfahrten: Mahoni hatte Karl III. berichtet, daß das königliche Paar mit Wagenlärm die Leute zu wecken suche.
Kaunitz: Ernst Graf Kaunitz-Rittberg, österreichischer Gesandter in Neapel
[dt. von Perrig; Arneth 1881, Bd. 3, S. 25ff.]

72
Maria Theresia informiert hier ihren Sohn Leopold über den vorigen Brief (Nr. 71).
König von Spanien: Karl III.
St. Elisabeth: Duca di Santa Elisabetta, neapolitanischer Botschafter in Wien
teuren Tochter: Maria Ludovica
Nr. 4: numerierte Kuriernachricht
ähnliche Dinge gesagt: Maria Carolina nennt sie etwa im gleichen Jahr gegenüber Clara Sophie Freiin von Enzenberg »guttes kind, das mir keine chagrins gegeben«.
[dt. von Perrig; Arneth 1881, Bd. 1, S. 25ff.]

73
Beichtvater: Abbé Maudoux
Jesuiten: Nachdem die Jesuiten aus mehreren europäischen Staaten vertrieben worden waren (in Frankreich 1762), wurde 1773 von Papst Clemens XIV. der Jesuitenorden aufgelöst.
Schaffgotsch: Oberhofmeister Anton Gotthard Graf von Schaffgotsch
König: Ludwig XV.
Onkel: Prinz Carl von Lothringen, Generalgouverneur der österreichischen Niederlande
Tante: Prinzessin Charlotte von Lothringen
[dt. von Christoph 1952, S. 15ff.]

74
Brüssel: gehörte zum Habsburgerreich
tibi soli: Dir allein; Maria Theresia gesteht allerdings Mercy, daß sie sich dieser vor Marie Antoinette verborgenen Briefe eigentlich schämt (1.11.) und ein Auffliegen des »Systems« ständig befürchtet (1.12.). Allerdings

waren ihre geheimen Briefwechsel mit österreichischen Diplomaten für ihren Kanzler Kaunitz längst kein Geheimnis mehr.
[dt. von Fred 1914, Bd. 2, S. 22 f.]

75
Onkel: Carl von Lothringen, Leopold und Maria Ludovica waren in Wien (letztere bis zum 4.11.); die Reise nach Versailles kam nicht zustande.
Generalin: Mit »Generalin« bezeichnen Mutter und Tochter vereinbarungsgemäß die monatliche Regel Marie Antoinettes.
mein Gemahl: der Dauphin, der spätere Ludwig XVI.
König: Ludwig XV.
Tanten: Adelaide, Victoire, Sophie und Louise
Abbé: Vermond; seit 1768 ihr Erzieher
[dt. von Christoph 1952, S. 23 ff.]

76
Noailles: Louis-Antoine de Noailles, Kardinal, Erzbischof von Paris
Abbé: Vermond
Königin: Maria Carolina
König: Ludwig XV.
Marie: Maria Christine
Büste: Porzellanbüste von Marie Antoinette
Morgen des 15.: Am 15. Oktober feierte Maria Theresia ihren Namenstag.
[dt. von Christoph 1952, S. 27 ff.]

77
Tanten: Adelaide, Victoire, Sophie und Louise
der König: Ludwig XV.
Königin von Portugal: Maria Anna v. Bourbon (1718–1781)
weder im Negligé noch im Herrenanzug: Entsprechende Bilder finden sich von Elisabeth-Louise Vigée-Lebrun und Louis-Auguste Brun.
[dt. von Christoph 1952, S. 30 ff.]

78
wiedersehen: erst im Juli 1775
Khevenhüller: Amalie Gräfin Khevenhüller
ganz der Eure: Am 23.9. reiste Ferdinand als neuer Generalgouverneur der Lombardei über Mariazell und Innsbruck nach Mailand, wo am 15.10. die Trauung stattfand. Maria Theresia schrieb ihm, sie hoffe, er verliebe sich sofort (24.9.), womit die »interessantesten und gefährlichsten« Lebensjahre beginnen würden (9.9.).
[dt. von Fred 1914, Bd. 1, S. 105 f.]

79
aufgetragen: Marie Antoinette sollte auf den Wunsch Ludwigs XV. Madame Dubarry, seiner Geliebten, einige Aufmersamkeit erweisen. Am 1.1.1772

sprach sie diese zum ersten Mal mit »Es sind heute viele Leute in Versailles« an.
Broglie: Victor François Herzog von Broglie, Marschall von Frankreich
Abreise: am 23. September
vier: Dauphin Ludwig, seine Brüder, die Grafen von Provence und von Artois und seine Schwester Elisabeth
[dt. von Christoph 1952, S. 52 ff.]

80
Die eine: Maria Amalia
Der andere: Leopold
Muster aller Herrscher: Leopolds toskanische Reformpolitik im Sinne eines aufgeklärten Absolutismus (Wirtschaftsfreiheit, zentralistische Verwaltung und Förderung der Landwirtschaft) begeisterte vor allem die Physiokraten. Mirabeau nennt ihn 1775 sogar »den Salomon unseres Jahrhunderts«.
[dt. von Kretschmayr 1940, S. 284 f.]

81
Königin: Maria Carolina war mit Maria Theresia (geb. 6.6.1772) schwanger.
[dt. von Perrig; Arneth 1881, Bd. 1, S. 81 f.]

82
Geburtstag: 2. November
Tanten: Die drei Tanten Adelaide, Victoire und Sophie hatten Ludwig XV. überredet, Marie Antoinette das Reiten auf Esel und Pferd zu erlauben.
meines Briefes: der Brief vom 30.9., worin Maria Theresia ihre Tochter beschwört, die Ratschläge einer Mutter zu befolgen, »die die Welt kennt und ihre Kinder vergöttert«.
Königin von Neapel: die schwangere Maria Carolina
Gemahlin: Maria Beatrice
ersten Begegnung: am 15. Oktober
Generalin: Menstruation
des Abbés: Vermond
König: Ludwig XV.
Reise: nach Böhmen, Mähren und Schlesien (1.10. bis 17.11.). Diese Erkundungsreisen in die seit 1769 von Mißernten geplagten Regionen des Habsburgerreichs, häufig inkognito als Graf von Falkenstein, waren nicht zuletzt auch wichtig für Josephs philantropische Propaganda, wenn er etwa wie 1769 bei Brünn selbst zum Pflug griff.
[dt. von Christoph 1952, S. 61 ff.]

83
[dt. von Fred 1914, Bd. 1, S. 226 ff.]

84
Der 15jährige Mozart hatte am 17. Oktober mit seinem Vater der Aufführung der von ihm im Auftrag Maria Theresias komponierten Schäferserenade »Ascanio in Alba« in Mailand beigewohnt.
Salzburger: Obwohl Maria Theresia 1762 und 1768 Mozart empfing, blieb sie wie bei Gluck oder Haydn dabei, »daß ich den geringsten der Italiener allen unseren Komponisten vorziehe« (an Maria Beatrice, 12.11.1772).
[dt. von Pangels 1980, S. 501]

85
letzter Brief: vom 31. Oktober
Königin: die mit Maria Theresia (geb. 6.6.1773) schwangere Maria Carolina von Neapel
bösen Gerüchte: Was Mercy auf die »schüchterne Natur« des 20jährigen Ludwig zurückführt (20.8.1770), ist letztlich das Resultat sexueller Unaufgeklärtheit und Trägheit sowie möglicherweise eines Leistenbruchs bei Ludwig XVI. Der allgemeine Erwartungsdruck des Hofs in bezug auf Kinder und die hämische Versailler Gerüchteküche belasten diese Ehe von Anfang an.
Schwägerin: Maria Beatrice
Marie: Maria Christine
[dt. von Christoph 1952, S. 65f.]

86
Der Brief ist an Ferdinand nach Mailand adressiert.
[dt. von Fred 1914, Bd. 1, S. 129f.]

87
Einbuße unseres Rufes: Preußen lenkte als Vermittler im russisch-türkischen Krieg, der die Gefahr eines russisch-österr. Konfliktes beinhaltete, auf das vom Bürgerkrieg geschwächte Polen, so daß es 1772 zur ersten Teilung Polens kam (Westpreußen kam zu Preußen, Weißrußland zu Rußland und Galizien zu Österreich); bei dieser problematischen Annexion gab Maria Theresia vor allem auch den »unseligen Vorschlägen« von Joseph und Kaunitz nach (an Ferdinand, 17.9.1772). Friedrich II. dazu: »Je mehr sie weint, um so mehr nimmt sie sich.«
[dt. von Spitzer 1917, S. 22f.]

88
Infanten: Ferdinand Herzog von Parma
gekrönten Häupter: Karl III. von Spanien und Ludwig XV. von Frankreich
[dt. von Arneth 1881, Bd. 4, S. 70ff.]

89
allgemeine Achtung: So hatte etwa 1769 Mirabeau sein volkswirtschaftliches Werk »Les Economiques« Leopold gewidmet; die Toskana wurde im übrigen von vielen Reisenden als physiokratischer Musterstaat besucht.
[dt. von Fred 1914, Bd. 1, S. 130ff.]

90
[dt. von Perrig; Arneth 1876, Bd. 7, S. 557f., Anm. 561]

91
Maria Theresia informiert ihren Sohn, genauso wie alle anderen Kinder, über die gescheiterte Rosenberg-Mission bei Maria Amalia in Parma, die sich ihren Forderungen nicht fügen will.
Madame: Maria Beatrice
[dt. von Fred 1914, Bd. 1, S. 134]

92
die Nachricht, die Sie mir noch als unsicher geben: eine mögliche Schwangerschaft
Erzherzogin: Isabella hatte 3 Fehlgeburten.
Großherzogin: Maria Ludovica hatte im Juni 1768 in Neapel eine Fehlgeburt.
nach diesem in Neapel: Maria Carolina.
Der zweite Junge: Ferdinand.
van Swieten: Er starb am 18.6. Mit ihm verlor Maria Theresia einen »besonders zuverlässigen Freund« (an Maria Beatrice, 8.6.).
[dt. von Perrig; Arneth 1881, Bd. 3, S. 137f.]

93
Fehler der Jugend: 1775 widerfährt ihr allerdings aus »Ungeduld für die Briefe aus Italien« das gleiche (an Maria Beatrice).
[dt. von Fred 1914, Bd. 1, S. 134f.]

94
vierten Erzherzogs: Leopolds 4. Sohn Leopold
*sieben am Leb*en: Leopold und seine vier Söhne (Franz, Ferdinand, Karl, Leopold) sowie Ferdinand und Maximilian
[dt. von Perrig; Arneth 1881, Bd. 1, S. 146]

95
Khevenhüller: Sigismund Graf Khevenhüller
Gemahlin: Maria Beatrice
[dt. von Fred 1914, Bd. 1, S. 136]

96
Verschmach: Groll
[dt. von Christoph 1952, S. 84ff.]

97
dieselbe Sache wie in Neapel: Maria Carolina
cascine: cascina = Meierei, Lustschloß
[dt. von Perrig; Arneth 1881, Bd. 1, S. 183f.]

98
[dt. von Fred 1914, Bd. 1, S. 138f.]

99
diese furchtbare Reise: nach Galizien und Siebenbürgen
Transsylvanien: Siebenbürgen
Zarin: Katharina II.
Banat: Banat von Temesvár
neuen Vertrag: polnischer Teilungsvertrag
Hof: Schloßhof
ausgerichtet: von Maria Christine und Albert von Sachsen-Teschen
Pesth: das heutige Budapest
[dt. von Fred 1914, Bd. 1, S. 228 ff.]

100
großen Tag: Ludwig XV. und seine Familie wurden in der italienischen Komödie in Paris vom Publikum und den Schauspielern beklatscht.
meines Neffen: Franz, der 1. Sohn Leopolds
[dt. von Christoph 1952, S. 99 ff.]

101
Entbindungsstuhl: 6 Kinder brachte Maria Theresia auf dem Stuhl und 10 im Bett zur Welt (an Ferdinand, 16. 12. 1776).
[dt. von Perrig; Arneth 1881, Bd. 1, S. 219 ff.]

102
[dt. von Perrig; Arneth 1881, Bd. 3, S. 161]

103
[dt. von Christoph 1952, S. 108 ff.]

104
Herzog: Franz III. Herzog von Modena
Prinz: Erbprinz von Modena, Herkules III.
Prinzessin: Erbprinzessin von Modena, Maria Theresia
Khevenhüller: Sigismund Graf Khevenhüller, Oberhofmeister
[dt. von Fred 1914, Bd. 1, S. 139 f.]

105
[dt. von Fred 1914, Bd. 1, S. 231 ff., Anm. 1]

106
Ihr Herz: »Ich bete ihn an, obgleich er mich quält«, schreibt sie 1772 an Lacy; insofern »behält er immer recht« bei ihr. (An Maria Christine, 4. 10. 1771)
Dikasterien: Gerichtshöfe
[dt. von Fred 1914, Bd. 1, S. 231 ff.]

107
Maximilian begibt sich im April 1774 inkognito als Graf von Burgau mit wenigen Begleitern auf eine Bildungsreise nach Deutschland, Holland, Belgien, Frankreich und Italien.

damals erst neun Jahre alt: 1765
meiner großen Krankheit: Pocken 1767
unglückliche Vermählung: mit Maria Josepha 1765
achte Erzherzog: Ferdinand, Maria Amalias Sohn Ludwig und die fünf Söhne Leopolds (Franz, Ferdinand, Karl, Leopold, Albrecht)
deutschen Ordens: 1769 war Maximilian zum Koadjutor des 1190 gegründeten Deutschen Ordens gewählt worden.
Schwager: Prinz Albert von Sachsen-Teschen
Baden: Ludwig Wilhelm Markgraf von Baden (1655–1707) besiegte die Türken in mehreren Schlachten, was ihm den Namen »Türkenlouis« eintrug.
Montecuccoli: besiegte die Türken 1664 bei St. Gotthard an d. Raab
Papst: Clemens XIV.
Reisetagebuch nach dem Formular: Joseph stand den Reiseplänen des 17jährigen skeptisch gegenüber und versuchte diese wohl mit einer systematischen Anleitung für Reisebeobachtungen etwas seriöser erscheinen zu lassen, im Sinne eines damals in der aufgeklärten Oberschicht verbreiteten Interesses an soziologischen Reiseinformationen. Maria Theresia läßt ihrer »Instruktion« noch eine zweite folgen, wo sie ihn vor einer Reise zum reinen »Vergnügen« warnt.
[dt. von Fred 1914, Bd. 2, S. 325 ff.]

108
Am 10. Mai 1774 war Ludwig XV. gestorben. Marie Antoinettes Mann ist jetzt als Ludwig XVI. der Nachfolger auf dem französischen Thron.
ersten Hofpredigers: Kardinal de la Roche-Aymon bekam vom sterbenden König eine kurze, von der Kanzel zu verlesende Erklärung, worin er seine Skandale bedauerte.
Ihre neue Würde: Am 21.6.1773 hatte Maria Theresia an Mercy geschrieben, daß sie wünschte, Marie Antoinette nicht so schnell an der Regierung teilnehmen zu sehen. »Sechs Jahre wären ihnen noch zu vergönnen gewesen«, schreibt sie am 19.5.1774 an Ferdinand.
Barry: Madame Dubarry, die Geliebte Ludwigs XV., wurde von Ludwig XVI. zunächst ins Kloster Pont-aux-Dames und schließlich ins Schloß Saint-Vrain bei Corbeil verbannt.
[dt. von Christoph 1952, S. 115 ff.]

109
alle ihre Handlungen: Nachdem Maria Theresia Bedenken wegen des von Ludwig XVI. geschenkten Schlößchens Trianon im Park von Versailles hegte (16.7.), versprach ihr Marie Antoinette, daß sie »den König in keine großen Ausgaben hineinziehen werde« (30.7.). Trianon und das dazugehörige Hameau sollten schließlich mehr als 2 Millionen Livres kosten.
Auswahl der Minister: Erst im August stand das neue Kabinett fest: 1. Minister Graf von Maurepas, Außenminister Graf von Vergennes, Innen-

minister Vrillière, Marineminister Turgot, Polizeiminister Sartine, Kriegsminister Graf von Muy, Siegelbewahrer Miromesuil
d'Aiguillon: Außenminister, der von Madame Dubarry protegiert worden war.
de la Vrillière: Innenminister, der aber erst 1775 entlassen wurde; entlassen wurden vielmehr Marinemin. Boynes, Finanzmin. Terray und Kanzler Maupeou.
Haftbefehle: Entlassene Minister wurden in Frankreich verbannt.
[dt. von Christoph 1952, S. 121 ff.]

110

das Bild meiner Enkelin: die gleichnamige Maria Theresia
Großvaters: Karl VI.
der Maler abscheulich: »Eine Schande für Italien«, schreibt sie Ferdinand (21.7.)
Realität: Offensichtlich gelang dies erst mit einem Wachsporträt, das die Züge des Vaters betonte. (An Ferdinand, 11.8.)
[dt. von Perrig; Arneth 1881, Bd. 3, S. 175 f.]

111

Aufruhrs: Aufgrund der anhaltenden Inflation kam es am 2.5. in Versailles und anschließend in Paris zu sogenannten »Brotaufständen«. Ludwig XVI. warnte am 5.5. das Parlament, sich in die folgenden Prozesse gegen die Aufrührer einzumischen.
die älter ist: zwei Jahre
lit à part: getrennte Betten
[dt. von Christoph 1952, S. 146 ff.]

112

Heiligen Vater: Pius VI.
Kardinal: Alexander Albani, österreichischer Minister am Päpstlichen Stuhl
Ihrem Bruder: Ferdinand, der sich mit seiner Frau in Wien aufhielt.
[dt. von Perrig; Reinöhl 1934, S. 27 f.]

113

herrliche Geschenk: Uhr, in der sich Haare von Marie Antoinette und Ludwig XVI. befanden.
an Rosenberg geschriebener Brief: eigentlich die Briefe vom 17.4. und 13.7. an Franz Graf Rosenberg, in denen sie sich über ihren schwachen Mann lustig machte und die der Kaiserin unter die Augen kamen.
Pompadour: Trotz ihrer Vorbehalte verdankte Maria Theresia ihr viel für die Allianz mit Frankreich.
Wahl der Lamballe: Die intime Freundin wurde Oberstofmeisterin.
Schwägerinnen: die Gräfinnen von Provence und Artois
Wahl der Minister: Auf ihren Wunsch wurde Malesherbes Marineminister, Sartine Minister des königlichen Hofs und von Paris und Aiguillon verbannt. Joseph schickte ihr wegen solcher Einmischungen in die Politik einen vorwurfsvollen Brief.

Abbé: Vermond
[dt. von Christoph 1952, S. 160 ff.]

114
verdienstvollen Mann: Franz Graf Rosenberg
dieses Land besucht: mit Maximilian im März
Erben: Louis Antoine Herzog von Angoulême
[dt. von Christoph 1952, S. 163 f.]

115
Lektüre: An Mercy schreibt Maria Theresia, daß fast alle ihre Kinder eine »Abneigung für die Lektüre« haben (3.1.).
Langeweile: Die existentielle Langeweile (»ennui«) des Adels aus sozialer Unterforderung nimmt Mitte des 18. Jahrhunderts geradezu epidemische Formen an.
[dt. von Perrig; Arneth 1881, Bd. 3, S. 197 f.]

116
ihre Kinder: Maria Theresia und Joseph Franz
[dt. von Perrig; Arneth 1881, Bd. 1, S. 347 f.]

117
[dt. von Arneth 1867, Bd. 2, S. 94 f.]

118
Ens: Ding; ironisches Sprachspiel mit »Correg-ens«
[Arneth 1867, Bd. 2, S. 95 ff.]

119
neuen Jahr: Ende Dezember fand eine Sitzung statt, nach der allerdings alles beim alten blieb.
[dt. von Fred 1914, Bd. 1, S. 239 f.]

120
Maria Christine hatte sich in Florenz bei ihrem Bruder Leopold aufgehalten. Von dort reiste sie mit Albert nach Rom und Neapel weiter.
zurückkommen sollten: Maria Christine und Albert kehrten mit Leopold und Maria Ludovica am 13.7. nach Wien zurück. Maria Ludovica und Leopold blieben dort bis Mitte September.
des Kaisers: Joseph weilte im Juni 1775 in Florenz.
seccatura: Schererei
Batthyány: Maria Antonia Fürstin Batthyány
[dt. von Perrig; Arneth 1881, Bd. 2, S. 409 f.]

121
Ferdinands Sohn Franz war am 20. August 1776 gestorben.
Gemahlin: Maria Beatrice war mit Maria Leopoldine schwanger (geb. 10.12.).

zu weinen: Auch seiner Frau empfiehlt sie im Geiste der damals modischen Empfindsamkeit, sich »gründlich auszuweinen« (an Ferdinand/Maria Beatrice, 27.8.).
sein Geburtstag: 13.5.1775; Maria Theresia hatte am selben Tag Geburtstag.
[dt. von Fred 1914, Bd. 1, S. 154f.]

122
[dt. von Christoph 1952, S. 200]

123
Geburtstag: 2.11.1755.
[dt. von Christoph 1952, S. 201f.]

124
[dt. von Christoph 1952, S. 205]

125
Maria Theresia äußert sich über die Abschaffung der Leibeigenschaft in Böhmen.
[dt. von Fred 1914, Bd. 1, S. 156f.]

126
Über den Aufenthalt Josephs bei Marie Antoinette in Paris
Mercy: täuschte vermutlich eine Krankheit vor, um Joseph nicht seine Einflußlosigkeit auf das Königspaar zu zeigen.
beiden Herren: Joseph Graf Colloredo und Philipp Graf Cobenzl
sehr zufrieden: Wenn Joseph am 11.5. noch gegenüber von Leopold von ihrer »Tollheit« spricht, so nennt er sie am 9.6. »liebenswürdig und rechtschaffen«. In seinen »Reflexionen für die Königin von Frankreich« warnt er seine Schwester allerdings noch einmal eindringlich vor ihrem leichtfertigen Lebenswandel (»die Revolution wird grausam sein, wenn Sie derselben nicht vorbeugen«). Auch Marie Antoinette war über den Besuch zufrieden. (An Maria Theresia 14./16.6.)
[dt. von Fred 1914, Bd. 1, S. 160f.]

127
Mähren: Im Mai waren in der Umgebung von Wisowitz 10 000 Katholiken zum Protestantismus konvertiert; Maria Theresia spielte mit dem Gedanken ihrer zwangsweisen Rekatholisierung, wobei sie allerdings »den Widerspruchsgeist« Josephs fürchtete (an Joseph, Juli).
[dt. von Spitzer 1917, S. 25f.]

128
in der Schweiz: Joseph befindet sich auf der Rückreise von Frankreich in der Schweiz.
Asyl aller Narren und Verbrecher: Dabei dachte sie wohl nicht nur an Aufklärer, sondern auch an Adlige, die vor ihrem strengen Wiener Sitten-

regiment häufig in die Schweiz emigrierten (»vor dise leüt bin frohe, lieber in der schweitz als in mein ländern zu haben«).
[dt. von Fred 1914, Bd. 1, S. 240f.]

129
[dt. von Arneth 1879, Bd. 9, S. 141 ff.]

130
Ihrer Konstitution: An Mercy schreibt sie am 3.11., sie fürchte »mehr für das Kind als für die Mutter«.
anbetungswürdige Prinzessin: Isabella hatte 3 Fehlgeburten.
Sohn unserer teueren Königin: Franz (geb. 20.8.)
Charlotte: Maria Carolina
fünf kleine Kinder: Maria Theresia, Maria Luisa, Karl, Anna und Franz
sein Bruder: Der Bruder Ferdinands IV., Philipp Anton, starb am 19.9. an den schwarzen Pocken.
[dt. von Perrig; Girard 1933, S. 216 ff.]

131
Wiederkehr Ihres Unwohlseins: Menstruation
Schwester: Maria Carolina gebar Christine am 17.1.1779.
unsere Allianz: Angesichts der bedrohlicher werdenden Konfrontation mit Preußen um das bayrische Innviertel (an Leopold, 12.3.), befürchtete sie »den Umsturz dieses Bündnisses« mit Frankreich (an Mercy, 3.3.).
[dt. von Christoph 1952, S. 240 ff.]

132
Ihre Abreise: Joseph stößt zusammen mit Maximilian und Albert von Sachsen-Teschen zur Armee nach Mähren.
[dt. von Fred 1914, Bd. 1, S. 249f.]

133
fünften Sohn: ohne Berücksichtigung des 1774 verstorbenen Albrecht
erträglichen Frieden: »Besser ein mittelmäßiger Frieden, als ein glücklicher Krieg.« (An Joseph, 8.6.)
Königin: Marie Antoinette war mit Marie Therese schwanger (geb. 19.12.).
[dt. von Perrig; Arneth 1881, Bd. 2, S. 116 ff.]

134
meinen gegenwärtigen Zustand: die Schwangerschaft
[dt. von Christoph 1952, S. 261 f.]

135
des Geburtshelfers: Bruder des Abbé Vermond
[dt. von Christoph 1952, S. 263 ff.]

136
Prinzen: Albert von Sachsen-Teschen

König: Friedrich II. von Preußen
Eskadron: Kavallerieeinheit
Mut ist verbraucht: Auch Josephs Briefe vom Kriegsschauplatz waren nicht zuversichtlich, zumal er die Preußen wie »Tataren« in Böhmen hausen sah (14.7.).
Theaters: das neu erbaute Teatro della Scala in Mailand
[dt. von Perrig; Arneth 1881, Bd. 2, S. 128 f.]

137

Geheimhaltung: Am 18.4. hatte sie ihn gegenüber Joseph noch als »den falschesten Menschen« beschrieben.
[dt. von Spitzer 1917, S. 60 ff.]

138

Königs: Friedrich II. von Preußen
Thugut: Franz Frhr. v. Thugut, österr. Gesandter
Kaunitz: Er erhielt eine Abschrift des Briefes.
[dt. von Perrig; Arneth 1867, Bd. 2, S. 367 ff.]

139

nichts Besonderes: Im Volksmund war entsprechend die Rede von »Kartoffelkrieg« und »Zwetschkenrummel«.
Dysenterie: Durchfall
Prinz: Albert von Sachsen-Teschen
Königin von Neapel: Maria Carolina war mit Christine schwanger (geb. 17.1.1779).
[dt. von Fred 1914, Bd. 1, S. 115 ff.]

140

Veränderungen in Böhmen: Feldmarschall Laudon wich vor Prinz Heinrich zurück und gab damit die sächsischen Zugänge nach Böhmen frei, während Kavalleriegeneral Karl Fürst Liechtenstein sich Richtung Prag zurückzog.
zu ihm: zu Friedrich II.
fiat voluntas tua: Dein Wille geschehe
[dt. von Perrig; Arneth 1868, Bd. 3, S. 18 ff.]

141

Maria Theresia schreibt ihrem Sohn, nachdem die Friedensverhandlungen mit Preußen Mitte August 1778 gescheitert waren.
Ihren Bruder: Leopold kam am 6.9. nach Wien, um Maria Theresia und Joseph – nicht ohne Konflikte – bei den Regierungsgeschäften zu helfen. Der Aufenthalt dauerte bis zum 8.3.1779.
[dt. von Fred 1914, Bd. 1, S. 312 f.]

142

Ihr Bruder: Es geht um Maximilian, den man vom böhmischen Kriegsschauplatz mit einem speziell für Maria Christine konstruierten »Schlafwagen« am 2. Oktober nach Wien transportiert hatte.

haben Sie ihn ebenso gefunden: Joseph vermutet hinter der Depression den fehlenden Kriegsschauplatz (an Maria Theresia, 12.10.).
[dt. von Perrig; Arneth 1868, Bd. 3, S. 146]

143
Bei Arneth irrtümlich 1779 datiert.
[dt. von Perrig; Arneth 1881, Bd. 1, S. 49 f.]

144
Teschen der Frieden: Der französische Botschafter in Wien, Louis Auguste Baron Breteuil, spielte eine wichtige Rolle als Vermittler. Österreich erhielt im Frieden von Teschen das Innviertel zugesprochen.
Ihr Bruder: Maximilian hatte im Winter 1778/79 Geschwülste an beiden Beinen bekommen.
[dt. von Fred 1914, Bd. 1, S. 181 ff.]

145
kurz vor Ihrer Abreise: nach Italien
nur Unannehmlichkeiten: In einer Reiseinstruktion für Maximilian vom April 1774 sieht sie auch im Herumgehen ohne Gefolge eine Gefahr, sich mit Krankheiten anzustecken.
Reise nach Parma: Mai 1776
[dt. von Fred 1914, Bd. 1, S. 183 ff.]

146
Generalin Krottendorf: Menstruation
für den Sohn und die Mutter: Joseph und Maria Theresia
Amerika: englisch-französischer Krieg (1778–83), wobei Frankreich die amerikanischen Unabhängigkeitskämpfer unterstützte. Graf von Estaing hatte dabei bei Savannah (Georgia) eine Niederlage erlitten, und seine Flotte von zwölf Kriegsschiffen war auf der Rückkehr nach Frankreich zerstreut worden.
Ihre Kleine: Marie Therese
Vermond: Abbé Vermond
dessen Titel: »Semaines évangéliques«
[dt. von Christoph 1952, S. 311 f.]

147
meiner teuren Kinder: Maria Anna, Maria Elisabeth und Maximilian
[dt. von Rothe 1968, S. 95]

148
Cobentzl: Ludwig Graf Cobenzl
die Kaiserin: Zarin Katharina II.
[dt. von Perrig; Arneth 1868, Bd. 3, S. 242 f.]

149
was für eine Neuigkeit: die wahrscheinliche Wahl Maximilians zum Koadjutor

des Domkapitels von Köln und Münster trotz preußischer Einwände
[dt. von Perrig; Arneth 1881, Bd. 2, S. 461 f.]

150
Brüssel: Prinz Carl von Lothringen war sterbenskrank (gest. 4.7.), so daß Maria Christine und Albert als neue Statthalter der österreichischen Niederlande vorgesehen waren.
die zwei erlauchten Reisenden: Joseph und Katharina II.
[dt. von Fred 1914, Bd. 1, S. 186 f.]

151
teuren Kleinen: Marie Therese
Eau divine: Eau-de-vie, Branntwein
[dt. von Christoph 1952, S. 330 f.]

152
um sieben Uhr hier angekommen: Joseph kehrte aus Rußland zurück.
Großfürst: Paul
von ihr: Marie von Württemberg, die Frau von Großfürst Paul
Marie: Maria Christine
beiden Knaben: Alexander und Constantin
[dt. von Fred 1914, Bd. 1, S. 187 f.]

153
Strenberg: Strengberg an der Donau auf dem Weg nach Linz
Ihren Herren: Johann Franz Graf Hardegg und Wenzel Graf Ugarte
[dt. von Perrig; Reinöhl 1934, S. 34 f.]

154
Loreto: Wallfahrtsort bei Ancona
Kardinal: Franz Graf Hrzan
[dt. von Perrig; Arneth 1881, Bd. 2, S. 303 ff.]

155
ich war gestern den ganzen Tag: Marie Antoinette hatte am 2. 11. Geburtstag.
daß Ihre Kleine wiedergenest: Marie Therese zahnte gerade.
Verunstaltung: Maria Anna litt unter einer Rückgratverkrümmung.
[dt. von Christoph 1952, S. 342 f.]

156
beunruhigen Sie sich nicht: Maria Theresia litt unter einer starken Erkältung.
[dt. von Fred 1914, Bd. 1, S. 351 f.]

157
Königin: Maria Carolina
[dt. von Fred 1914, Bd. 1, S. 352 f.]

158
[dt. von Krack 1912, S. 83f.]

159
10 Kinder: Marie Therese, Franz, Ferdinand, Maria Anna, Karl, Leopold, Joseph, Clementine, Anton und Amalia
[dt. von Fred 1914, Bd. 2, S. 360]

160
ein Billet von der Kaiserin selbst: Joseph schickt Maria Theresias Brief von der Nacht des 26. auf den 27. November mit einem Begleitschreiben an Leopold.
Neapel: Maria Carolina
[dt. von Krack 1912, S. 85]

161
rethiriren: zurückziehen
[Engels 1964, S. 40f.]

162
von den entsetzlichen Feierlichkeiten: das Begräbnis Maria Theresias
[dt. von Perrig; Arneth 1868, Bd. 3, S. 325]

163
Schwestern: Maria Anna und Maria Elisabeth.
[dt. von Christoph 1952, S. 343f.]

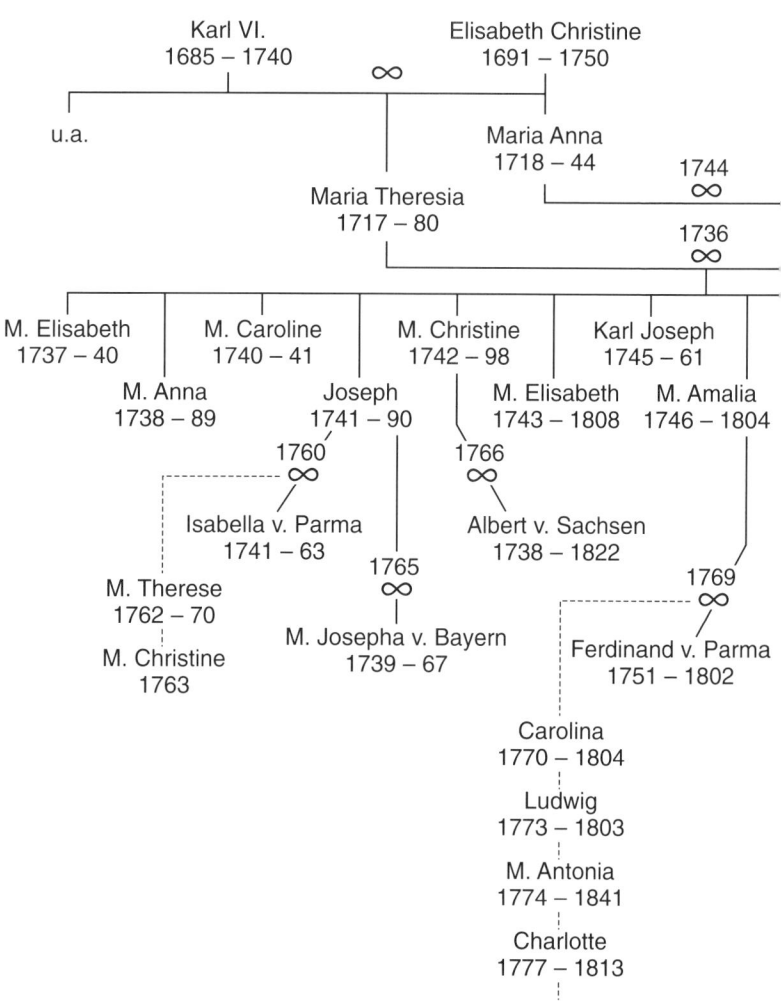

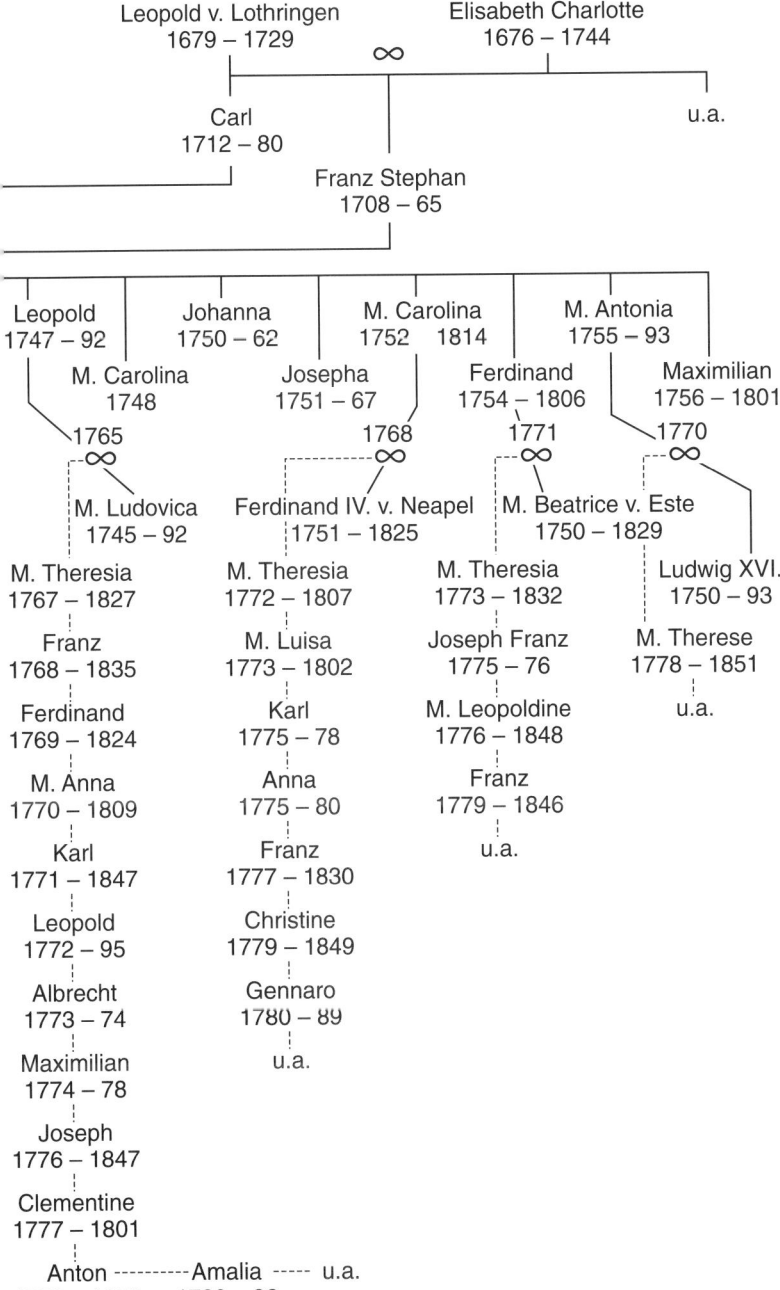

Zeittafel

Familie und Hofleben	Politik
1717 13. Mai Geburt Maria Theresias, Tochter Kaiser Karls VI. und Elisabeth Christines von Braunschweig-Wolfenbüttel.	
1723 Herzog Franz Stephan von Lothringen kommt an den Wiener Hof.	
1728 Marie Karoline Gräfin Fuchs wird Erzieherin Maria Theresias.	
1733	Nach dem Tod Augusts II. von Polen kommt es zum Ausbruch des Polnischen Thronfolgekriegs.
1735 Verlobung Maria Theresias mit Franz Stephan.	Präliminarfriede von Wien beendet den Polnischen Thronfolgekrieg; Österreich verliert Neapel und Sizilien, erhält Parma und Piacenza.
1736 12. Februar Trauung Maria Theresias mit Franz Stephan in Wien.	Franz Stephan verzichtet auf Lothringen. Ausbruch des Türkenkriegs.
1737 Geburt der Erzherzogin Maria Elisabeth.	Franz Stephan erhält Oberbefehl im Türkenkrieg. Franz Stephan erhält die Toskana nach dem Aussterben der Medici.
1738 Geburt Erzherzogin Maria Annas.	
1739 Maria Theresia und Franz Stephan reisen nach Florenz.	Friede von Belgrad beendet den Türkenkrieg.
1740 Geburt Maria Carolines, Tod der Erzherzogin Elisabeth.	In Preußen kommt Friedrich II. auf den Thron.
Tod Kaiser Karls VI.	Internationale Proteste gegen die »Pragmatische Sanktion«. Friedrich II. marschiert ohne Kriegserklärung in Schlesien ein:

1741 Tod Maria Carolines. Geburt Erzherzogs Joseph.	Ausbruch des Ersten Schlesischen Krieges 1740–1742. Schlacht bei Mollwitz. Niederlage Feldmarschall Neippergs, Oberbefehlshaber der österreichischen Armee gegen die Preußen. Nach Vertrag von Breslau zwischen Preußen und Frankreich weitet sich der Erste Schlesische Krieg zum Österreichischen Erbfolgekrieg aus (1741 bis 1748). Bündnis Österreichs mit Georg II. von England. Der ungarische Reichstag tritt in Preßburg zusammen, Maria Theresia wird am 25. Juni zur Königin von Ungarn gekrönt. Der Bayernherzog Karl Albrecht marschiert über Linz nach Prag ein und läßt sich zum König von Böhmen proklamieren.
1742 Geburt der Erzherzogin Maria Christine.	Kaiserkrönung von Karl Albrecht (Karl VII.) in Frankfurt. Friede von Breslau beendet den Ersten Schlesischen Krieg, Österreich verliert Schlesien und Glatz.
1743 Geburt der Erzherzogin Maria Elisabeth. Damenkarussell in der Wiener Hofreitschule.	Am 12. Mai wird Maria Theresia zur Königin von Böhmen gekrönt.
1744 Hochzeit Carls von Lothringen mit Maria Anna, Schwester Maria Theresias.	Ausbruch des Zweiten Schlesischen Kriegs 1744–1745. Frankfurter Union: Allianz Preußen, Frankreich, Bayern, Hessen-Kassel und Pfalz gegen Österreich (und Großbritannien). Der erfolgreiche Rheinübergang Carls von Lothringen und der Vormarsch gegen Elsaß müssen abgebrochen werden, da die Preußen in Böhmen einfallen.

1745	Geburt Erzherzog Karl Josephs.	Franz Stephan wird in Frankfurt zum römisch-deutschen Kaiser gekrönt (Franz I.).
	Gerhard van Swieten kommt nach Wien und wird Leibarzt.	Friede von Dresden beendet den Zweiten Schlesischen Krieg.
1746	Geburt Maria Amalias. Gründung Theresianische Ritterakademie. Johann Joseph Khevenhüller übernimmt Oberaufsicht. Joseph Wenzel Liechtenstein erhält Oberbefehl der Armee.	
1747	Geburt Erzherzog Leopolds.	
1748	Totgeburt Maria Carolinas.	Friede von Aachen beendet den Österreichischen Erbfolgekrieg. Österreich verliert Parma und Piacenza, Verlust Schlesiens und von Glatz wird bestätigt. »Pragmatische Sanktion« und Kaiserwürde Franz Stephans anerkannt.
1749	Beginn Haugwitzsche Behördenreform.	
1750	Geburt Erzherzogin Johannas.	
1751	Geburt der Erzherzogin Maria Josepha.	
1752	Geburt Maria Carolinas.	
1753	Berufung von Kaunitz an den Hof als Hof- und Staatskanzler.	Beginn der »Ära Kaunitz«, Annäherung an Frankreich.
1754	Geburt Erzherzog Ferdinands.	
1755	Geburt der Erzherzogin Maria Antonia.	
1756		»Renversement des Alliances« nach Vertrag von Versailles zwischen Österreich und Frankreich. Preußen marschieren in Sachsen ein, es kommt zum Ausbruch des Dritten Schlesischen Krieges (Siebenjähriger Krieg) 1756–1763.

1757 Geburt von Erzherzog Maximilian.	Österreicher erfechten den ersten Sieg gegen die Preußen bei Kolin. Rußland schließt sich an der österreichischen Seite dem Krieg an. Friedrich II. siegt bei Leuthen über die Österreicher.
1758	Feldmarschall Daun siegt bei Hochkirch über die Preußen: Bündnis England – Preußen.
1759	Feldmarschall Laudon siegt bei Kunersdorf über die Preußen.
1760 Hochzeit Josephs mit Isabella von Parma.	
1761 Tod Erzherzogs Karl Joseph.	
1762 Tod Johannas.	Nach Tod der Zarin Elisabeth und ihres Nachfolgers Peter III. Beendigung des Krieges mit Preußen durch Katharina II.
1763 Tod Isabellas von Parma, Gemahlin Josephs.	Friede von Hubertusburg beendet den Siebenjährigen Krieg, Österreich verliert endgültig Schlesien und Glatz, Preußen gibt seine Kurstimme an Joseph II.
1764	Wahl und Krönung Josephs zum römischen König.
1765 2. Hochzeit Josephs mit Maria Josepha von Bayern. Hochzeit Leopolds mit Maria Ludovica von Spanien. Tod von Franz Stephan in Innsbruck.	Joseph wird Kaiser und Mitregent. Leopold wird Großherzog der Toskana.
1766 Hochzeit Maria Christines mit Albert von Sachsen-Teschen.	
1768	Ausbruch des Kriegs zwischen Rußland und der Türkei.
1770 Hochzeit Marie Antoinettes mit dem späteren Ludwig XVI.	

1772		Erste Teilung Polens: Österreich erhält Galizien und Lodomerien.
1774	Ludwig XVI. wird König von Frankreich.	Friede von Kütschük-Kainardschi zwischen Rußland und der Türkei.
1775		Österreich gewinnt die Bukowina.
1777	Tod Max' III. von Bayern, die Wittelsbacher sterben in der bayerischen Linie aus.	
1778		Ausbruch des Bayerischen Erbfolgekriegs.
1779		Friede von Teschen beendet den Bayerischen Erbfolgekrieg. Das Innviertel kommt an Österreich, Verzicht auf Bayern.
1780	Tod Carls von Lothringen. Tod Maria Theresias.	Joseph II. Alleinherrscher.

Ausgewählte Literatur

I. Briefe

1. Familienbriefe und Briefe Maria Theresias ihre Familie betreffend

Arneth, Alfred von (Hg.): Briefe der Kaiserin Maria Theresia an ihre Kinder und Freunde, 4 Bde., Wien 1881
- (Hg.): Maria Theresia und Joseph II. Ihre Correspondenz sammt Briefen Joseph's an seinen Bruder Leopold, 3 Bde., Wien 1867/68
- (Hg.): Maria Theresia und Marie Antoinette. Ihr Briefwechsel während der Jahre 1770–1780, Paris/Wien 1865 (Reprint Osnabrück 1978); 2., vermehrte Auflage mit Briefen des Abbé de Vermond an den Grafen Mercy, Leipzig/Paris/Wien 1866

Arneth/Geffroy, Matthieu Auguste (Hg.): Marie-Antoinette. Correspondance secrète entre Marie-Thérèse et le Cte de Mercy-Argenteau. Avec les lettres de Marie-Thérèse et de Marie-Antoinette, 3 Bde., Paris 1874

Christoph, Paul (Hg.): Maria Theresia und Marie Antoinette. Ihr geheimer Briefwechsel, 1. Aufl. Wien 1952; 2. Aufl. Wien 1958

Fred, W. [Wechsler, Alfred] (Hg.): Briefe der Kaiserin Maria Theresia, 2 Bde., München/Leipzig 1914

Frugoni, Arsenio (Hg.): Consigli matrimoniali alle figlie sovrane, Florenz 1947

Girard, Georges: Correspondance entre Marie-Thérèse et Marie-Antoinette, Paris 1933

Glatzer, J.: Maria Theresia. Die großen Herrscherinnen (Quellenhefte zum Frauenleben in der Geschichte, Heft 12 a), Heft 1, Berlin 1927

Großmann, Stefan (Hg.): Maria Theresia. Familienbriefe. Mit einem biographischen Anhang, Berlin/Wien 1916.

Jedlicka, Ludwig Franz (Hg.): Maria Theresia in ihren Briefen und Staatsschriften, Wien 1955

Karajan, Theodor G.: Maria Theresia und Graf Sylva-Tarouca. Ein Vortrag gehalten in der feierlichen Sitzung der kaiserlichen Akademie der Wissenschaften am 30. 5. 1859. Mit einem Anhange ungedruckter Briefe der Kaiserin und des Grafen, Wien 1859

Kervyn de Lettenhove (Hg.): Lettres inédites de Marie-Thérèse et de Joseph II., Brüssel 1868

Krack, Otto (Hg.): Briefe einer Kaiserin. Maria Theresia an ihre Kinder und Freunde, Berlin 1910
- (Hg.): Mutter und Sohn. Intime Briefe Maria Theresias und Josephs II., 2 Bde., Berlin 1909

Reinöhl, Fritz: Briefe der Kaiserin Maria Theresia an Erzherzog Maximilian Franz, in: Gross, Lothar (Hg.), Historische Blätter, Heft 6, Wien 1934, S. 21 ff.

Rothe, Carl (Hg.): Ein Herz blieb standhaft. Briefe der Maria Theresia, 8. Aufl. Stuttgart 1954

– (Hg.): Die Mutter und die Kaiserin. Briefe der Maria Theresia an ihre Kinder und Vertrauten, Berlin 1940; Wien/München 1968

Spitzer, Samuel (Hg.): Aus dem Briefwechsel Maria Theresias mit Joseph II. Unter Mitwirkung von Moritz v. Landwehr, Leipzig/Prag/Wien 1917

Walter, Friedrich (Hg.): Urkunden, Briefe, Denkschriften von Maria Theresia, München 1942

– (Hg.): Maria Theresia. Briefe und Aktenstücke in Auswahl, Darmstadt 1982

Zweybrück, Franz (Hg.): Briefe der Kaiserin Maria Theresia und Josefs II. und Berichte des Obersthofmeisters Grafen Anton Salm 17. März 1760 bis 16. Jänner 1765. Aus dem fürstlichen Salm'schen Archive zu Raitz, in: Archiv für österreichische Geschichte, Bd. 76, Wien 1890, S. 109 ff.

2. Briefe der Kinder

Arneth, Alfred von (Hg.): Marie Antoinette, Joseph II. und Leopold II. Ihr Briefwechsel, Leipzig/Paris/Wien 1866

Arneth/Flammermont, M. Jules (Hg.): Correspondance secrète du comte de Mercy-Argenteau avec l'empereur Joseph II et le Prince de Kaunitz, 2 Bde., Paris 1889/91

Beer, Adolf (Hg.): Joseph II., Leopold II. und Kaunitz. Ihr Briefwechsel, Wien 1873

Krack, Otto (Hg.): Briefe eines Kaisers. Joseph II. an seine Mutter und Geschwister. Eine Auswahl seiner Briefe, Berlin 1912

Rocheterie, Maxime de la/Beaucourt, Marquis de: Lettres de Marie Antoinette. Recueil des lettres authentique de la reine, 2 Bde., Paris 1895/96

Schuselka, Franz: Briefe Josephs de Zweyten, Leipzig 1846

II. Weiterführende Literatur

1. Maria Theresia und ihre Familie

Hennings, Fred: Und sitzet zur linken Hand. Franz Stephan von Lothringen. Gemahl der selbstregierenden Königin Maria Theresia und Römischer Kaiser. Biographie, Wien/Berlin/Stuttgart 1961

Hildebrandt, Irma: Heiratspolitik im Hause Habsburg. Kaiserin Maria Theresia – Erzherzogin Marie Christine, in: ders., Hab meine Rolle nie gelernt. 15 Wiener Frauenporträts, München 1996, S. 11 ff.

Kovács, Elisabeth: Die ideale Erzherzogin. Maria Theresias Forderungen an ihre Töchter, in: Mitteilungen des Instituts für österreichische Geschichtsforschung, Bd. 94, H. 3/4, Wien/Köln/Graz 1986, S. 49 ff.

Kutschera, Rolf: Maria Theresia und ihre Kaisersöhne. Ein Beitrag zum Habsburgerjahr 1990, Thaur bei Innsbruck 1990.

Liotard, Jean-Étienne: Die Kinder der Kaiserin. Zwölf farbige Bildnisse der Kinder Maria Theresias, Insel Bücherei Nr. 613, 1. Aufl. Wiesbaden 1955

Pangels, Charlotte: Die Kinder Maria Theresias. Leben und Schicksal im kaiserlichen Glanz, München 1980

Raithel, Richard: Maria Theresia und Joseph II. ohne Purpur. Mit ihren eigenen Worten und denen ihrer Zeitgenossen, Wien 1954

Schlitter, Hans: Das Testament Maria Theresias, in: Österreichische Zeitschrift für Geschichte 1, Wien 1917/18, S. 143 ff.

Wachter, Friederike: Die Erziehung der Kinder Maria Theresias, Diss., Wien 1968

Wandruszka, Adam: Die Religiosität Franz Stephans von Lothringen. Ein Beitrag zur Geschichte der »Pietas Austriaca« und zur Vorgeschichte des Josephinismus in Österreich, in: Mitteilungen des österreichischen Staatsarchivs, Bd. 12, Wien 1959, S. 162 ff.

2. Über die Kinder Maria Theresias
(ohne Berücksichtigung der zahlreichen biographischen Publikationen zu Joseph II. und Marie Antoinette)

Ayala, Michelangelo d': I liberi muratori di Napoli nel secolo XVIII, in: Archivio Storico per le Province Napoletane, Jg. 22, H. 1, Neapel 1897, S. 404 ff., 529 ff.; Jg. 23, H. 1, Neapel 1898, S. 49 ff., 305 ff., 567 ff., 743 ff.

Bédarida, Henri: Les Premiers Bourbons de Parme et L'Espagne (1731–1802). Inventaire analytique des principales sources conservées dans les Archives Espagnols et à la Bibliothèque Nationale de Madrid, Diss., Paris 1927

Beer, Adolf: Die Zusammenkünfte Josefs II. und Friedrichs II. zu Neisse und Neustadt, in: Archiv für österreichische Geschichte, Bd. 47, Wien 1871, S. 383 ff.

Braubach, Max: Eine Denkschrift des Erzherzogs Maximilian über Ungarn (1777), in: Mitteilungen des österreichischen Instituts für Geschichtsforschung, Bd. XLV, H. 3, Innsbruck 1931, S. 385 ff.

—: Maria Theresias jüngster Sohn. Max Franz. Letzter Kurfürst von Köln und Fürstbischof von Münster, Wien/München 1961

Corti, Egon Caesar Conte: Ich, eine Tochter Maria Theresias. Ein Lebensbild der Königin Marie Karoline von Neapel, München 1950

Engels, Amélie: Maria Anna – eine Tochter Maria Theresias 1738–1789, Diss., Wien 1964

Innerkofler, Adolf (Hg.): Eine große Tochter Maria Theresias, Erzherzogin Marianna in ihrem Hauptmoment, dem Elisabethinen-Kloster zu Klagenfurt. Jubelgabe zur Feier des 200jährigen Bestehens vom Elisabethinen-Konvent, Innsbruck 1910

Leitner, Thea: Aschenbrödel Maria Anna 1738–1789, in: ders., Habsburgs vergessene Kinder, Wien 1989, S. 53 ff.

[Erzherzog Leopold:] Bericht des Großherzogs Leopold von Toscana über seinen Bruder, Erzherzog Maximilian, 1775, in: Varrentrapp, Conrad (Hg.): Beiträge zur Geschichte der Kurkölnischen Universität Bonn. Festgabe zur fünfzigjährigen Stiftungsfeier der Rheinischen Friedrich-Wilhelms-Universität am 3. August 1868 vom Verein von Alterthumsfreunden im Rheinlande, Bonn 1868, S. 1 ff.

[Saint-Priest, Alexis Guignard de:] Études diplomatiques et littéraires du Comte Alexis de Saint Priest, Bd. 2, Paris o. J.

Schipa, Michelangelo: Nel Regno di Ferdinando IV Borbone (Collana Storica, 45), Florenz 1938

Stanga, Idelfonso: Maria Amalia di Borbone. Duchessa di Parma 1746–1804, Cremona 1932

Viel-Castel, Comte Horace de: Marie-Antoinette et la Révolution française. Recherches historiques suivies des instructions morales remises par l'impératrice Marie-Thérèse à la reine Marie-Antoinette lors de son départ pour la France en 1770 et publiées d'après le manuscript inédit de l'empereur François son père, Paris 1859

Wandruszka, Adam: Appunti e documenti. Il »principe filosofo« e il »re lazzarone«. Le lettere del granduca Pietro Leopoldo sul suo soggiorno a Napoli nel 1768, in: Rivista Storica Italiana, Jg. LXXII. Heft I, Neapel 1960, S. 501 ff.

– : Ein »sehr wichtiger Brief« aus der Jugend Kaiser Leopolds II., in: Born, Karl Erich (Hg.), Historische Forschungen und Probleme. Peter Rassow zum 70. Geburtstag, Wiesbaden 1961, S. 174 ff.

– : Leopold II. Erzherzog von Österreich, Großherzog von Toskana, König von Ungarn und Böhmen, Römischer Kaiser, 2 Bde., Wien/München 1963/65

– : Testi e documenti. Le »Istruzioni« di Francesco di Lorena al figlio Leopoldo, in: Archivio Storico Italiano, Jg. 115. Heft I, Florenz 1957, S. 485 ff.

Weissensteiner, Friedrich: Die Töchter Maria Theresias, Wien 1994

Wolf, Adam: Marie Christine, Erzherzogin von Oesterreich, 2 Bde., Wien 1863

Wolfsgruber, Cölestin: Franz I., Kaiser v. Österreich, Bd. 1, Wien/Leipzig 1899

3. Maria Theresia und ihre Zeit

Arneth, Alfred von: Geschichte Maria Theresias, 10 Bde., Wien 1863–79
– (Hg.): Die Relationen der Botschafter Venedigs über Österreich im 18. Jahrhundert (Fontes Rerum Austriacarum. Österreichische Geschichts-Quellen, 2. Abt. Diplomataria, Bd. 22), Wien 1863
[Ausstellungskatalog:] Maria Theresia und ihre Zeit. Zur 200. Wiederkehr des Todestages. Ausstellung Schloß Schönbrunn Wien 13.5.–26.10.1980, Salzburg/Wien 1980
Berglar, Peter: Maria Theresia in Selbstzeugnissen und Bilddokumenten, Reinbek 1980
Corti, Egon Caesar von: Maria Theresia. Ein Lebensbild in Anekdoten, Graz/Wien/Köln 1980
Coxe, Wilhelm: Geschichte des Hauses Österreich von Rudolf von Habsburg bis auf Leopold des zweiten Tod. 1218–1792 (Hg. Hans Karl Dippold/Adolph Wagner), Bd. 4, Leipzig/Altenburg 1817
Crankshaw, Edward: Maria Theresia. Die mütterliche Majestät, München/Zürich/Wien 1970
Grossegger, Elisabeth: Theater, Feste und Feiern zur Zeit Maria Theresias 1742–1776. Nach den Tagebucheintragungen des Fürsten Johann Joseph Khevenhüller-Metsch, Obersthofmeister der Kaiserin. Eine Dokumentation (Österreichische Akademie der Wissenschaften, Philosophisch-historische Klasse, Sitzungsberichte Bd. 476; Veröffentlichungen des Instituts für Publikumsforschung, Nr. 12), Wien 1987
Heer, Friedrich: Der König und die Kaiserin. Friedrich und Maria Theresia, ein deutscher Konflikt, München 1981
Hennings, Fred: Das josephinische Wien, Wien/München 1966
Jessen, Hans (Hg.): Friedrich der Grosse und Maria Theresia in Augenzeugenberichten, Düsseldorf/Fribourg 1965
[Khevenhüller-Metsch:] Aus der Zeit Maria Theresias. Tagebuch des Fürsten Johann Josef Khevenhüller-Metsch, kaiserlichen Obersthofmeisters 1742–1776 (Hg. Khevenhüller-Metsch, Rudolf Graf/Schlitter, Hanns), 8 Bde., Wien/Leipzig/Berlin 1907–72
Kollreider, Monika: Hofreisen Maria Theresias, Diss., Wien 1965
Koschatzky, Walter (Hg.): Maria Theresia und ihre Zeit. Eine Darstellung der Epoche von 1740–1780 aus Anlaß der 200. Wiederkehr des Todestages der Kaiserin, Salzburg/Wien 1979
Kretschmayr, Heinrich: Maria Theresia, Leipzig 1940
Mraz, Gerda/Mraz, Gottfried: Maria Theresia. Ihr Leben und ihre Zeit in Bildern und Dokumenten, München 1979
Pichler, Caroline: Denkwürdigkeiten aus meinem Leben (Hg. Blümml, Emil Karl), Bd. 1, München 1914
Podewils, Otto Christoph von: Friedrich der Große und Maria Theresia. Diplomatische Berichte (Hg. Hinrichs, Carl), Berlin 1937

Ranke, Leopold von (Hg.): Maria Theresia, ihr Staat und ihr Hof im Jahre 1755. Aus den Papieren des Großkanzlers Fürst, in: Leopold von Ranke's Sämmtliche Werke, Bd. 30, Leipzig 1875, S. 3 ff.

Schöning, Kurd Wolfgang von (Hg.): Correspondenz des Königs Friedrich des Großen mit dem Prinzen Heinrich während des Bayrischen Erbfolge-Krieges, Berlin/Potsdam 1854

Tapié, Victor L.: Maria Theresia. Die Kaiserin und ihr Reich, Graz/Wien/Köln 1980

Wolf, Adam: Aus dem Hofleben Maria Theresia's. Nach den Memoiren des Fürsten Joseph Khevenhüller, 2. Aufl., Wien 1859

Wolf, Adam (Hg.): Tableau de la Cour de Vienne en 1746, 1747, 1748. Relations diplomatiques du Comte de Podewils, ministre plénipotentiaire, au Roi de Prusse Frédéric II, lettres de Cabinet du Roi, in: Sitzungsberichte der kaiserlichen Akademie der Wissenschaften. Philosophisch-historische Classe, Bd. 5, Jg. 1850, Bd. 2, Heft 3 (Oktober), Wien 1850, Sitzung vom 30. Oktober 1850, S. 467 ff.

Bildnachweis

Jean-Étienne Liotard, Musée d'Art et d'Histoire, Genf: S. 21, 31, 33, 35, 53, 61, 97, 105, 125, 147, 175, 229
AKG, Berlin: S. 83, 259
AKG, Berlin / Cameraphoto: S. 7

Personenregister

Die Zahlen beziehen sich auf die Dokumenten-Nummer.

1. Kinder Maria Theresias

Ferdinand (1754–1806), 1771 Gatte von Maria Beatrice d'Este, Generalgouverneur der Lombardei: 13, 15, 25, 26, 29, 30, 32, 33, 39, 40, 46, 52, 55, 57, 67, 78, 79, 80, 81, 82, 84, 85, 86, 89, 91, 92, 93, 94, 95, 97, 98, 101, 104, 107, 112, 116, 121, 125, 126, 130, 133, 136, 139, 144, 145, 146, 150, 152, 154

Johanna (1750–1762): 4, 6, 9, 10, 16, 17, 55

Joseph (1741–1790), 1760–1763 Gatte von Isabella v. Parma, 1764 röm. König, 1765–67 Gatte von Josepha v. Bayern, 1765 Kaiser Joseph II.: 1, 2, 11, 12, 21, 27, 28, 29, 31, 32, 33, 36, 37, 38, 39, 44, 47, 48, 49, 53, 57, 59, 60, 62, 63, 64, 65, 68, 70, 72, 73, 75, 78, 82, 83, 85, 87, 95, 99, 101, 104, 105, 106, 107, 117, 118, 119, 120, 124, 125, 126, 127, 128, 129, 130, 132, 136, 137, 138, 139, 140, 141, 142, 144, 146, 148, 149, 150, 151, 152, 154, 155, 156, 158, 160, 161, 162, 163

Josepha (1751–67), 1767 Verlobte von Ferdinand IV. v. Neapel: 4, 6, 7, 8, 10, 18, 19, 20, 24, 32, 33, 39, 40, 42, 55, 56

Karl Joseph (1745–1761): 78

Leopold (1747–1792), 1765 Gatte Maria Ludovicas, Großherzog der Toskana, 1790 gekrönt als Kaiser Leopold II.: 11, 14, 21, 22, 23, 29, 30, 32, 33, 35, 36, 37, 38, 39, 40, 41, 42, 47, 50, 51, 58, 59, 61, 72, 75, 78, 80, 85, 89, 94, 95, 107, 120, 133, 138, 141, 143, 158, 159, 160, 162

Maria Amalia/Amalie (1746–1804), 1769 Gattin von Ferdinand II. v. Parma: 32, 33, 39, 40, 42, 55, 69, 72, 73, 80, 85, 88, 90, 91, 107, 154

Maria Anna/Marianna/Marianne (1738–1789), 1766 Äbtissin in Prag, 1781 Residenz in Klagenfurt: 3, 5, 31, 32, 33, 39, 40, 42, 76, 85, 112, 147, 155, 161, 163

Maria Antonia/Marie Antoinette (1755–1793), 1770 Gattin von Ludwig XVI.: 15, 32, 33, 39, 40, 42, 55, 60, 73, 74, 75, 76, 77, 79, 85, 96, 100, 103, 108, 109, 111, 113, 114, 122, 123, 124, 126, 130, 131, 134, 135, 138, 139, 146, 151, 155, 163

Maria Carolina/Marie Caroline (1752–1814), 1768 Gattin von Ferdinand IV. v. Neapel: 32, 33, 39, 40, 42, 55, 58, 59, 60, 69, 71, 72, 73, 76, 81, 82, 85, 97, 103, 130, 132, 139, 157, 160

Maria Christine/Marie Christine/Mimi/Maria/Marie (1742–1798), 1766 Gattin von Albert v. Sachsen: 3, 17, 28, 31, 32, 33, 39, 40, 42, 43, 44, 47, 54, 59, 76, 85, 99, 112, 120, 142, 147, 149, 152, 156, 157

Maria Elisabeth (1743–1808), 1781 Äbtissin in Innsbruck: 3, 32, 33, 39, 40, 42, 48, 57, 85, 125, 147, 149, 163

Maximilian Franz (1756–1801),

311

1784 Kurfürst von Köln, Fürstbischof v. Münster: 15, 26, 29, 33, 39, 40, 48, 55, 57, 78, 85, 94, 101, 107, 112, 114, 132, 142, 144, 147, 149, 153

2. Enkel Maria Theresias

Albrecht (1773–1774), 5. Sohn Leopolds: 107
Amalia (1780–1798), 4. Tochter Leopolds: 159
Anna (1775–1780), 3. Tochter Maria Carolinas: 130
Anton (1779–1835), 8. Sohn Leopolds: 159
Christine (1779–1849), 4. Tochter Maria Carolinas: 131, 139
Clementine (1777–1801), 3. Tochter Leopolds: 159
Ferdinand (1769–1824), 2. Sohn Leopolds: 92, 94, 107, 120, 159
Franz (1768–1835), 1. Sohn Leopolds, 1792–1806 dt. Kaiser Franz II., 1804 österr. Kaiser Franz I.: 94, 100, 101, 107, 120, 143, 159
Franz (1777–1830), 2. Sohn Maria Carolinas: 130
Franz (1779–1846), 2. Sohn Ferdinands: 139
Joseph (1776–1847), 7. Sohn Leopolds: 120, 159
Joseph Franz (1775–76), 1. Sohn Ferdinands: 116, 121
Karl (1771–1847), 3. Sohn Leopolds: 94, 107, 120, 159
Karl (1775–78), 1. Sohn Maria Carolinas: 130
Leopold (1772–95), 4. Sohn Leopolds: 92, 94, 107, 120, 159
Ludwig (1773–1803), 1. Sohn Maria Amalias: 107
Maria Anna (1770–1809), 2. Tochter Leopolds: 120, 159
Maria Leopoldine (1776–1848), 2. Tochter Ferdinands: 121
Maria Luisa (1773–1802), 2. Tochter Maria Carolinas: 103, 130
Maria Theresia (16./17. 5. 1767), Tochter Maria Christines: 54
Maria Theresia (1772–1807), 1. Tochter Maria Carolinas: 81, 82, 85, 130
Maria Theresia (1773–1832), 1. Tochter Ferdinands: 101, 102, 104, 110, 130
Marie Christine (22. 11. 1763), 2. Tochter Josephs u. Isabellas: 162
Marie Therese (1762–1770), 1. Tochter Josephs u. Isabellas: 68, 162
Marie Therese (1767–1827), 1. Tochter Leopolds: 120, 159
Marie Therese (1778–1851), 1. Tochter Marie Antoinettes: 133, 134, 135, 139, 146, 151, 155
Maximilian (1774–1778), 6. Sohn Leopolds: 120, 133

3. Weitere erwähnte Personen

Adelaide (1732–1800), Tante Ludwigs XVI.: 75, 77, 82
Aiguillon, Armand Vignerot-Duplessis Herzog d' (1720–88), Außenminister Ludwigs XV.: 109, 113
Albani, Alexander, österr. Min. am Päpstl. Stuhl: 112
Albani, Carl Fürst: 104, 145
Albert Prinz v. Sachsen (1738–1822), Sohn Augusts III., 1765 Statthalter in Ungarn, 1766 Gatte von Maria Christine, Fürst v. Teschen, 1780 Statthalter d. Niederlande: 31, 42, 43, 44, 47, 73, 99, 107, 112, 120, 132, 136, 139

Alexander (1777–1825), Sohn d. russ. Großfürsten Paul, 1801 Zar Alexander I.: 152

Algarotti, Francesco (1712–1764), venezianischer Schriftsteller: 70

Angiolini, Gasparo (1731–1803): 29

Angoulême, Louis Antoine Herzog v. (1775–1844): 114

Aremberg, Herzog: 77

Aremberg, Herzogin: 77

Argens, Jean Baptiste de Boyer Marquis d'(1704–71), Abenteurer, Publizist: 70

Artois, Karl Graf. v. (1757–1836), Bruder Ludwigs XVI., 1824 Karl X.: 79, 111

Artois, Marie Therese Gräfin v., Gattin v. Karl Graf von Artois: 113, 114

Ayasasa, Joseph Graf v., General: 48

Bachoffen v. Echt, Katharina, Kammerfrau: 4

Bastioni, Domherr in Breslau: 70

Batthyány, Karl Joseph Graf (1697–1772), General, 1748 Erzieher Josephs: 1, 12

Batthyány, Maria Antonia Fürstin: 120

Berlichingen, Carl Frhr. v., General: 48

Bernis, François Joachim de Pierres Comte de Lyon Herzog de (1715–94), frz. Gesandter am Päpstl. Stuhl: 112

Bethlen, Gabriel Graf, Obersthofmeister bei Maria Christine: 43

Bethlen, Maria Josefa Gräfin, Gattin v. Gabriel Graf Bethlen: 47

Blümegen, Heinrich Cajetan Graf, Oberster böhmisch-österr. Hofkanzler: 106, 147

Bossuet, Jacques Bénigne (1627–1704), frz. Theologe: 76

Botta d'Adorno, Antonio Marchese (1689–1774): 39

Bouchard, Daniel, Kammerdiener: 92

Boynes, Bourgeois de, frz. Minister Ludwigs XV.: 109

Brand[e]is, Maria Judith Gräfin (1712–1790), Erzieherin von Maria Amalia, Maria Carolina u. Marie Antoinette: 55

Brequin, Johann Baptist, Oberstleutnant, Musiklehrer Josephs: 2

Breuner, Maria Eleonora Amalia Gräfin: 12

Broglie, Victor François Herzog v. (1718–1804), frz. Marschall: 79

Browne, Johann Georg Graf, Oberst: 93

Callenberg, Graf: 52

Camuti, Leibarzt: 154

Carl, Prinz v. Lothringen (1712–1780), Bruder von Franz Stephan, General, Großmeister d. Deutschen Ordens, 1744 mit Maria Theresias Schwester Maria Anna verheiratet, 1748 Statthalter der Niederlande: 52, 73, 75, 150

Charlotte Prinzessin v. Lothringen (1714–73), Schwester von Franz Stephan: 29, 73

Churfeld, Franz v.: 22, 23

Clary: 47

Clemens XIV. (1705–1774), 1769 Papst: 107

Clemens Prinz v. Sachsen (1739–1812): 31

Clerici, Anton Georg Marchese, Feldzeugmeister: 48

Cobenzl, Ludwig Graf, österr. Gesandter in Rußland: 148

Cobenzl, Philipp Graf, Vizekanzler: 126

Colloredo, Rudolf Josef Graf (1706–88), Reichsvizekanzler: 126

Constantin (1779–1831), Sohn d. russ. Großfürsten Paul: 152

Crivelli, Anton Graf, Geheimer Rat: 78

Dubarry, Marie Jeanne Madame (1743–1793), Geliebte Ludwigs XV.: 79, 108, 113, 114

Edling, Elisabeth Gräfin, Gattin von Philipp Graf Edling: 45

Edling, Philipp Graf: 45

Edling, Rosalie Gräfin (1695–1779), Kammerfrau bei Elisabeth Christine: 42

Elisabeth (1764–1794), Schwester Ludwigs XVI.: 79

Elisabeth Christine (1691–1750), 1708 Gattin von Kaiser Karl VI.: 35

Erdödy, Josepha v. (geb. 1748), Hofdame: 29

Estaing, Charles Henri Graf v. (1729–94), frz. Admiral: 146

Eugen, Prinz v. Savoyen (1663–1736), General u. Staatsmann: 107

Faby, Ferdinand, Leibarzt: 92

Ferdinand Herzog v. Parma (1751–1802): 69, 88, 154

Ferdinand IV. König v. Neapel (1751–1825), 1767 Verlobter von Josepha, 1768 Gatte von Maria Carolina: 19, 56, 58, 59, 69, 71, 72, 130

Firmian, Karl Gotthard Graf (1718–82), bevollmächtigter Min. in Mailand: 78, 88, 91, 95

Franz III. v. Este (1698–1780), Herzog v. Modena: 46, 104

Franz Stephan (1708–1765), 1729 Herzog von Lothringen, General, 1732 Statthalter v. Ungarn, 1736 Gatte Maria Theresias, 1737 Großherzog d. Toskana, 1745 Kaiser Franz I.: 3, 9, 11, 16, 19, 28, 29, 32, 33, 34, 35, 38, 39, 42, 47, 59, 73, 81, 105, 107, 108, 162

Friedrich II. (1712–1786), 1740 König v. Preußen: 48, 70, 99, 136, 137, 138, 140, 146

Gluck, Christoph Willibald (1714–87), Komponist: 29

Goëss, Johann Graf: 45

Goëss, Maria Anna Gräfin, Kammerfrau Maria Annas, Gattin v. Johann Graf Goëss: 3, 45

Gürtler, Anton Bernhard, Domherr: 58

Hadik, Andreas Graf (1710–1790), österr. General: 138

Hardegg, Johann Franz Graf, Obersthofmeister v. Maximilian: 153

Harrach, Ferdinand Graf, Reichshofratspräs.: 48

Hasenöhrl, Johann Georg, gen. Lagusius, 1.Leibarzt Leopolds: 35, 45

Haupt, Daniel, Kammerdiener: 29

Heinrich Prinz v. Preußen (1726–1802), Bruder von Friedrich II.: 136, 140

Herkules III. v. Este (1727–1803), 1780 Herzog v. Modena: 104

H[e]rzan, Franz Graf, Kardinal: 88, 112, 147, 154

Höller, Ignaz (gest. 1770), Jesuitenpater, Religionslehrer Josephs: 2

Isabella v. Parma (1741–1763), 1760 Gattin v. Joseph: 12, 17, 21, 27, 43, 58, 92, 130, 162

Karl III. v. Spanien (1716–1788): 59, 71, 72, 88
Karl VI. (1685–1740), 1711 Kaiser, Vater Maria Theresias: 35, 110
Karl Emanuel III. König von Sardinien (1701–1773): 31
Katharina II. (1729–1796), 1762 Zarin: 99, 148, 150
Kaunitz, Wenzel Graf (1711–94), 1753 Staatskanzler: 28, 33, 36, 37, 48, 53, 70, 99, 106, 138, 148
Kaunitz-Rittberg, Ernst Graf (1737–97), Sohn v. Wenzel Graf Kaunitz, österr. Gesandter in Neapel: 71
Kempelen v., Oberst: 43, 44
Khevenhüller, Amalie Gräfin: 78
Khevenhüller, Sigismund Graf, Obersthofmeister: 95, 104
Kinsky, Terese Gräfin: 19
Knebel, Baron: 88
Kokorowa, Therese: 47
Kolowrat, Leopold Graf, Kammerpräs.: 147
Krapf, Carl, 2.Leibarzt Leopolds: 35
Künigl, Philipp Nerius Joseph Graf (1696–1770), Oberstküchenmeister, Ajo Karl Josephs u. Leopolds: 11, 29

Lamballe, Marie Thérèse Prinzessin (1748–1792), Freundin Marie Antoinettes, Obersthofmeisterin in Versailles: 113
La[s]cy, Franz Moritz Graf (1725–1801), Feldmarschall: 48
Lasone, Arzt: 130, 135
Laudon, Gideon Ernst Frhr. v. (1716–1790), 1776 österr. Feldmarschall: 140
Lechner, Franz, Jesuit, Beichtvater Leopolds u. Maria Christines: 11, 43
Lerchenfeld, Johanna Maria Walburga Gräfin (1713–1770), Aja v. Josepha, Johanna, Maria Carolina, Maria Antonia: 4, 9, 10, 16, 19, 20, 24, 55, 60
Letourneux, Nicolas: 59
Liechtenstein, Karl Fürst, österr. Kavalleriegeneral: 140
Liotard, Jean-Étienne (1702–1790), Genfer Maler: 76, 77
Llano, Joseph Augustin de, Marchese de Zuvero, Min. in Parma: 91
Louise (1737–87), Tante Ludwig XVI., Priorin d. Karmeliterinnen in St. Denis: 75, 77
Ludwig Markgraf v. Baden (1655–1707): 107
Ludwig XV. (1710–1774), 1715 König v. Frk.: 73, 75, 76, 77, 79, 82, 88, 100, 108
Ludwig XVI. (1754–1793), 1774 König v. Frk.: 75, 77, 79, 85, 100, 103, 108, 109, 113, 122, 124, 130, 131, 146, 155

Mahoni, Demetrio Conde de, span. Botschafter in Wien: 72
Malesherbes, Chrétien Guillaume de Lamoignon de (1721–1794), frz. Min. Ludwigs XVI.: 113
Mancrini, Italienischlehrer: 18
Maria Amalia Walpurga v. Sachsen, Königin v. Neapel (gest. 1760): 19, 59
Maria Anna v. Bourbon (1718–1781), Königin v. Portugal: 77
Maria Beatrice d'Este/Marie Beatrix (1750–1829), 1771 Gattin v.

Ferdinand: 30, 46, 57, 78, 81, 82, 85, 91, 92, 93, 95, 97, 98, 101, 102, 104, 110, 112, 115, 116, 121, 133, 139, 152
Maria Josepha v. Bayern (1739–67), 1765 2. Gattin v. Joseph: 28, 29, 36, 44, 47, 101, 107, 162
Maria Ludovica/Maria Luisa/Marie Luise v. Bourbon (1745–1792), 1765 Gattin v. Leopold: 29, 30, 34, 35, 39, 50, 58, 59, 72, 75, 92, 97, 120, 133, 143, 159
Maria Theresia, Erbprinzessin v. Modena: 104
Marie v. Württemberg (1759–1828), 1776 Gattin von russ. Großfürst Paul: 152
Maudoux, Abbé, Beichtvater Marie Antoinettes: 73, 75
Maupeou, René Nicolas de (1714–1792), Kanzler Ludwigs XV.: 109
Maupertuis, Pierre Louis Moreau de (1698–1759), Geologe u. Astronom: 70
Maurepas, Jean Frédéric Phélippeaux Graf v. (1701–1781), frz. Min.: 109
Medici, Johann Franz (gest. 1737), Großherzog d. Toskana: 39
Melzi, Renata Fürstin: 30, 78, 104
Mercy-Argenteau, Florimund Graf (1727–1794), österr. Gesandter in Paris: 73, 74, 75, 76, 77, 88, 108, 113, 126, 131, 138
Miromesuil, Hugues de, frz. Min.: 109
Montani, Domenico Baron: 104
Montecuccoli, Raimund Graf v., österr. Feldherr: 107
Moritz v. Savoyen (1741–1808), Herzog v. Chablais: 31
Mozart, Leopold, Vater v. Wolfgang Amadeus Mozart: 84
Mozart, Wolfgang Amadeus (1756–1791): 84
Muy, Louis Nicolas Victor Graf v. (1711–1775), frz. Min.: 109

Neny, Cornelius Frhr. v. (gest. 1776), Staatsrat u. Kabinettssekretär: 74
Nicole, Pierre: 59
Noailles, Louis-Antoine de (1651–1729), Kardinal, Erzbischof v. Paris: 76
Noailles, Philippe Graf v. (geb. 1715), Generalfeldmarschall: 73
Noailles, Anne Claude Laurence Gräfin v.: 73
Nugent, Joseph Gf. (1720–94), österr. Gesandter: 140

Ogilvy, Madame d': 12

Paar, Maria Josepha Antonia Gräfin, Obersthofmeisterin: 76
Pálffy, Nikolaus Graf, ungar. Hofkanzler: 43
Paul (1754–1801), russ. Großfürst, Sohn Katharinas II., 1796 Zar Paul I.: 152
Philipp Anton, Bruder v. Ferdinand IV. v. Neapel: 130
Piani, Maria Franziska, Kammerfrau: 4, 10
Pius VI. (1717–1799), 1775 Papst: 112
Pompadour, Jeanne Antoinette Poisson Marquise de (1721–1764), Geliebte Ludwigs XV.: 113, 114
Posch, Johann Adam v., Hofrat: 36, 72
Pouget, François Aimé (1666–1723), Oratorianer: 59
Provence, Ludwig Stanislaus Xaver

Graf v. (1755–1824), Bruder Ludwigs XVI., 1814 Ludwig XVIII.: 79

Provence, Marie Louise Josephine Gräfin v., Gattin v. Ludwig Stanislaus Xaver Graf v. Provence: 79, 113

Reutter, Johann Georg v. (1709–72), 1769 1.Hofkapellmeister, Musiklehrer Josephs: 2

Reviczky v. Revisuge, Carl Frhr. v., kaiserl. Gesandter in Polen: 99

Richter, Franz, Pater: 4, 18

Roche-Aymon, Charles Antoine de la (1692–1777), frz. Kardinal: 108

Röder v. Pola, Emanuel Frhr., geheimer Kabinettssekretär: 36

Rosenberg, Franz Graf, Oberstkämmerer: 45, 88, 90, 91, 111, 113, 114

Rosenberg-Orsini, Franz Xaver Wolf Graf (1723–1796), Diplomat, 1766 Obersthofmeister Leopolds: 40

Salieri, Antonio (1750–1825), ital. Komponist: 84

Salm, Karl Otto Graf, Obersthofmeister Josephas: 20

Santa Elisabetta, Duca di, Botschafter Neapels in Wien: 72

Sartine, Antoine Gabriel de (1729–1801), frz. Min.: 109, 113

Saumill, Geschichtslehrer: 18

Saurau, Maria Catharina Gräfin, Aja Josephs: 3

Schaffgotsch, Anton Gotthard Graf, Obersthofmeister: 73

Silva-Tarouca, Emanuel Graf (1696–1771), Ratgeber Maria Theresias: 5

Silva-Tarouca, Maria Theresia Gräfin, Tochter von Emanuel Graf Silva-Tarouca, Kammerfrau Maria Theresias: 29

Sincere, Claudius Graf (1696–1769), Feldzeugmeister: 45

Sophie (1734–82), Tante Ludwigs XVI.: 75, 77, 82

Starhemberg, Georg Adam Graf (1724–1807), österr. Gesandter in Paris, Staats- u. Konferenzmin.: 48, 73, 74

Steiner, Johann Baptist, Lehrer Josephs: 2

Sternberg, Graf: 30

Sternegger, Berthold, Benediktiner, 1760 Abt v. Mariazell: 12

Störck, Anton Frhr. v. (1731–1803), Leibarzt: 130, 154, 158

Swieten, Gerhard van (1700–1772), Arzt: 4, 11, 35, 45, 92

Tanucci, Marchese Bernardo, Min. in Neapel: 71, 72

Terray, Abbé Joseph Marie (1715–1778), frz. Min. Ludwigs XV.: 109

Thugut, Franz Frhr. v. (1736–1818), österr. Gesandter: 137, 138, 140

Thurn, Franz Graf (1718–1766), Feldmarschall-Leutnant, Ajo Leopolds: 11, 14, 29, 35, 36, 38, 39, 40

Thurn, Gabriele Gräfin (gest. 1815), Obersthofmeisterin: 29

Tillot, Marquis de Felino (1711–1774), Min. in Parma: 69

Toussaint, Franz Frhr. v., geheimer Zahlmeister d. Kaisers: 3

Trautson, Marie Karoline Fürstin (1701–1793), Aja v. Maria Anna, Maria Elisabeth u. Maria Christine: 3

Turgot, Anne Robert (1727–1781), frz. Min.: 109

Ugarte, Wenzel Graf, Kammerherr: 153

Vasquez, Marianne Gräfin, Obersthofmeisterin: 43, 47, 158
Veigl, Josef, österr. Geschäftsträger in Florenz: 158
Vergennes, Charles Gravier Graf v. (1717–1787), frz. Min.: 109
Vermond, Geburtshelfer, Bruder v. Matthieu Jacques de Vermond: 135
Vermond, Abbé Matthieu Jacques de (1735–1789), 1768 Erzieher Maria Antonias: 75, 76, 82, 113, 146
Verri, Gabriel Graf, Vizepräs. des Mailänder Senats: 104
Victoire (1733–1799), Tante Ludwig XVI.: 75, 77, 82

Voghera, August Marchese, General: 48
Voltaire, François-Marie Arouet (1694–1778): 70
Vrillière, Saint Florentin Louis Phelypeaux Herzog de la (1705–1777), frz. Innenmin. Ludwigs XV.: 109

Wagenseil, Georg Christoph (1715–1777), 1739 Hofkomponist, Musiklehrer: 18
Weger, Franz Joseph (gest. 1751), Augustiner, Lehrer Josephs: 1
Weikhard, Ignaz, Jesuit, Lateinlehrer Josephs: 2
Wildenstein, Maria Anna Gräfin, Aja Karl Josephs, Johannas, Josephas u. Maximilians: 26
Wunsch, Johann Jakob v. (1717–1788), preuß. General: 136

Sachregister

Die Zahlen beziehen sich auf die Dokumenten-Nummer.

Aberglaube: 4, 35, 55, 121
Adel: 58, 70, 117, 125, 146
Aderlaß: s. Medizin
Amerika: 39, 146
Amme: 35, 135
Angst: 118, 125, 149
Arbeit: 19, 75, 101, 106, 120, 143, 144
Arzt: 4, 11, 35, 54, 107, 135, 154, 158
Aufklärung: 111
Aufstand: 111, 125, 140

Bauer: 82, 111, 125, 127, 128, 137
Bayerischer Erbfolgekrieg (1778/79): 132, 133, 136, 137, 138, 139, 140, 141, 142, 144
Bildung: 69, 95, 98, 107, 115
Böhmen: 3, 82, 83, 111, 125, 133, 136, 138, 140, 142
Bürgertum: 107

Depression: 5, 17, 29, 32, 33, 37, 40, 41, 65, 69, 78, 83, 99, 107, 111, 119, 121, 126, 130, 138, 142, 150, 155, 162
Deutschland/deutsch: 2, 14, 18, 26, 30, 34, 58, 69, 76, 79, 112, 128, 146, 155
Diener/-in: 1, 4, 11, 13, 14, 19, 25, 29, 35, 36, 40, 43, 45, 47, 55, 58, 59, 66, 73, 76, 88, 93, 102, 107, 120, 130, 144, 145, 155, 158
Dummheit: 90, 107

Ehe: 19, 29, 32, 43, 44, 58, 69, 71, 100, 103, 107, 111, 112, 115, 124, 130
Eifersucht: 43, 58, 73, 85, 107, 108

Einsamkeit: 97, 107, 157
Eltern: 43, 121, 133
England/englisch: 58, 59, 71, 128, 146
Englisch-französischer Krieg (1778–1783): 146
Ernährung: 1, 2, 3, 4, 6, 8, 12, 13, 14, 18, 20, 36, 47, 55, 75, 107, 112, 133, 135, 139, 144, 149, 152, 154, 155
Erziehung: 1, 4, 11, 14, 19, 20, 24, 25, 32, 33, 35, 39, 40, 55, 64, 79, 107

Familie: 11, 29, 33, 35, 39, 43, 48, 54, 55, 59, 67, 68, 73, 75, 76, 79, 82, 84, 91, 98, 101, 106, 107, 108, 109, 120, 124, 135, 145
Faulheit: 11, 14, 19, 55, 74
Fest: 97, 115, 124, 125, 131, 136, 139
Frankreich/französisch: 4, 18, 26, 30, 48, 58, 59, 69, 71, 73, 76, 79, 82, 108, 109, 114, 131, 135, 139, 146, 151, 155
Freiheit: 77, 117
Freundschaft: 21, 29, 32, 35, 37, 42, 43, 44, 46, 48, 58, 59, 63, 64, 66, 69, 76, 94, 95, 107, 108, 109, 111, 115, 124, 141, 146, 161, 162, 163
Friede. 48, 61, 70, 133, 137, 138, 140, 144, 146

Galanterie: 43, 107, 144
Galizien: s. Polen
Geburt: 35, 68, 92, 94, 97, 100, 101, 102, 104, 114, 130, 135, 147
Genie: 58, 70

319

Gerücht: 85, 100, 133, 138, 140, 148
Geschmack: 58, 81, 95, 144
Glück: 31, 35, 39, 42, 43, 44, 47, 55, 58, 59, 62, 64, 66, 68, 69, 71, 73, 76, 77, 78, 79, 80, 81, 82, 83, 85, 93, 98, 100, 105, 106, 107, 108, 109, 113, 117, 119, 122, 123, 124, 128, 131, 132, 134, 137, 138, 139, 140, 144, 146, 147, 151, 155, 159

Habsburger/Habsburgermonarchie: 40, 48, 58, 62, 66, 68, 73, 87, 94, 99, 106, 107, 128, 134, 137, 138, 140, 147
Handarbeit: 4, 55, 75, 116
Heirat: 19, 28, 29, 31, 43, 59, 60, 79, 85, 101, 107
Hygiene: 4, 14, 61, 75, 76, 98

Impfung: 130
Intrige: 58, 72, 82, 86, 105, 108, 113, 141
Italien: 18, 19, 20, 30, 34, 48, 58, 59, 86, 97, 112, 137, 144, 145, 146, 150, 156, 157

Jagd: 3, 12, 14, 26, 29, 76, 77, 156
Jesuiten: 34, 73
Jugend: 1, 14, 39, 55, 58, 74, 79, 88, 92, 93, 107, 108, 133

Kind: 20, 25, 32, 35, 39, 40, 41, 50, 55, 57, 58, 59, 68, 69, 71, 72, 73, 77, 79, 85, 88, 90, 97, 98, 100, 101, 102, 104, 107, 108, 109, 110, 111, 113, 114, 116, 121, 130, 132, 133, 134, 135, 139, 140, 151, 159, 162
Kinderspiel: 4, 11, 14
Klatsch: 4, 11, 14, 19, 29, 55, 58, 59, 69, 70, 76, 78, 79, 82, 86, 88, 107, 115, 144, 145, 151

Kleidung: 1, 2, 12, 14, 18, 20, 29, 43, 55, 59, 75, 76, 77, 108, 110
Krankheit: 4, 5, 12, 29, 35, 38, 42, 54, 55, 56, 57, 59, 69, 71, 75, 76, 100, 112, 125, 126, 130, 136, 139, 142, 144, 154, 155, 156, 157, 158, 160
Krieg: 70, 132, 133
Kunst: 14, 19, 55, 58, 69, 76, 143

Langeweile: 29, 43, 105, 107, 115, 155
Latein: 2, 18, 55
Lehrer: 4, 11, 14, 20, 25, 55, 69
Leidenschaft: 14, 29, 35, 43, 63, 98, 107, 118
Lektüre: 2, 4, 11, 18, 19, 43, 48, 58, 59, 70, 73, 75, 76, 82, 95, 98, 113, 115, 144, 146
Liebe: 31, 32, 43, 44, 50, 53, 54, 55, 58, 59, 64, 69, 70, 71, 73, 76, 78, 79, 81, 82, 85, 88, 96, 100, 105, 108, 109, 111, 112, 113, 114, 122, 124, 130, 139, 140, 141, 146, 147, 151, 158, 159, 163.
Literatur: 4, 70

Mähren: 83, 127.
Manieren: 1, 11, 14, 16, 20, 24, 26, 29, 40, 43, 58, 59, 69, 73, 82, 107, 113, 144
Medizin: 11, 35, 45, 54, 75, 102, 107, 121, 124, 126, 133, 156, 157
Menstruation: 75, 82, 130, 131, 146
Merkantilismus: 59
Militär: 11, 14, 29, 40, 48, 52, 62, 65, 70, 99, 107, 132, 136, 137, 138, 139, 140, 142
Minister: 105, 107, 109, 113, 125, 145, 146
Mitgift: 76

Mode: 111, 113
Musik: 2, 3, 18, 19, 20, 29, 55, 75, 84, 136, 144
Mutter: 12, 13, 19, 26, 27, 29, 30, 32, 39, 44, 46, 47, 48, 49, 53, 54, 55, 56, 57, 58, 59, 62, 64, 66, 69, 71, 72, 73, 75, 76, 77, 78, 79, 85, 88, 90, 92, 96, 98, 100, 102, 104, 106, 107, 109, 110, 112, 113, 114, 115, 123, 124, 132, 134, 141, 146, 147, 161

Nation: 30, 58, 73, 109, 120, 145, 155
Neugierde: 19, 55, 59, 69, 73, 144, 150
Neutralität: 58
Niederlande, österr.: 48, 73, 113, 128, 140

Öffentlichkeit: 119, 146
Österr. Erbfolgekrieg (1740–1748): 32, 48, 70

Philosophie: 72, 93, 107
Physiognomie: 152
Polen: 99, 101
Polnische Teilung, 1. (1772): 87, 99
Politik: 35, 70, 71, 72, 87, 99, 125, 138
Preußen: 70, 87, 128, 133, 137, 138, 139

Regierung: 12, 13, 32, 36, 39, 40, 51, 55, 58, 62, 65, 66, 69, 70, 83, 87, 99, 104, 105, 106, 107, 108, 118, 138, 162
Reise: 12, 29, 33, 44, 47, 50, 69, 70, 75, 78, 82, 83, 99, 105, 107, 120, 126, 145, 146, 150, 152, 153, 154, 155
Reiten: 2, 14, 18, 76, 77, 82, 92, 100, 103, 111, 115, 122, 130, 133
Religiosität: 2, 3, 4, 11, 12, 14, 17, 18, 19, 20, 29, 31, 32, 35, 36, 43, 47, 48, 53, 54, 55, 56, 57, 58, 59, 60, 63, 64, 66, 67, 69, 73, 75, 76, 81, 82, 83, 89, 90, 93, 94, 95, 97, 99, 103, 106, 107, 108, 109, 111, 112, 113, 115, 117, 118, 119, 121, 125, 127, 128, 129, 130, 131, 135, 136, 138, 139, 140, 144, 147, 149, 152, 158, 159, 161
Russisch-türkischer Krieg (1768–1774): 87
Rußland: 70, 87, 148, 150, 152

Scherz: 43, 48, 69, 98, 99, 115
Schicksal: 31, 33, 59, 82, 83, 108
Schlesien: 70, 83, 133
Schminken: 69, 75
Schönheit: 43, 48
Schreiben: 2, 4, 18, 55, 63, 74, 79, 90, 118, 143
Schwangerschaft: 59, 81, 82, 92, 97, 100, 102, 103, 130, 133, 134, 135, 139, 146
Schweiz: 48, 128
Seele: 58, 64, 65, 83, 107, 120, 127, 128, 138, 140, 158
Selbstmord: 60, 107
Sexualität: 79, 82, 100, 103, 111, 130, 131, 155
Siebenjähriger Krieg (1756–1763): 32, 70
Spanien/spanisch: 19, 20, 48, 59, 69, 71, 72
Spiel: 2, 3, 4, 10, 75, 107, 110, 130
Sprache: 11, 14, 48, 55, 59, 63, 69, 73, 106, 113, 118, 142, 143, 145
Staat: 33, 48, 72, 88, 93, 105, 106, 107, 108, 124, 127, 128, 129,

137, 138, 139, 140, 141, 145, 154
Strafe: 49, 91, 109

Tagesablauf: 3, 4, 18, 36, 75, 98
Talent: 40, 43, 48, 50, 55, 82, 107
Tanz: 2, 4, 18, 29, 107
Testament: 36, 37, 38
Theater: 3, 4, 29, 60, 75, 76, 86, 92, 97, 100, 107, 108, 115, 136, 144
Tod: 4, 5, 14, 21, 32, 33, 35, 40, 42, 47, 53, 56, 60, 73, 106, 107, 108, 113, 121, 127, 133, 140, 150, 154, 155, 161, 162, 163
Toleranz: 129

Unabhängigkeitskrieg Nordamerikas (1775–1783): 146
Unfruchtbarkeit: 77, 85, 131
Ungarn: 43, 44, 82, 99, 107
Unglück: 35, 48, 64, 69, 74, 76, 77, 82, 83, 87, 92, 93, 106, 107, 111, 113, 130, 138, 140, 163
Unterricht: 1, 2, 4, 11, 14, 20, 55, 69

Vaterland: 11, 35, 76, 118, 152
Vergnügen: 14, 55, 77, 83, 97, 98, 107, 111, 113, 115, 145, 161
Vernunft: 39, 40, 43, 53, 62, 64, 66, 69, 89, 106, 121, 149
Volk: 35, 48, 50, 54, 55, 58, 59, 66, 68, 69, 70, 76, 79, 82, 88, 94, 100, 107, 108, 109, 113, 127, 129, 138, 140, 144
Vorurteil: 11, 63, 66, 88, 118, 119

Wahnsinn: 107
Wien: 33, 34, 41, 69, 73, 75, 76, 82, 107, 112, 120, 130, 137, 141, 142, 143, 146, 154
Wirtschaft: 37, 40, 58, 69, 70, 107, 113, 137, 138, 140, 154
Wissenschaft: 69, 95, 107

Zeitung: 77, 82, 111, 120, 126, 139
Zukunft: 11, 14, 19, 33, 58, 65, 67, 76, 96, 99, 107, 117, 119, 140, 144, 152, 158, 160